# 复杂理论视角下集群网络治理研究

何 铮 周双双 王 茜 著

国家社会科学基金一般项目（No.12BGL123）

科学出版社
北京

# 内 容 简 介

复杂理论源于自然科学领域对复杂系统的研究，包括耗散结构、协同学、突变论、分形、混沌理论、自组织等理论和方法。本书尝试将其引入管理学科集群网络治理中，通过构建相应的研究框架，针对目前产业集群存在的创新、企业社会责任和信任问题，结合实地问卷调研、深入访谈、理论模型构建、计算机仿真等多种方法，对这些问题的产生原因、现状及其网络治理方式进行理论和实证研究。

本书适合从事产业集群和网络治理的学者阅读，也可供研究生、政府相关管理人员参考。

---

图书在版编目（CIP）数据

复杂理论视角下集群网络治理研究 / 何铮，周双双，王茜著. —北京：科学出版社，2019.3
ISBN 978-7-03-056041-4

Ⅰ. ①复⋯ Ⅱ. ①何⋯ ②周⋯ ③王⋯ Ⅲ. ①产业集群—计算机网络管理—研究 Ⅳ. ①F263

中国版本图书馆 CIP 数据核字（2017）第 314973 号

责任编辑：马　跃　李　嘉 / 责任校对：王丹妮
责任印制：张　伟 / 封面设计：无极书装

科学出版社 出版
北京东黄城根北街 16 号
邮政编码：100717
http://www.sciencep.com

北京盛通商印快线网络科技有限公司 印刷
科学出版社发行　各地新华书店经销

\*

2019 年 3 月第 一 版　开本：720×1000　B5
2019 年 11 月第二次印刷　印张：13 1/2
字数：273 000

定价：**108.00 元**
（如有印装质量问题，我社负责调换）

# 前　　言

自哈佛大学迈克尔·波特教授在 20 世纪 90 年代将产业集群上升到国家竞争层面，世界各国都把培育和发展产业集群作为提升国家竞争优势的重要战略。即使是互联网时代，在信息传播和交流已经完全突破地理限制和约束的情形下，世界范围的集群现象仍然非常明显和突出。产业集群已经成为中国区域发展和产业布局的重要模式与发展趋势，支撑着中国经济的中高速发展。目前我国的集群发展已经进入了新的时期，面临着国外政治和经济环境的瞬息万变，国内转型升级的巨大压力。国际需求的巨大波动，国内劳动力成本和土地成本的大幅度上升，环境保护标准的日趋严格，互联网技术的普及，数字经济的到来等都对集群发展提出了新的挑战，政府对集群治理方式以及集群企业的经营运作方式都随之发生改变，几乎所有的集群都面临着重新定位的问题。产业集群演变有其内在的规律，集群能否可持续发展，特别是能否适应外部环境的变化取决于集群内部主体自身柔性以及它们之间共同演进的结果。

目前我国的集群治理主要依赖于行政治理和市场治理，而集群网络治理（network governance）的价值还远远没有得到应有的重视，相关的理论研究和实践活动还非常欠缺，可以说我国集群网络治理的研究才刚刚起步。本书正是在这样的背景下，尝试借鉴自然科学领域复杂理论的相关思路和方法来研究集群网络治理。其主要目的包括：分析复杂理论中哪些理论和方法可以用于集群网络治理；研究集群网络治理的技术路径和分析思路；探讨如何针对特定集群的具体问题进行网络治理；等等。本书有助于集群从过分依赖政府政策的行政治理中寻找新的集群治理途径和方法，通过集群网络治理来提升集群整体应对环境冲击的能力和持续创新能力。

全书共有七章，其逻辑思路是首先运用实证方法对集群现状进行研究，其次针对所发现的问题，结合理论研究成果提出相应的网络治理思路和方法。我们先从复杂适应性系统（complex adaptive system，CAS）角度来研究产业集群，主要围绕集群创新、集群企业社会责任及集群信任三个方面展开，对其如何通过网络治理来提高集群这方面的水平进行探讨。

近年来，网络治理以其独特的性质逐渐引起管理者的高度关注，利用不同主体之间的复杂关系，通过协同合作来达成组织或系统目标，已经成为网络治理不可替代的优势所在。相较于政府行政治理和市场治理，网络治理比行政治理更灵活，比市场治理更有针对性，同时还可以在一定程度上弥补行政治理和市场治理的不足，平衡竞争或冲突各方的利益，因此网络治理对集群中的一些问题的解决，如创新、企业社会责任及信任等可以发挥重要作用，但这种治理方式在现有的集群发展中还没有得到广泛的应用和实践。因此，本书的第2章和第3章主要是理论研究，从集群复杂适应性系统角度，对可能用于集群网络治理的复杂理论方法和模型进行筛选和阐述，并通过集群三种不同治理方式的比较分析，提出集群网络治理的特点和适用条件，在此基础上，运用混沌理论中不同系统状态的分析，对集群网络进行分类研究，提出集群网络治理的技术路径和分析思路。后续的实证研究部分主要针对三个典型集群（高新技术集群、高耗能集群、传统制造业集群）存在的问题分三个专题展开，包括集群创新专题、企业社会责任专题和信任机制专题。

虽然产业集群的行业、类型和发展阶段不尽相同，但创新已经成为中国经济转型和集群可持续发展最核心的战略，而高新技术产业集群更成为中国创新驱动战略最直接的实施方式。在政府各种极为优惠的政策措施条件下，这些集群能否真正有利于各类企业的生存和创新，以及如何提高集群创新绩效就成为需要深入研究的问题。本书第4、5章都是针对集群创新的网络治理问题进行研究，第4章是采用结构方程模型（structural equation modeling，SEM）对样本集群环境、集群内企业的创新能力和营销能力之间的关系进行检验，从中发现集群创新中存在的问题及其原因，由此，第5章中对样本集群的创新网络进行仿真模拟，来进一步分析集群创新网络的各类统计特征，根据这些统计特征和前面实证研究结果，结合产业集群混沌边缘态的理论研究，提出需要进一步构建相应的创新服务网络平台进行治理，从而提升集群创新活力和绩效水平。

大量的研究和中国改革开放的实践证明，环境友好和以人为本是可持续发展的重要前提与基础。本书第6章针对高耗能集群中社会责任问题展开了研究。由于行业特点，这类集群通常面临着比较突出的自然环境保护、员工工作环境、产品环保质量等问题，这些都将影响到集群的可持续发展。不同的利益相关者包括政府、集群所在地区、企业、员工有着不同的利益诉求，因此如何通过网络治理来平衡他们的利益，从而实现集群整体的优化目标就成为一个亟待解决的重要问题。这里我们在实地调研的基础上，借鉴复杂理论中牵制控制模型思想来探讨不同条件下的治理模式。

通过美国安然事件、德国大众的"排放门"事件、日本丰田的"刹车门"事件、中国三鹿奶粉事件可以发现，当今世界似乎面临着前所未有的信用危机。本书的第 7 章探讨集群内部的信任问题。地理位置集聚所形成的信任一直是集群的突出特点和竞争优势，但究竟地理位置是如何影响信任以及这种信任的来源却没有得到深入的研究。第 7 章主要从网络嵌入角度对信任的来源进行实证研究，其研究结果将有助于深入探讨集群信任的形成机理，从而提高集群内部的信任水平。

本书的特点是运用自然科学领域复杂理论的方法和模型，结合管理学实证研究方法和规范研究方法，探讨三个典型的产业集群开放式创新、企业社会责任及信任因素的网络治理问题。其学术价值体现在理论和实证两个方面：理论方面探讨集群复杂适应性系统特征，分析集群混沌边缘态对网络治理的影响方式，提出集群网络治理可以沿着网络构建、网络维系、网络退化、网络修复的技术路径加以展开，并且借鉴复杂理论的相关模型，针对不同集群存在的具体问题，提出一系列网络治理模式，主要包括集群涌现式创新环境治理和产学研平台模式，环境保护的层级网络模式和分类网络模式，信任机制的第三方评价模式，等等。实证方面主要是对我国三个典型的产业集群进行研究，包括成都软件产业集群（高科技集群），四川夹江陶瓷产业集群（高耗能集群）和中山燃气具产业集群（传统制造业集群）。本书将为我国集群增强对快速变化环境的适应性，改变过分依赖政策的传统治理模式，提高集群企业的自主性，引导集群自组织（self-organization）过程，探讨网络治理的具体方式提供理论基础和实际指导。

本书主要是国家社会科学基金一般项目（No.12BGL123）的研究成果，在项目研究过程中，得到了张晓军、Lez Raymana-Bacchus、Owusu Ackah、彭善忠、苏均松的大力支持，本书全体作者对他们深表感谢！

# 目 录

第1章 绪论·······················································································1
　1.1 研究目的·················································································1
　1.2 本书的逻辑架构······································································3
第2章 复杂理论方法与集群复杂适应性系统特征·····················6
　2.1 复杂理论·················································································6
　2.2 集群复杂适应性系统特征···················································11
　2.3 集群网络特征······································································17
　2.4 复杂网络的研究内容··························································18
　2.5 小结······················································································25
第3章 集群网络治理的复杂理论分析框架·······························27
　3.1 网络治理的理论基础··························································27
　3.2 对集群网络治理的现有研究···············································37
　3.3 集群网络治理的特性··························································40
　3.4 集群网络治理的具体内容···················································44
　3.5 集群网络不同状态与环境之间的共同演进·······················46
　3.6 集群网络治理问题的研究思路···········································50
　3.7 小结······················································································51
第4章 集群环境与创新活动的实证研究···································53
　4.1 集群开放式创新理论基础···················································53
　4.2 软件产业特点······································································56
　4.3 成都软件产业集群实证研究···············································59
　4.4 实证结果及其讨论······························································67
　4.5 小结······················································································84
第5章 集群创新的网络治理·······················································85
　5.1 集群创新网络的仿真研究···················································86
　5.2 集群产学研合作创新现状及问题·······································91

    5.3  集群创新环境的网络治理：涌现式创新环境的培育 ………… 100
    5.4  集群开放式创新的服务平台治理模式 …………………………… 115
    5.5  小结 …………………………………………………………………… 119
第 6 章  集群企业社会责任问题的网络治理 ……………………………… 121
    6.1  企业社会责任与利益相关者网络之间的关系 …………………… 121
    6.2  四川夹江陶瓷产业集群实证研究 ………………………………… 123
    6.3  调研结果分析 ……………………………………………………… 125
    6.4  集群环境保护问题的网络治理 …………………………………… 130
    6.5  网络治理模式的环境条件 ………………………………………… 136
    6.6  集群企业慈善等公益行为的网络治理 …………………………… 139
    6.7  小结 …………………………………………………………………… 141
第 7 章  集群企业间信任问题的网络治理 ………………………………… 144
    7.1  信任问题的理论基础 ……………………………………………… 148
    7.2  网络嵌入理论 ……………………………………………………… 155
    7.3  中山燃气具产业集群实证研究 …………………………………… 158
    7.4  实证结果 …………………………………………………………… 167
    7.5  集群企业间信任的网络治理 ……………………………………… 180
    7.6  小结 …………………………………………………………………… 183
参考文献 ………………………………………………………………………… 187
结束语 …………………………………………………………………………… 205

# 第1章 绪 论

## 1.1 研究目的

自哈佛大学迈克尔·波特教授在20世纪90年代将产业集群上升到国家竞争层面，特别是硅谷等产业集群的成功，世界各国都把培育和发展产业集群作为提升国家综合竞争力的有力手段和重要战略。即使是在互联网时代，在信息传播和交流已经完全突破地理限制和约束前提下，世界范围的集群现象仍然非常明显和突出。产业集群已经成为我国区域发展和产业布局的重要模式和发展趋势，越来越多的地区产业发展出现了集聚化趋势。虽然各类产业集群的行业、类型和发展阶段不尽相同，但产业集群已经成为中国经济的支柱，而其中的高新技术产业区更成为我国创新驱动战略最直接的实施方式。

目前我国经济发展到一个新的阶段，可持续发展中资源和环境压力已成为十分突出的问题，随着工业化和城市化的加速，经济总量的不断扩大，粗放型经济增长方式急需转变。伴随着现代科技的快速发展，全球的经济形势和发展趋势、资源分配及劳动分工等都在发生着巨大的变化，许多国家都开始致力于发展具有先进科学技术和创新能力的高新技术产业。高新技术产业低污染、高附加值、高增长的特点不仅能够缓解环境污染的压力，也能成为国民经济增长的主要推动力，是一个国家综合竞争力的重要标志。除了美国硅谷以外，相继出现的英国剑桥、印度班加罗尔、中国台湾新竹和中国北京中关村等产业集群的发展都成为各国及地区经济实力的重要体现（Porter，1990）。高新技术上的竞争优势可以支撑甚至转化为国家经济、政治及军事等方面的优势，从而提升一个国家的综合国力。

对产业集群的研究从Marshall（1890）在《经济学原理》中首次提出的"产业区"概念开始，Weber（1929）在《工业区位论》中对产业集群现象及企业集聚的原因进行了阐述。Porter（1990）在《国家竞争优势》中提出的著名的钻石模型更是对产业集群的竞争优势进行了较详细的解释。我国第一个高新技术园区中关村科技园自1988年建立以来，经过近30年发展，截至2015年底，中国高新技术产业开发区已有145家。2013年我国114家国家高新区共实现工业总产值19.7万亿元，实现增加值 5.8 万亿元，占全国 GDP 比重达 10%以上，工业增加值占同期全国第二产业增加值 16%，出口创汇占同期全国外贸出口总额 16.9%，上缴税额 1.1 万亿元，出口总额 3 700 亿美元（国家统计局，2015）。在我国的"十三五"规划中提出，把发展基点放在创新上，以科技创新为核心，以人才发展为支撑，推动科技创新与大众创业万众创新有机结合，塑造更多依靠创新驱动、更多发挥先发优势的引领型发展[①]。这表明我国未来将进一步加大对高新技术产业的投入，持续增加研发经费，进一步重视科技人才的培养，加快完善科技创新体制。这些都为高新技术产业集群的发展提供了前所未有的环境条件。

现有研究表明，产业集群的演变存在其内在的规律，集群能否可持续发展特别是能否适应外部环境的变化主要取决于集群系统各主体自身的柔性以及主体之间协同演进的结果（He et al.，2011）。而那些主要依靠政府各种优惠政策来生存和发展的集群可能会面临以下问题：这些优惠政策能否真正有利于各类企业的可持续发展特别是连续创新，从而最终催生和建立起集群独特的创新内生机制？现有的政策对创新的影响和绩效如何？在传统的政府行政治理和市场治理之外，是否还有其他的治理方式来提供相应的补充，从而进一步提高集群整体创新的绩效？这些问题都对集群可持续发展至关重要，更成为当今集群研究的前沿课题。

由此本书的主要目的是从复杂理论角度来研究集群网络治理，尝试改变我国产业集群目前过分依赖政府行政治理的模式，探索集群新的治理方式，从而为集群可持续发展提供理论支持和实践建议，具体包括：

（1）根据集群网络治理的界定，研究复杂理论中哪些模型和方法可以用于集群网络治理，分析这些理论和方法该如何用于集群相关问题的网络治理。

（2）分析集群网络治理的特点、适应范围及技术路径，根据集群中存在的具体问题，研究进行网络治理的方式和框架，从而为集群网络治理提供一定的理论基础和研究范式。

（3）探讨如何通过实证方法来发现集群存在的现实问题，从而为进一步以网络治理的方式解决这些问题提供前提和基础。

（4）针对集群的实际问题，借鉴复杂理论模型和方法，提出一些集群网络治理的具体模式，分析这些模式的实施条件。

（5）从网络治理角度分别对集群不同类型主体提出相应的建议或对策，以指导这些集群主体，如政府、行业协会、企业采取相应的措施来更好地解决所存在的问题。

---

[①]《中华人民共和国国民经济和社会发展第十三个五年规划纲要》，http://www.nxcz.gov.cn/WebSiteOut/010000/ZWGK/GHYJH/CQGH/content/13262.html，2016-03-17。

## 1.2 本书的逻辑架构

全书共分为七章（图 1-1），是沿着"理论研究—实证研究—规范研究"的逻辑思路对产业集群的网络治理问题进行研究的，特别是将集群视为一个复杂适应性系统，在对我国三个典型产业集群的整体创新、企业的社会责任及信用水平等问题进行实证研究的基础上，借鉴复杂理论的研究方法和思路对相应问题的网络治理提出具体的治理模式。以下分别对各章进行简要的介绍。

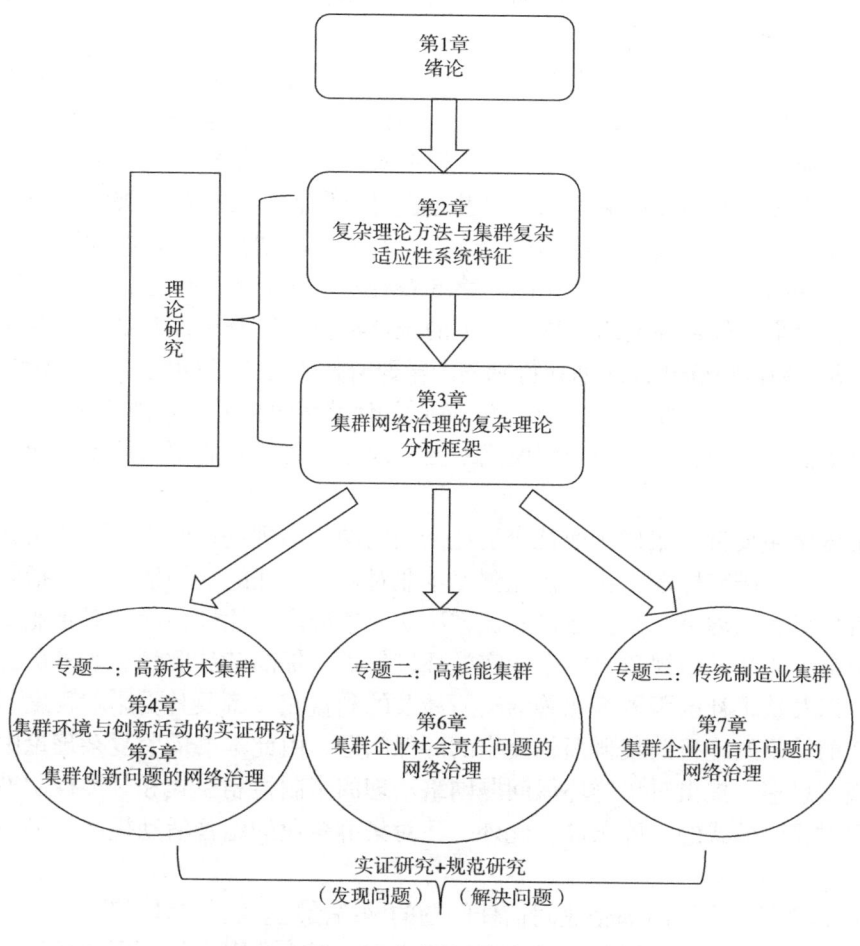

图 1-1 本书的逻辑架构

第 1 章是绪论，主要介绍研究背景、研究目的和意义，并总结全书的结构框架。

第 2 章对复杂理论进行介绍，特别是对其中能够用于集群网络治理的方法和思路进行较详细的介绍,对复杂网络的相关内容进行总结和提炼,同时还对集群复杂适应性系统的特征进行分析。这些都为后续章节提供了理论和方法基础。

第 3 章构建集群网络治理的复杂理论分析框架。首先对网络治理的相关理论文献进行整理,回顾以往学者的网络治理理论及其在产业集群中的应用研究,包括网络治理特点和方式,以及网络治理适用问题和环境条件等。其次对比集群网络治理、行政治理和市场治理的不同之处,分析集群网络治理的特点和适用范围。在此基础上给出集群网络治理的分析框架,并结合复杂理论中的混沌理论,对集群网络的不同状态进行分析,以期对网络治理环境进行研究,最后提出对集群相关问题网络治理的研究路径。

第 4 章和第 5 章对集群创新问题的网络治理进行较深入研究。按照第 3 章给出的研究路径,第 4 章我们先对集群环境与创新之间的关系进行实证研究。以成都软件产业集群为样本,采用结构方程模型对所提出的集群环境、创新能力及企业营销能力之间的相互影响关系,以及它们对集群企业可持续发展的影响进行验证。主要目的是检验集群目前的创新能力,发现集群创新中存在的问题,从而为集群创新的网络治理提供实证基础。第 5 章在实证研究的基础上,进一步运用仿真方法,对集群的创新网络结构及相关的统计特征进行分析,并结合问卷和访谈结果,重点剖析集群开放式创新特别是产学研合作中存在的问题。针对这些问题,第 5 章还对集群混沌边缘态进行研究,探讨如何培育集群涌现式创新环境的问题,并提出集群创新的服务平台治理模式来更好地促进集群企业创新的动力和提高创新绩效。

第 6 章主要针对集群企业社会责任问题的网络治理进行研究。以四川夹江陶瓷产业集群为研究样本,我们首先测度企业对社会责任的认知情况,包括对企业社会责任概念的理解;其次通过实证方法研究集群内企业社会活动对企业日常经营的影响,并从网络视角分析企业实施环境保护、提高产品质量、改善员工工作条件,以及从事社区服务等慈善活动所涉及的利益相关者及其受影响程度。从实证研究的结果发现目前集群面临突出的环保问题,由此本书借鉴复杂理论中牵制控制模型思想,提出对集群环保问题网络治理的牵制控制模式和分类控制模式,进而探讨相应模式的实施条件。此外,还对集群企业的慈善活动提出星形网络治理方法。

第 7 章探讨集群内部企业间信任问题的网络治理。我们从网络嵌入角度,以中山燃气具产业集群为样本,采用实证研究方法对企业嵌入的不同性质网络对信任的影响程度进行了分析。该章从关系嵌入(relational embeddedness)、结构嵌入(structural embeddedness)和位置嵌入(positional embeddedness)三个角度对网络嵌入进行分类,进而运用结构方程模型分别检验不同网络嵌入方式对企业间信任的影响程度。研究发现,位置嵌入对信任的影响并不显著,由此,我们需要通过网络治理来提高位置嵌入的影响程度，并给出集群信任网络治理的第三方评价模式。

从以上结构框架可以看出，本书具有以下理论和现实意义：①增强集群变化适应性，提高集群整体学习和持续创新能力；有助于集群从过分依赖政府政策的行政治理中寻找新的集群治理途径和方法，通过集群网络治理来提升其整体应对环境冲击的能力和持续创新能力。②丰富集群网络治理的理论和实证研究。目前对集群网络治理的研究文献很少，还远没有引起应有的重视，还停留在理论分析层面，缺乏针对特定集群具体问题网络治理方式的深入探讨，如如何通过集群网络治理来提高集群整体创新合作绩效，以及提升企业间信任水平。特别是相关的实证研究严重滞后的情况，制约了理论研究的深化与提出具有现实价值的对策和建议。本书正是针对这些不足，借鉴复杂理论对集群网络治理进行研究。

# 第 2 章　复杂理论方法与集群复杂适应性系统特征

起源于自然科学,复杂理论在研究复杂系统时,采用了各种不同的方法和角度,具有极其丰富的内涵,蕴含了许多新的思想和方法。因此,本章首先对复杂理论进行简要介绍,特别是对可能用于集群系统研究的理论和方法进行阐述;其次对集群复杂适应性系统特征和集群进行剖析,从网络角度对集群系统进行界定,这些都将为后续集群网络治理奠定基础。

## 2.1　复 杂 理 论

### 2.1.1　基本思想

作为一个起源于自然科学领域的理论,复杂理论主要探讨复杂系统的形成和发展的内在规律。该理论认为复杂性系统的重要特征之一就是存在自组织现象,即系统可以依靠内部各参与体的相互作用来实现空间、时间或功能上的结构演化。20 世纪 70 年代以后,计算机技术的发展带来了复杂理论的大力发展。陈森发(2005)在《复杂系统建模理论与方法》一书中对复杂理论进行了比较完整的归纳和详细的论述。这里我们仅对其进行简要概括,见表 2-1。

表 2-1　复杂理论中的一些重要理论

| 复杂理论 | 研究视角 | 核心内容 | 代表人物 |
| --- | --- | --- | --- |
| 耗散结构论<br>(dissipative structure theory) | 开放系统所具有的一种动态有序结构,复杂系统的创造条件论 | 远离平衡态的开放系统,即处于混沌边缘;<br>不断地与外界交换物质和能量;<br>外界环境对系统的影响达到特定阈值;<br>非线性反馈;<br>系统中存在涨落 | Prigogine |

续表

| 复杂理论 | 研究视角 | 核心内容 | 代表人物 |
| --- | --- | --- | --- |
| 协同学（synergetics） | 系统自身如何保持自组织活力问题，在整个复杂系统方法论中处于一种动力学方法论的地位 | 无序转变为有序结构；系统内部各子系统之间的非线性相互作用；竞争、协同、支配及序参量等概念和原理；制定一定的规则，对参数进行相应的调整；子系统自己相互作用，产生序参量运动模式 | Haken |
| 突变论（catastrophe theory） | 系统在其演化过程中可能的路径，是复杂系统演化途径的方法论 | 临界、渐变和突变概念的具体含义；引入冲突，来揭示行动与理解之间的相互矛盾关系；不同时间应采用不同方式来推动系统演化；渐进方式和突变方式的不同条件 | Thom |
| 超循环论（hypercycle theory） | 如何充分利用过程中的物质、能量和信息流的方法 | 转化反应循环；催化反应循环；自我复制、自我优化、自我选择；基层的循环又组成了更高形式的循环 | Eigen |
| 分形论（fractal theory） | 系统自组织过程中复杂性的空间图景 | 从简单到复杂的空间状态和演化方法；如何区别整形与分形特征；自相似性；整体与局部在某种意义下的对称性 | Mandelbrot |
| 混沌理论（chaos theory） | 系统自组织过程中的时间复杂性问题，是复杂系统的时间演化图景方法论 | 混沌使非线性系统所产生的复杂不规则现象；系统对初值的敏感性；非周期性；存在奇怪吸引子；确定性随机现象；长期行为不可测性 | Lorenz |

资料来源：陈森发. 复杂系统建模理论与方法[M]. 南京：东南大学出版社，2005；Haken H. Advanced Synergetics[M]. 2nd ed. New York：Springer，1987

### 2.1.2 基本研究方法

复杂理论以复杂系统为研究对象，由此复杂理论对复杂系统主要通过建立各种模型的方式进行定量研究，这里我们根据其在管理领域的适用性，重点介绍以下几种基本的建模思想和方法（陈森发，2005）。

1. 还原论方法

还原论的思想是将一个复杂系统进行微观分解，然后对微观各部分建立相应的模型，再分析和研究各部分之间的关系和作用机理，从而用部分之间的相互关系来解释系统整体的行为现象，这种方法可以在一定程度上对复杂系统的涌现性特征进行描述和研究。其具体方法是先根据基本科学原理建立各环节或各部分的数学模型，然后按照不同环节的耦合方式得到系统整体行为的数学方程，它着眼于对系统宏观行为的观察结果，并对系统整体提供各种可能的预测。这种方法在控制论和运筹学中得到广泛而成功的运用。

2. 简单巨系统描述法

这种方法主要针对内部元素数量巨大，但种类很少的系统。系统类元素之间相互关系简单，因此可以将其简化为随机碰撞。对于该系统的研究主要通过大数定律来观察其统计特征，统计特征也是整体涌现性的一种体现，在微观个体层面无法看到。概率论为简单巨系统的研究提供了理论支持。

3. 复杂系统智能建模法

由于复杂系统的整体涌现性，很难预测或观察到每个微观个体的行为，但系统是在一定规则支配下运行的，而这些规则是可以通过科学方法描述的，所以该方法的基本思路是：认为系统内部各主体是具有自主意识和决策能力的系统构建，它们通过一定的规则联系起来并相互作用。所以可以先设计这些规则，再通过计算机仿真来模拟系统的涌现行为。

### 2.1.3 常见的智能建模法

1. 神经网络法

该方法主要模仿人类神经系统的学习过程来构建模型，特别是根据人类神经的分布式记忆特点以及感知功能和联想功能来寻找输入信息和最终行为之间的非线性关系。其中比较典型的是 Rumelhart 等（1986）提出的反向传播算法（back-propagation algorithm），该算法综合考虑了正向和反向传播时网络中的权值参数调整，可用于多层网络情形（庄镇泉等，1994；Homik et al.，1989）。

在反向传播算法中，设共有 $n$ 层神经网络，在输入层加入输入模式 $I$，从第 $k$ 层 $i$ 单元输入的总和为 $r_i^k$，输出为 $R_i^k$，而 $k-1$ 层的第 $j$ 个神经元到 $k$ 层第 $i$ 个神经元的连接权值为 $W_{ij}^k$，则各神经元的输入与输出关系为

$$R_i^k = f(r_i^k) \qquad (2-1)$$

$$r_i^k = \sum_j W_{ij}^k \cdot R_j^{k-1} \qquad (2-2)$$

因此，反向传播算法实质上是由正向和反向两种传播组合而成的，在正向传

播中，输入模式从输入层经过各级隐单元层逐层传递，到达输出层，下层各神经元状态只受到上层影响，如果在输出层得到的输出不能满足期望输出，则进入反向传播过程，将误差信号反馈到各级权重，再通过调整权重来降低误差。这里我们可以用期望输出与实际输出之间的平方和来表示误差函数，即

$$\sigma = \sum_j (R_j^n - s_j)^2 \quad (2\text{-}3)$$

其中，$s_j$ 为期望输出。因此反向传播算法实质上是求误差函数的极小值。可见反向传播算法实际上是一个始于输出层的不断反馈的递归过程，通过所选样本的反复学习训练逐步朝偏差减小的方向来修正各层权值，直到达到误差范围以内。而误差函数的极小值可以通过非线性规划的牛顿法、拟牛顿法、单纯形法、最速下降法等方法实现。

虽然神经网络反向传播算法可以用来解决多层次网络问题，但网络层次的增加也将大大增加计算量，从而影响收敛速度。同时得到的最小值也不一定是全局最优，存在局部最小问题，这些都成为神经网络学习算法的缺点。当然除了以上介绍的神经网络反向传播模型以外，Hopfield 模型也是得到广泛运用的神经网络算法。它是一种离散随机模型，由 $N$ 个神经元构成一个连通的有向加权网络。其中各神经元可以按照异步或同步的方式进行变化。异步是指在任意时刻只有一个神经元发生变化，而其他神经元状态保持不变；同步则指任一时刻部分或全部神经元都变化。Hopfield 模型的特点是具有联想功能，当存储的样本是网络极小值时，输入其附近值时，网络能够想起极小点处的样本，因此 Hopfield 模型具有联想记忆、自动分类、模式识别等智能化功能。

2. 多 agent 模型

agent 是指复杂系统中具有一定智能的主体，它除了具有自治性、社会能力、对环境的适应性等特征，还可能在精神层面具有信念、责任、知识及承诺等特征，因此 agent 既可以指有智能的计算机程序、系统、机器，也可以指社会或管理领域的人、社团或企业等组织。对于单个 agent 而言，其基本结构如图 2-1 所示。

基于单个 agent 的特征和基本结构，多 agent 模型主要描述系统中大量 agent 所产生的相互关系，这种系统也称为多主体系统（multi-agent system，MAS），安装 MAS 拓扑结构可以将其分成不同类型，如果考虑有向加权网络，MAS 还可以根据其拓扑结构分成更多种类。所以 MAS 是一个开放且规模较大的系统，整体具有灵活性和复杂性，系统内部各种结构类型交叉重叠，共同实现和完成目标。通常在 MAS 中可能存在一个或多个管理服务组织，这类组织既可能对整个系统的所有 agent 都产生作用，也可能仅对特定组织产生作用。MAS 在不同类型组织的共同协调和配合下进行资源配置，无论何种拓扑结构，都会有其自身的优势和

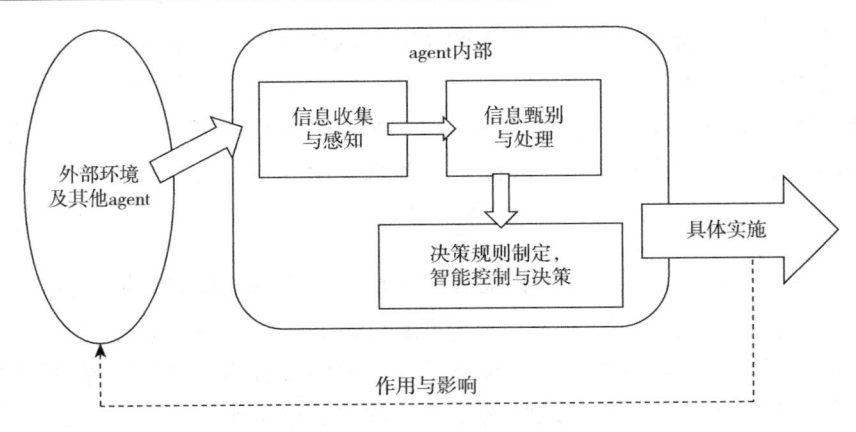

图 2-1　单个 agent 基本结构

资料来源：史忠植. 智能主体及应用[M]. 北京：科学出版社，2000；陈森发. 复杂系统建模理论与方法[M]. 南京：东南大学出版社，2005

劣势。同时，MAS 的开放性还决定其会随着环境变化而不断演进，但在一定时间范围内又具有相当的稳定性（王正中，2003；史忠植，2000）。对于 MAS 的建模，Fisher 等提出了将反应、主动和协助能力相结合的混合 agent 结构，这对于研究 MAS 的涌现规律有着重要的启发。

3. 遗传算法

遗传算法（genetic algorithms）源于自然界生物进化过程的优胜劣汰基本原则，物种的演进是不断适应环境的结果，其优化的方向是应对变化的环境和生成的需要。遗传算法是由 Holland（1975）发展起来的，它是一种通过反复迭代，逐步向最优解方向演化的过程。根据遗传变异的自然规律，下一代是上一代中的优秀者，并且按照一定的规则进行选择、交叉、变异等遗传操作。因此遗传算法包括三种基本运算，即复制运算、交叉运算和变异运算。遗传算法将最优问题的求解过程表现为染色体（chromosome）的生存过程，用遗传空间表示解空间，由此每个可能的解为一个染色体或个体，向量的每个元素称为基因（genes）。遗传算法通过复制和一定概率的交叉与变异来实现优秀基因的传承和对环境的适应性。其主要特点包括：

（1）自组织和自适应。遗传算法在进行复制时不是随机选择，而是通过评价每一个体的适应值来选择，当适应度函数和遗传算子确定后，算法将进行自动搜索，因此适应度大的个体将具有更大的被复制概率，通过基因的交叉、重组和变异来创造更加适应环境的后代。因此在具体算法中，需要对环境特征进行详细描述，这样处理可以使得遗传算法用以解决一些非结构化的问题。同时由于遗传算法是以一定概率确定交叉和变异等遗传规则，增加了不确定性，所以也可以产生许多潜在解，扩大了决策者的选择空间。

（2）大规模并行性。复杂系统往往规模巨大，这样就会对算法的收敛速度产生影响。而遗传算法是一种内在并行算法，适合大规模并行计算。遗传算法对并行结构没有特别的要求和限制，可以不同计算机同时运算，再比较结果，选出较为满意的个体。它只需要确定优化方向的目标函数和适应度函数即可。

在实际运用中，传统简单的遗传算法存在很多缺陷，如整体收敛性较差、不能收敛到全局最优等。针对这些问题，后来的遗传算法不断改进，提出了诸如杂合遗传算法，主要在保护优秀个体、标记淘汰算子、模糊大变异操作、动态化交叉变异概率等方面对简单遗传算法进行了改进（王小平和曹立明，2002；令狐选霞等，2001）。相较于传统遗传算法，杂合遗传算法更加灵活地选择复制、交叉和变异规则。例如，模糊大变异操作是以一个比通常大很多的概率进行整体变异操作，从而有利于产出更多的新个体，避免种群的早熟现象；在动态自适应操作中，可采用交叉概率和变异概率进行动态调整。

4. 蚁群优化法

对于复杂系统，由于其个体数量庞大，很难追踪和观察单个主体的活动和轨迹，所以从模拟生物群体行为的思路出发，目前以群体智能为核心的研究体系开始逐步建立，相应的粒子群优化算法和蚁群优化算法相继被开发出来。其中粒子群优化算法是受鸟群觅食行为的启发，采用速度-位置搜寻模型来获得最优解。与粒子群优化算法类似，蚁群优化算法是通过对自然界中蚂蚁群体行为的观察和模拟而产生的。蚂蚁的觅食路径的选择，伴随往返次数的增加，蚁群总能找到最短路径。蚂蚁通过一种信息传递过程形成信息正反馈现象，即某路径走过的蚂蚁越多，后来者选择该路径的概率就越大。蚁群优化算法可以用来进行聚类分析。聚类分析的基本原则是确定核心，然后围绕核心将环境对象吸引到核心周围，正如蚂蚁被吸引到食物周围一样（张纪会和徐心和，1999）。

## 2.2 集群复杂适应性系统特征

### 2.2.1 复杂适应性系统

从复杂理论角度，现有研究认为集群是一个复杂适应性系统（Holland，1998），具备 Axelrod 和 Cohen（1999）所提出的复杂适应性系统的所有特征，包括主体智能化、整体关联性、选择过程和标准的多样性（He et al.，2011）。

1. 主体智能化

主体智能化是指系统内部的主体 agent 具有主动性和适应性。Holland 提出了研究适应和演化过程中的七个相关概念，即聚集、非线性、流、多样性、标志、内部模型和积木，其中前四个概念是指系统的个体特征，而后三个则涉及个体与外部环境的交流机制。这些概念或研究角度都强调系统主体的多层次、与外界不断交互作用、持续发展和演化以及具有生命力的特征。

可见复杂适应性系统所谈的主动性和适应性是一个宽泛而抽象的概念，并不局限于生物学意义上的"活"的生命体。这种认识使得复杂适应性系统能够有效地应用于经济、社会、生态等系统。只要个体能够不断与其他主体进行各种物质、能量和信息交流，并根据内外部环境对自身结构和行为加以变更，就可认为其具有智能，而所有这些行为的目的就是生存或发展。集群作为一个系统，其内部存在大量不同类型的组织，如企业、服务性组织、大学等，这些组织都是具有独立决策能力和行为能力的个体，这些组织与外界不断进行能量和信息交互，同时不断成长。这些都说明集群系统主体具有高度智能性。

2. 整体关联性

复杂适应性系统理论强调由主体之间、主体与环境之间关联性所产生的相互影响和相互作用是系统演化的主要动力，认为个体之间的复杂关系不仅是整体的基础，也是复杂系统整体出现涌现的原因。而且这种关系在系统演进中是动态发展的，其发展轨迹和速度会呈现出多种可能性，同时也会表现出可记忆性的路径依赖，即演进过程中过去每个主体结构变化、与别的主体之间的关联建立和结果以及环境的作用等都会通过不同方式保存在个体内部，从而对个体将来的决策选择和行为方式产生影响。复杂适应性系统将生物界适应性机制进行了拓展，使其具有更加普遍的意义，并可以用来解释经济和社会领域的相关现象。

由于地域上的接近，产业集群内部的各种组织之间能够更加方便地进行交流和合作，政府也可以更加容易地对企业进行管理和监督，这些都为集群内部各种关系的建立提供了先天的优越条件，各种关系的交叉重叠构成了集群内部特有的联系方式，从而成为集群特有的竞争优势。

3. 选择过程和标准的多样性

对于复杂系统的形成及其最终状态问题的探讨一直是人们关注的焦点问题，复杂适应性系统理论对于系统演进机理的探讨主要是模仿生物学优胜劣汰选择过程，该理论认为选择机制的建立以及随机因素影响可能存在多重标准，这就在一定程度上解释了系统主体多样性产生问题。通常这些标准和规则是由系统自身来定义的，由此也对系统演进提供了新的启发：能否通过对选择标准的干预或引导促使系统向期望的方向演进？

在现实社会中，我们可以发现集群的异质性是普遍存在的，即使是相同产品不同地域的集群，其集群演进过程、内部网络拓扑结构和特征也很不一样，如个人计算机（personal computer，PC）产业集群中，东莞和昆山集群的演进轨迹就完全不同。而产生不同部分是由集群自身选择过程和标准的不同引起的。集群是如何发展壮大的？什么样的集群具有更加稳定的生态系统，能够对环境的冲击表现出更好的适应性？这些问题都涉及集群系统的演进规律，因此对选择机理的探讨将有助于集群治理的研究，也为集群网络治理提供了一个颇具潜力的研究方向。

综上所述，集群整体是众多具有高度智能的企业或组织在一定地域范围上所组成的动态集合，单个企业既依赖于自身能力，又依赖于集群所提供的独特环境条件，这种半依赖性行为在集群中得到明显体现，个体间通过合作和牵制来实现集群整体的竞争优势，因此集群可以被视为一个复杂适应性系统来加以研究。

### 2.2.2 作为复杂适应性系统的集群特征分析

从复杂理论角度，集群实质上是一个复杂适应性系统，该系统具备一些复杂系统的性质（图 2-2）。作为复杂适应性系统的集群，其主要的特征包括耗散结构、自组织、分形、混沌边缘态、非线性、涌现，对这些性质的分析有助于我们从复杂理论角度对集群系统进行更加深入的研究，也为集群治理提供新的分析思路。

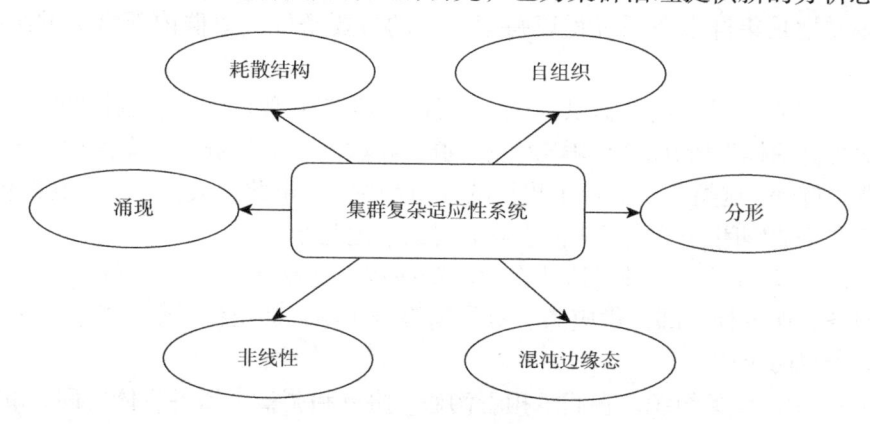

图 2-2 集群复杂适应性系统的特征

1. 耗散结构

耗散结构（Prigogine，1969）是指一个远离平衡点的开放系统，会与外界环境不断地进行物质和能量交换，当外界环境压力超过特定阈值时，系统就会进入远离均衡点的不稳定状态。对于集群而言，虽然它在地域上具有一定的边界，但这丝毫不影响集群内部企业与外界的沟通和交流，特别是集群是根植于区域环境的，因此耗散结构特征对集群存在和发展具有重要意义。

集群根植性是集群可持续发展中的关键因素之一，集群内部企业与地域间存在不可分割的连接,与当地环境之间相互渗透的关系越紧密,集群的根植性就越强,从而集群的特质性也会越明显。因此从耗散结构角度,我们在研究集群时应该更多地关注地域环境对集群的支持或制约作用,从这个意义上讲,任何集群都是特定地域与企业共同作用的结果,所以考察集群经济行为的同时需要关注其所处的特定社会地域联系,包括当地经济、社会、文化、宗教及政治等多方面的发展和变化趋势,地域根植性的存在会逐步孕育出比较充足的社会资本,使得集群能够更深层次地嵌入在当地环境中,从而形成集群的黏性,避免"飞地"的产生。对集群耗散结构特征的探讨有助于分析集群根植性和迁移规律。

2. 自组织

集群自组织是指系统主要依赖其自身的力量而非外界行政的干预来实现特定的目标(He et al., 2011)。尽管现实集群最初可能源于政府的设计规划,但集群演进的主要过程以及集群能否形成其竞争优势仍然依赖于其本身的自组织过程和能力,主要表现在集群内部能否形成自我更新、自我淘汰的机制,以及与外界高度联系的系统结构。在此过程中,集群内部各组织之间相互配合或竞争,以实现资源的优化配置。这些都在一定程度上取决于集群内部组织的多样化。组织多样性是集群生态系统得以持续发展的重要条件。集群内部常见的组织有以下五种类型。

(1)核心产品或服务提供企业。它们是集群最重要的部分,也是特定集群区别其他集群的标识所在,如制鞋产业集群、物联网产业集群、汽车产业集群、创意产业集群等。这类企业决定了集群的性质和特点,由此也成为集群存在的依据,一旦这类企业倒闭或迁移,就标志着集群的衰退甚至消失。

(2)配套支持性企业。这些企业围绕在核心企业周围,负责提供上、下游产品或服务,如各种零部件供应商、贸易销售企业等,甚至包括部分提供相应基础设施和资源的企业。

(3)中间服务组织。它们承担着沟通、协调和调整市场各主体之间、市场主体与各类市场之间的经济关系的任务,主要涵盖各种服务业企业,如提供金融服务的风险投资公司、租赁公司等,提供专业服务的会计师事务所、律师事务所、咨询公司。此外,还包括为提高市场机制运作效率或者弥补市场失灵的非政府社会经济组织,提供生产要素服务,如人才交流市场、生产资料市场等,集群内部各类行业协会和团体。

(4)政府管理部门。它是集群重要的参与者,特别是在转型经济环境或市场经济不是特别发达的地区。政府承担着管理集群的任务,主要通过行政和经济两种方式来为集群运作提供机制设计和环境条件。其中行政方式具有强制性,包括进入集群企业的许可、税率设定以及各种费用征收等;而经济方式具有诱导性,通过各种产业政策来引导集群自组织向所期望的均衡目标演进。

（5）大学和相关科研机构。大学是集群特殊的一类组织，通常从地理上来看，它不一定属于特定集群范围，如美国斯坦福大学对于硅谷，中国清华大学对于中关村。但这类组织对于集群的诞生和发展却发挥着重要作用。而其他相对小型的科研机构或教育培训机构却可能在集群内部存在，从而为集群提供所需的人力资源或技术支持。

作为一个复杂适应性系统，集群可以通过各种学习过程来实现其自组织，集群自组织特征可以用来分析集群演进的规律，特别是解释集群在相似政策环境下所表现出的差异性，以及分析政府政策治理在集群发展中的地位和作用。

3. 分形

分形理论主要提供了对复杂系统生成和演进过程的研究方法，它强调通过简单叠加和累积而形成的复杂形态具有自相似性，即在任意小的比例尺度内包含整体的精细结构。这种自相似性可能是近似具有统计意义下的概念（谢和平和薛秀谦，1998）。运用在产业集群系统，其诞生和发展过程也可以视为逐步由点到面的空间发展过程，特别是集群内部各种网络会在演进过程中逐渐由简单到复杂，而这种复杂性也往往是由一些简单的企业行为和活动累积而成的，因此可以从企业内部特征和与其他企业的关联方式来构造集群演化规则。

4. 混沌边缘态

根据复杂理论，任何系统在特定时间都会处于有序到完全无序连续变化中的某个位置。Morrison（1991）提出可将动态系统分成五种类型，即稳定、周期变化、混沌、色噪和白噪；Thietart 和 Forgues（1995）认为任何组织都将处于三种状态之一，即稳定均衡、间断均衡、混沌。这里我们将企业及其环境的状态分成三种类型，即有序态、混沌边缘态和完全无序态（Kauffman，1993）。

（1）有序态：外界适应性压力很小；变化相对缓慢，而且变化是渐进的非根本性的；存在负反馈，这种负反馈导致企业或环境趋于稳定；虽然也存在非线性的变化，但因果关联使得长期预测成为可能。

（2）混沌边缘态：外界适应性压力较大以至于超过企业或环境 I 级临界值；变化快而且无法预测；存在正反馈和负反馈，导致企业或环境远离均衡；演进结果具有随机性而且无法长期预测。

（3）混沌态：完全无序状态；变化非常快，超过原有企业或环境的承受范围；处于无法控制状态。

一般而言，集群和企业都不可能处于混沌状态，处于混沌态对于组织而言几乎就是处于解体状态。因此我们认为集群在演进过程中，往往会处于非均衡的混沌边缘态，具体表现为集群在演进各阶段会呈现出高度的动态变化性。虽然不同集群演进过程有其不同的发展轨迹，但一般而言比较完整的集群生命周期都会包括萌芽期、成长期、成熟期和衰退期。

1）萌芽期

产业集群可任意根据起因分为自发型、政府驱动型和嵌入型（Mytelka and Farinelli，2000）。其中自发型是指集群是由地域环境自发孕育出来的，没有政府人为设计和干预，具有随机性；政府驱动型是指集群是由政府主导的，通过优惠政策的吸引或人为设定让某种类型的企业集中在特定区域，具有确定性；嵌入型介于自发型和政府驱动型之间。而无论哪种类型，都伴随着核心企业数量的逐步增加，这些核心企业可能来自地域之外，也可能是本地企业的成长或裂变，因此萌芽期集群所在地域开始从稳定态逐步进入混沌边缘态。

2）成长期

这是集群快速膨胀的时期，主要体现在企业规模迅速扩大，集群吸引效应逐步加强，各种支持性的配套设施也随之形成，集群呈现出明显的外溢效应。集群和企业此时都处于混沌边缘态，集群整体竞争力得到显著提高，集群在自组织作用下，逐步形成其特有的资源整合方式，对外部市场的适应力加强，企业不断通过各种学习和尝试来寻找自身的定位，这是集群变化最快和最为动荡的阶段。

3）成熟期

相对于成长期的快速增长，产业区企业的总数量维持在一个大致稳定的水平，单个企业和集群逐步进入较为稳定的状态，也就是从混沌边缘态逐步向有序态转移，此时集群建立起一套集群内部的运行机制，并在一定时期保持其竞争优势。然而面对动态的外部环境冲击和变化，集群及其企业随时都可能进入混沌边缘态，而且成熟期相对稳定状态主要是从集群内部企业数量角度来谈的。而事实上判断集群均衡状态还取决于衡量标准，集群复杂适应性系统存在多重测度标准，即使是部分指标变化不大，集群其他指标也可能存在很大变化。因此我们认为成熟期集群仍处于混沌边缘态。

4）衰退期

集群内大量企业外迁或倒闭，无法吸收到新的资本和企业，没有能力进行创新活动，新的可替代集群在其他地域开始萌芽，原有集群结构无法维持，因此该阶段集群整体应该处于混沌态。

通常我们在分析集群时，主要针对其前三个阶段，即萌芽期、成长期和成熟期，可以看出集群在这三个阶段始终处于动态变化过程，因此总体而言集群是一个远离平衡点的开放系统，处于混沌边缘态。

5. 非线性

非线性反馈是指系统内部各主体之间相互作用方式的复杂性，这种活动与活动之间、活动与结果之间不是简单的线性关系，呈现出正反馈与负反馈相互交织的情形。对于集群而言，集群各组织之间存在着纷繁复杂的联系，也正是这些联系将集群凝结成一个复杂适应性系统，构成集群内部许多相互交织的各种网络。它们相互协调配合，以独特的方式来实现集群的功能，而这种方式往往能够降低交易成本，优化资源配置，从而使集群整体获得市场竞争优势。

6. 涌现

涌现是复杂形态的重要特征，系统中各参与者通过交互作用而产生系统整体行为，而系统整体效益大于个体的简单加总，这种总体大于部分之和的效应即涌现特征，它很难从单个系统元素的个体活动加以预测，需要从系统角度来考察（Holland，1998）。涌现体现了系统的复杂性，所谓元素或参与者的结构、性质以及行为规则可能比较简单，但它们组合在一起可以构成极为复杂的整体结构和性质。这种由简单的局部产生复杂的整体的现象就称为涌现。涌现具有不可预测性、相关性、动态性和宏观约束性（陈森发，2005）。对于集群而言，涌现主要体现在集群各主体之间错综复杂的关系上，这种关系的密切程度是测度集群发育状况的重要指标，可以认为集聚效应正是集群系统涌现的结果。而涌现不仅是指具有正作用的集聚效应，还包括各种负面外溢效应，如搭便车、模仿甚至抄袭行为等。因此涌现是一个中性概念，它是指无法由单个组织来产生和解释的现象，而这些现象都是由集群各主体之间的关联作用产生的。

## 2.3　集群网络特征

从复杂系统涌现特征我们可以看出，对集群现象的研究应该重点关注企业集聚后产生的不同于单个企业的行为和活动，以及由此带来的多重效果，也就是说，集群各组织之间的关系及其聚合效应应该是集群研究的重点。这里我们从网络角度将集群系统分成三个网络，即核心网、配套网和外围网（图2-3）。

（1）核心网：核心网是集群的标识，它决定了集群的类型，根据核心网的构成，我们可以将集群分成单一产业型和混合产业型。其中单一产业型主要是指集群仅生产某特定产业产品，如底特律汽车产业集群、东莞 PC 产业集群、成都制鞋产业集群等。而混合产业型是指几种产业相互交织，如高新技术产业园区等，这类园区通常包含多种高技术产业，因此产品呈现出多产业特征。核心网内企业的规模一般较大，成为整个集群的支撑。

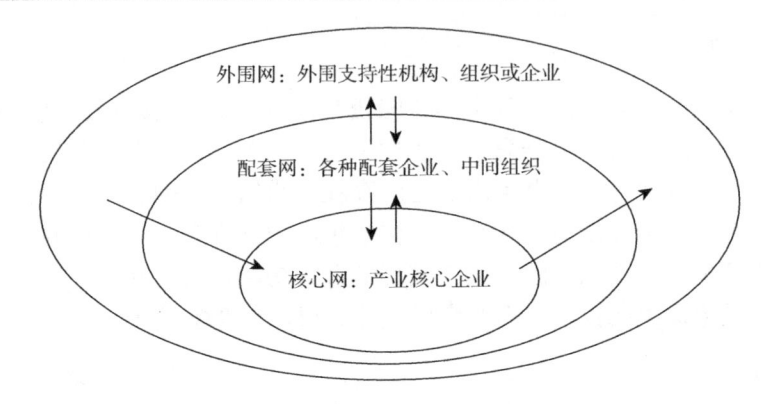

```
        外围网：外围支持性机构、组织或企业

            配套网：各种配套企业、中间组织

                核心网：产业核心企业
```

图 2-3　网络角度下的产业集群系统

（2）配套网：围绕着核心企业，集群会吸引众多的配套服务企业或组织进入，包括物流公司、中间组织、金融服务企业等，这些企业或组织为核心企业的发展提供必要和便利的服务，成为集群重要的组成部分。

（3）外围网：从地理角度来看，集群一般仅包括核心网和配套网企业所在地域。但从集群耗散系统角度，我们专门将外围网包含进来，主要是因为外围一些重要机构，如大学或研究所对集群的产生和发展起着很重要的作用。虽然支持性企业或机构常常不包括在集群地理范围内，但对于集群网络关系而言不可或缺。

所以从网络角度，产业集群是包括内部和外部网络在内的复杂网络，这些网络相互交织影响，从而形成集群的特质，如涌现、弹性专精、知识外溢、柔性生产等。集群中主要的关系首先是围绕集群核心企业展开的，包括核心企业之间，企业与中介组织、地方政府、要素市场、各类协会的联系，以及集群形成后在位企业与集群外企业之间的联系；其次才是其他组织内部以及相互之间的关系。这些联系相互交织构成一个复杂网络，同时具有多层次、社团结构、可转换性、动态演进（企业大小和连接强度）等特征，因此要在研究中先界定研究的范围，然后以此分析不同网络的产生、结构和作用。

## 2.4　复杂网络的研究内容

作为复杂理论的构成之一，复杂网络主要是用来描述有着各种复杂关系的系统主体间的行为特征以及所表现出来的整体特征，它与数学中的图论（graph theory）有着很强的渊源，特别是随机图理论（Erdös and Rényi，1960）的研究为复杂网络的理论发展奠定了坚实的基础。对复杂网络具有里程碑意义的是关于小世界网络（Watts and Strogatz，1998）和无标度网络（Barabási and Albert，1999）

的研究。其中小世界网络揭示了社会关系网络中所具有较短的平均路径长度和较高的聚类系数特点；无标度网络反映了演化网络中度的非均匀性。如图 2-4 所示，复杂网络的研究目前主要有四方面。

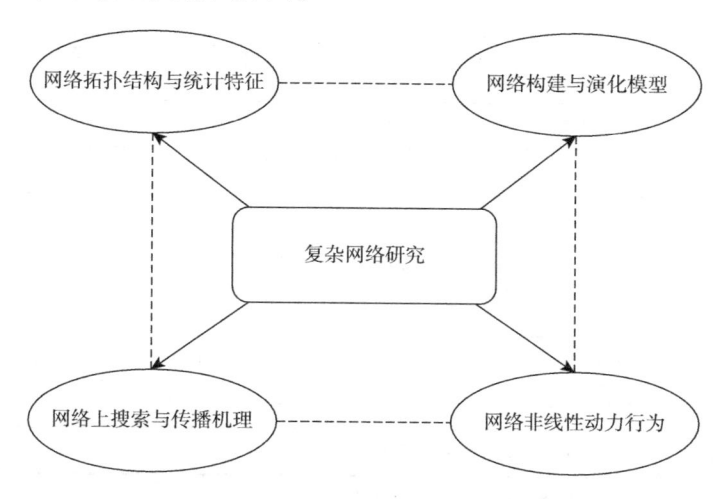

图 2-4　复杂网络的主要研究内容

### 2.4.1　网络拓扑结构与统计特征

从拓扑结构角度，网络包括点和连接点的线两个部分，而复杂网络的复杂性可以表现为点的复杂性和线的复杂性，或者两者兼有。点的复杂性可以是点本身的变化，如点的扩大、缩小及点随时间的进出网络等；而线的复杂性是断链重链，线的强度变化，以及线所包含的具体含义的变化。由此可以组合形成千变万化的情形。

鉴于复杂网络规模的庞大和联系的复杂性，我们很难对每个节点进行详细的研究，而且常常关注的也不是单个节点的行为，更多的是整体所表现出来的变化和性质，因此需要通过一些统计指标来刻画整体网络的涌现行为。一些常见的复杂网络统计指标包括（何大韧等，2009；罗家德，2005；汪小帆等，2006）：①度相关指标，具体有平均度、度分布、度相关性、度同类性；②小圈层相关指标，具体有聚类系数、层次指数、圈系数、富人集团系数；③点之间距离相关指标，具体有最短路径、平均路径长度、平均距离效率；④点重要性相关指标，具体有介数、介数中心度；⑤拓扑中心相关指标，具体有度中心度、紧密中心度、流介数中心度、中心化程度；⑥熵，具体有度分布熵、目标熵、搜索信息熵、接受信息熵、隐藏信息熵、交换信息熵。

表 2-2 中的统计指标都从不同程度刻画了复杂网络的特征，可以依据不同的目的来构建不同的指标。在这些指标的计算上可以运用很多的方法。例如，对于

网络度分布的求解，目前就有主方程方法、率方程方法、马尔可夫链方法等。

表 2-2 复杂网络的常见统计指标

| 指标 | 基本含义 |
| --- | --- |
| 平均度 | 网络中节点 $i$ 的度是与 $i$ 直接相连的边的总数，网络中所有节点的度的平均值称为网络的平均度 |
| 度分布 | 网络中任意节点的度为 $k$ 的概率 |
| 度相关性 | 网络中任意两个节点之间的度相关联的概率 |
| 度同类性 | 网络中一条边的两个端点的度之间的皮尔森系数 |
| 网络密度 | 网络中实际的连接数量与可能有的连接数量之比 |
| 聚类系数 | 网络中任意节点的邻居节点之间也互为邻点的比例 |
| 层次指数 | 网络部分小团体在某层次聚合而成为一个更大的群体而形成的群体结构 |
| 圈系数 | 经过节点的最小圈所含的边数 |
| 富人集团系数 | 度大于 $k$ 的节点集合中互为邻居的节点比例 |
| 最短路径 | 连接任意两点所经过的最少边数 |
| 平均路径长度 | 网络中所有节点之间最短路径的平均值 |
| 平均距离效率 | 两点之间最短路径的倒数的平均值 |
| 介数 | 经过某点的最短路径的条数 |
| 介数中心度 | 介数最大的节点 |
| 度中心度 | 网络中度最大的节点 |
| 紧密中心度 | 网络的拓扑中心，即所有节点到此节点 |
| 流介数中心度 | 现实中各类传输经过路径最多的节点 |
| 中心化程度 | 针对特定中心度，各节点之间中心度的差异程度 |
| 度分布熵 | 网络度分布的无序性，可用于描述网络异质性 |
| 目标熵 | 从一个节点出发采用随机行走方法沿着两点之间最短路径搜索到另一节点的概率 |

资料来源：汪小帆，李翔，陈关荣. 复杂网络理论及其应用[M]. 北京：清华大学出版社，2006；罗家德. 社会网分析讲义[M]. 北京：社会科学文献出版社，2005；何大韧，刘宗华，汪秉宏. 复杂系统与复杂网络[M]. 北京：高等教育出版社，2009

### 2.4.2 网络构建与演化模型

对于复杂网络而言，最典型的两种网络就是小世界网络和无标度网络，在此基础上，人们构建了各种复杂网络用以描述社会和自然的各类现象。以下简要介绍一些常见的网络结构。

1. ER 随机网络

随机网络主要是针对固定节点数的网络，通过对边的随机连接来构建相应的网络。这类网络的主要统计性质包括平均度、平均聚类系数、平均最短路径等。

ER 随机网络的构建规则如下（Erdös and Rényi，1960）：

（1）给定网络的节点个数 $N$；

（2）在每个时刻 $t$，任意选择两个节点，以概率 $p$ 进行连边，这里

$$p = \frac{2n}{N(N-1)}$$

其中，$n$ 为可能的最大连接边数，即

$$n < N(N-1)/2$$

（3）当边数达到 $n$ 时，演化停止。

随机网络可以用来讨论集群中特定群体如何构建起网络关系。

2. 小世界网络

小世界网络是位于规则和随机模型之间的网络结构，特别是在社会关系网络中，"六度分离"的实验成为小世界网络的起源。小世界网络的构造方法（Watts and Strogatz，1998）：

（1）$t=0$ 时是一个规则网络；

（2）以概率 $p(0<p<1)$ 断链重链。

特殊地，当 $p=0$ 时，将呈现出一个规则网络；当 $p=1$ 时，将转化为 ER 随机网络。

小世界网络的主要统计特征包括较小的平均路径和较大的聚类系数，由此也说明社会关系网络中存在着两个重要特点。

3. 无标度网络

无标度网络反映了现实中如万维网等存在超大节点的情况，体现了完全的度偏好法则，说明了网络中不同节点的地位和作用的异质性，极少数节点在金字塔的顶尖，下面是数量庞大的支持其存在的节点，从而体现了复杂系统中非均匀特点。无标度网络的演化规则如下（Barabási and Albert，1999）：

（1）$t=0$ 时是一个具有很少节点的网络，节点数为 $m_0$；

（2）$t=1$ 时加入一个新节点，以概率 $\Pi(k_i)$ 连接到节点 $i$：

$$\Pi(k_i) = \frac{k_i}{\sum_{j=1}^{N-1} k_j}$$

其中，$k_i$ 为节点 $i$ 的度。可见，此连接概率与节点度成正比，反映了无标度网络中对现有连接的依赖程度，在集群中可以认为是现有企业的关系网络对建立新关系的影响程度。

4. 随机生灭网络

现实生活中很多网络都是动态变化的，其节点不断增减，使得网络规模大小呈现波动，相对于单纯的增长网络，这种网络特征更加复杂。这种网络的演化规则如下（Zhang et al., 2016）：

（1）初始网络是一个孤立点；

（2）在每一个时刻，以概率 $p(0<p<1)$ 加入一个新节点并与 $m$ 个旧节点随机连接，或以概率 $q=1-p$ 从现有网络中删除一个节点。

需要注意的是：

该模型在演化过程中的网络规模存在一个下界 $n_0$，如果 $t$ 时刻网络节点数是 $n_0$，则在 $t+1$ 时刻，我们将以该概率 $p$ 加入一个节点并与 $m$ 个旧节点相连，或者以概率 $q$ 保持不变。为简单起见，这里我们取 $n_0=1$。

如果在时刻 $t$，一个新节点加入后网络规模小于 $m$，则新节点将与所有的旧节点相连。

如果在时刻 $t$，一个节点被删除，则其相连的所有边都将被移除。相邻节点的度减少 1。

可见，$p=1$ 时随机生灭网络对应于纯增长网络，而 $p=0$ 时则对应于衰退网络直至成为一个点。

该模型构建的随机生灭网络的主要统计特征包括网络规模、度分布、网络连通性等。随机生灭网络可以用来描述集群在动荡外部环境的冲击下的网络变化方式，甚至还能刻画集群衰退期的网络规模变化。

5. 局域世界网络

局域世界网络源于对世界贸易网的研究，它的基本出发点是对无标度网络模型的全局信息的怀疑，新节点无法掌握所有节点度的信息，只能实现局部信息收集，因此在局部世界里可以部分实现度优先。其演化规则如下（Li and Chen, 2003）：

（1）$t=0$ 时是一个具有很少节点的网络，节点数为 $m_0$，有 $e_0$ 条边；

（2）随机选取 $M$ 个节点，形成一个新节点的"局域世界"；

（3）$t=1$ 时，加入一个新节点，对于局域世界内部采用无标度网络模型连接方式，以概率 $\Pi(k_i)$ 连接到局域世界的 $m$ 个节点。

$$\Pi_{\text{local}}(k_i) = \Pi'(i \in \text{LW}) \frac{k_i}{\sum_{j=1}^{N-1} k_j} = \frac{M}{m_0 + t} \frac{k_i}{\sum_{j}^{\text{local}} k_j} \quad (M \geqslant m)$$

可见，在 $M = m$ 时，局域世界变成随机模型；在 $M = t + m$ 时，局域世界变成无标度网络模型。

局域世界模型对于集群而言可以用在创新网络等信息不对称网络的刻画上。对于复杂网络，其网络演化模型各具特点，这些模型都在一定程度上刻画了现实的部分特征，鉴于系统的复杂性，这里仅仅列举了少数常见模型。可以根据研究需要和现实集群演化特点来构建新的演化网络。

### 2.4.3 网络上搜索与传播机理

1. 搜索策略

对于复杂网络而言，由于其节点数目的庞大和联系的错综复杂，想要寻找相应的信息并非易事，而这种信息收集往往会付出很高的成本，信息的可得性、准确性就成为一个稀缺资源，而系统主体的决策往往依赖信息的获取量（数量和质量），因此网络的搜索对于复杂系统和复杂网络来说都十分重要。对于集群而言，这些搜索策略或算法体现了企业决策时信息采集的行为和方式，因此对于集群整体涌现行为的探讨有着重要的意义。常见的搜索策略包括：

（1）分散式算法：根据当前所在的局部信息来判断和寻找最有可能知道信息的对象。

（2）广度优先搜索（breadth-first search）策略：利用网络中的邻居关系，先询问邻居是否有相关信息，如果没有，就由邻居在它的邻居中进行搜寻。该搜寻策略是一种比较简单和直观的方法，但会形成大量的冗余询问信息，从而导致网络拥塞。为了解决该搜索方法所产生的大量流量负载，一般会采用相应的改进方法，包括迭代加深、有向广度优先搜索、本地索引、遍历器随机游走等。

（3）随机游走（random walk）策略：源节点先判断自己所有的邻居中是否含有所需信息，如果没有，则向任意一个邻居询问它的邻居是否有相关信息，重复该过程一直到寻找到相关信息或目标为止。这种随机游走策略又可以分成以下三种：无限制随机游走搜索策略；不返回上一步节点的随机游走策略；不重复访问节点的随机游走策略。

（4）最大度搜索策略：假设每个节点都认识自己的邻居并且了解邻居的度的大小情况，则原节点先询问度最大节点是否含有所需信息，如果没有，则选择度最大的节点将查询信息传递下去，直到搜索到所需信息为止。这种策略适用于非均匀网络，不适用于比较均匀的网络。在集群中，如何知道所联系企业度的情况是一个问题（汪小帆等，2006）。

2. 传播过程

复杂网络上的传播主要是根据网络的拓扑结构和性质来分析各种不同现象在网络上的传播方式和特点（张晓军等，2009）。目前常见的研究问题包括：对流行病的网络临界值理论；计算机病毒在互联网上的传播；谣言的传播；信息包在互联网上的传递；等等。这里我们主要分析一下流行病的网络传播。

流行病的网络传播是将人群分成不同的状态，如易染状态（健康状态）、感染状态、免疫状态（恢复状态）。这种分类对于解决集群中的问题，如信用问题和山寨问题都具有一定的借鉴价值。同时，对网络也进行分类，包括均匀网络和非均匀网络（何大韧等，2009；汪小帆等，2006）。目前主要是研究各种类型网络的不同传播临界值，表2-3列出了一些重要的研究成果。

表 2-3 流行病（SIS 模型）不同网络传播的临界值

| 网络类型 | 网络特征 | 传播临界值 | 具体含义 |
| --- | --- | --- | --- |
| 均匀网络（Pastor-Satorras and Vespignani, 2001） | 网络中每个节点的度近似等于其平均度 $<k>$ | $\lambda_c = \frac{1}{\langle k \rangle}$ | 如果有效传播率 $\lambda > \lambda_c$，则网络被激活，感染个体能够扩散至一个均衡值；否则网络处于吸收状态，感染数量将以指数衰减，无法实现大规模传播 |
| 无标度网络（Pastor-Satorras and Vespignani, 2001） | 幂律指数满足 $2 < \gamma \leq 3$ | $\lambda_c = \frac{\langle k \rangle}{\langle k^2 \rangle}$ | 在网络规模趋于无穷时，$\lambda_c \to 0$ 即很容易在网络上扩散，具有脆弱性 |
| 无标度网络模型（Pastor-Satorras and Vespignani, 2001） | 幂律指数满足 $\gamma = -3$ | $\lambda_c = 0$ | 只要传播率 $\lambda > 0$，病毒就能在网上传播并达到一个均衡值，具有脆弱性 |
| 关联网络（Boguna and Pastor-Satorras, 2002） | 任意节点的度与它邻居节点的度是相关联的 | $\lambda_c = \frac{1}{\Lambda_m}$ | $\Lambda_m$ 为关联矩阵 $C_{kk'}$ 的最大特征值，它决定了网络传播的临界值，说明相同度分布条件下病毒传播范围比非关联网络小 |

资料来源：汪小帆，李翔，陈关荣. 复杂网络理论及其应用[M]. 北京：清华大学出版社，2006；Pastor-Satorras R, Vespignani A. Epidemic dynamics and endemic states in complex networks[J]. Physical Review E, Statistical, Nonlinear, and Soft Matter Physics, 2001, 63: 066117; Boguna M, Pastor-Satorras R. Epidemic spreading in correlated complex networks[J]. Physical Review E, Statistical, Nonlinear, and Soft Matter Physics, 2002, 66: 047104

以上我们对比了相同流行病模型（SIS 模型）在不同网络上的临界值，主要是为了说明网络的结构和性质对于相同现象所带来的不同影响，从而说明网络治理中的网络结构的重要性，为后面集群网络治理提供借鉴和参考。同时临界值或阈值概念对于网络扩散有着重要的意义，而且可以借鉴进行集群网络激活的分析。

### 2.4.4 网络非线性动力行为

一般动力学主要是研究系统主体随时间变化的行为方式，而网络动力学更多地刻画各节点之间的相互作用和影响方式，如复杂网络的同步现象和牵引控制。其中，同步是复杂系统的重要性质之一，它是性质相近或相同的两个以上系统通过相互作用，即使初始状态和条件各不相同，但最终状态逐步接近直至相同的过程。网络同步的研究主要是针对不同网络结构来展开的，包括连续时间的耦合网络、连续时间的规则网络、小世界、无标度网络等，其同步也分为完全同步和相位同步（赵明等，2005）。现有研究表明，复杂网络的很多统计特性诸如特征根、平均度、度分布、平均路径长度、介数等都会对网络同步产生影响。由此对于集群而言，网络同步的思想可以用于研究集群内部战略盲区和思维同一化现象。

复杂网络的牵制控制实质上是以网络节点之间的联系来实现特定的目标，它是利用局部的控制策略来影响整体行为的方法之一。著名的"蝴蝶效应"就说明对于一个混沌系统，可以通过改变少数混沌振子的性质，如加入常数输入来实现有效控制整个网络的混沌行为（汪小帆等，2006）。常见的牵制控制方式主要有：①随机牵制。以相同的概率选择网络中的部分节点来实施相应的变化，从而达到控制整个网络的目的。②大度牵制。根据度的大小进行排序，然后按照度的大小实施牵制控制。③特定牵制。根据要求，选择特定的节点加以控制，从而实现牵制全局的目的。④混合牵制。按照不同的标准选择不同的节点加以控制（何大韧等，2009）。

复杂网络中牵制控制的思想和方法可用于集群网络治理。

## 2.5 小　　结

本章从复杂理论出发，对集群复杂适应性系统的特征进行了比较全面的研究，并从网络角度对集群系统进行了界定，提出集群复杂适应性系统在内外部信息和能量交流方面具有耗散结构的特征，集群演进是一个自组织过程，其空间组织具有分形特点，集群内部各组织之间存在复杂联系，导致集群整体呈现出混沌边缘态所特有的涌现和非线性现象，这些都将成为从复杂理论角度研究集群的重点内容。更进一步，鉴于集群网络节点数量的庞大和关系的复杂性，要研究集群网络治理，需要了解集群网络的特点。因此本章提出要分析现实中集群主要的网络结构，如小世界网络（small-world network）和无标度网络（scale-free network），需要对集群网络中的相关统计指标进行测度，包括结构的对等性、最短路径、度分布、聚类系数、关系强度、网络的中心性、网络信息传递的时效和信息质量等指标。对这些指标的运用能够很好地加深我们对集群网络的认识。同时，我们还引入了有向加权网络概念，以期更加细致深入地刻画网络的性质，从而为集群网络治理提供理论支撑。

# 第3章　集群网络治理的复杂理论分析框架

本章首先对网络治理的基本内涵进行讨论，主要包括网络治理的定义、特点和作用；其次是对网络治理的方式和环境研究成果进行分析；最后提出集群网络治理的复杂理论分析框架。

## 3.1　网络治理的理论基础

### 3.1.1　网络治理的内涵

学者们基于不同的研究视角，对网络治理有着不同的理解，主要包括交易成本、关系契约、关系治理和社会网络嵌入性四个层面（Granovetter，1985）。李维安和周建（2005）对网络治理的内涵、结构及网络治理机制进行了理论分析，他们提出网络治理的核心是网络背景下各经济主体决策的科学化和合理化。Wachhaus 和 Harrisburg（2012）从无政府理论出发深入探讨了网络治理的方法和逻辑问题，指出借用层级治理的逻辑和词汇来研究网络治理并不合适，引入无政府理论的方法更为合适。文章分析了从层级治理到网络治理的转变方式，认为网络更加类似于无政府主义状态。Khan（2013）分析了网络治理中决策形成网络和政策实施网络的具体过程和特点，认为网络治理是政策和民主合理性的混合，虽然网络治理对群体问题的解决可能更加有效，但其仍然面临诸多问题，如网络由少数精英主导、可持续性较差、网络结构不合理等。Oosterveer（2009）以撒哈拉沙漠所在的东非地区环境基础设施和服务为研究背景，分析了新发展主义和网络治理的特点和方式。

Jones 等（1997）系统研究了网络治理的产生和发展条件，对网络治理的定义及其相关理论进行了全面的综述，详细分析了各种条件下的问题，进而引出社会机制对这些问题解决的重要性，指出网络治理的优势和作用所在，并分析了网络治理中宏观文化、声誉、集体认知这些社会机制各自的作用及其相互影响方式。文章探讨了四个条件与合作成本和交易可靠性之间的关系，提出了相关的理论推断。李维安等（2014）对网络治理研究进行了综述，分别对技术网络、社会网络和组织网络三种网络的治理文献进行了回顾，提出这三种网络治理的融合是当前战略管理理论研究的核心。Lewis（2011）对网络治理研究进行了文献综述，主要总结了政策治理与网络治理的关系及其二者之间的转换，以及社会网络分析（social network analysis，SNA）在网络治理中的应用、理论和实证方法、将来研究方向。彭正银（2002）提出网络治理环境、治理机制和治理目标的理论分析框架。其中治理环境又包括四重维度，即需求不确定性、任务复杂性、人力资产专用性和交易频率；治理机制包括互动机制和整合机制，而结构嵌入对治理机制有直接影响；治理目标主要是协调和维护。Verwaal 和 Hesselmans（2004）采用案例分析法研究了荷兰化学产业供应网络治理的推动力。文章主要从四种治理方式选择理论出发，详细分析了交易成本经济学、资源基础理论、关系理论、知识学派对治理问题的观点，并提出相应的推断。Collins（2008）以英国传媒和通信行业的发展为例，探讨了对该行业的网络治理、市场治理及层级治理方式，文章特别指出了相对于众多对层级治理失败（僵化和缺乏创新，无效激励，对用户反应迟钝，容易被厂商控制）和市场治理失败（排除贫穷的部分，市场力滥用，被所有者或管理者控制）的研究，网络治理失败的现象和原因很少被提及，提出"灰色网络"（dark network）概念，特别提到行业协会作用的有限性，网络治理的失败似乎与其结构相关，特别是忽视了边缘企业和边缘组织的作用。

Gunasekara（2008）探讨了澳大利亚纽卡斯尔（Newcastle）在遭受到经济打击（一个工厂的关闭）时是如何在政策上运用网络治理来进行应对的，主要分析了网络治理中存在的几个挑战：不对称信息；能力、资源和权力；与政府高度关联的政治日程；相对抗的利益诉求；市场导向的资本配置；来自自由的压力和不确定性。文章对网络治理在政治领域的研究进行了详细归纳和总结，分析了在面对经济危机时层级治理向网络治理的转变，以及在此过程中出现的问题。例如，地方行业领导的能力无法影响当地经济发展轨迹，虽然国家给予了地方授权和资助，但地方仍然无法自救；网络治理中广泛存在的结构协调困难，仍然由上级政府来协调；虽然制度环境已经给网络治理留出了空间，但相应的知识资源仍然很匮乏；国家和地方双重产业政策的思维方式制约了地方的影响力。

Roelofs（2009）以社会网、外交网和军事网为例，探讨了治理网络的特点和网络主体的构成，指出部分主体在网络中具有较强的权力，从而导致网络中言论自由被剥夺，形成自我审查形式。Calton 和 Lad（1995）探讨了社会合约化作为网络治理中信任建立过程的可行性。文章提供了一些早期研究，包括干系人悖论、对网络的定义、社会合约化、信任的重要性等。文章提出了微观社会合约化进程对网络问题解决的重要性；网络实质上是一个不断演化自治的相互联系组织之间隐性（偶尔显性）关系型社会合约；微观合约化就是群体建立共同认知、规则和问题解决方式的过程；网络的可持续性依赖于一种共同信任、群体学习和问题解决的社会环境；网络主体之间信任的维系需要关系合约内部不平等主体能够寻找到相对公平的解决问题的方式；要维系网络中的共同信任就需要建立一种基于共识、对话驱动、微观社会合约化过程的合作治理模式；推动信任建立过程和网络合作治理需要网络参与者成为有道德的主体。Häikio（2007）研究了区域可持续规划中的城市治理问题，特别是不同参与者的合法性或合理性，指出合理性是指参与主体对自身和其他主体的接受过程，地方政府和社区通过他们在城市治理网络中的位置来确定其作用。

本书认为网络治理不仅仅局限于对已有的网络关系进行治理，更广泛的内涵应该是通过网络方式进行相关的治理，是实现目标的一种手段，正如李维安等（2014）所认为的，目前国内对网络治理的研究更多的还是"对网络的治理"（governance of network）而不是"运用网络来治理"（network governance）。对产业集群而言，相对于大量集聚效应的研究，集群网络治理也才刚刚起步，现阶段还停留在对国外理论的分析解释和对治理机理的理论探讨阶段。

### 3.1.2 网络治理的应用领域

Khan（2013）探讨了网络治理在城市低碳交通中的作用方式和适用范围。文章以瑞典城市为例，指出从传统的层级治理到相对松散的网络治理可以为城市气候治理提供新的思路。Robins 等（2011）采用社会网络方法对环境管理中的网络治理进行了研究。文章分析了关系和结构性嵌入是如何促进各主体之间的有效合作和达成共识的，通过对澳大利亚西部天鹅河治理的案例分析，文章得出这种主要依赖于合法性或合理性的网络治理很难形成嵌入性，各主体有着不同的利益诉求，追求不同的目标，因此常常会形成竞争态势。Foster 等（2011）探讨了创意企业决策者如何运用网络治理来选择产品。文章以波士顿 Phoenix 夜总会为例，分析了如何选择乐队来满足不同的利基市场需求，以及不同夜总会之间的相似度。文章指出不同夜总会之间的信息交流可以在很大程度上影响到乐队的选择，由此在运用社会网络分析联系的时候不仅需要关注上下游之间的关联，还需要关注同级之间，如企业之间、顾客之间的交流，从而更加深入了解结构根植性的含义，特别是每个企业的最优嵌入方式和程度是不同的。

Lewis（2011）重点论述了解释性一般描述和分散个性化之间的争论，指出网络治理应该与需要解决的问题及其环境相结合，不存在一般的治理方法，强调网络成员的特质及其在网络形成和维系过程中对信仰、价值、传统、相互辩论等理解和认同的重要性。Eraydm 等（2008）讨论了影响城市竞争力的多种因素，指出除了基础设施、高度熟练劳动力、外部效益等因素外，政策网络也是区域竞争的重要因素，并以土耳其较发达的伊兹密尔（Izmir）地区为研究样本，采用社会网络方法研究了该地区政策网络治理情况，其中政策网络包括战略决策网络、知识共享网络、合作项目网络、文化与环境活动网络。文章最后采用实证研究方法对影响区域竞争力的各因素进行了回归模型分析。

Weisband（2009）指出网络治理、社会资本和基于美德的企业社会责任可以在短期和长期对行业内企业的社会责任实践活动标准起到推动作用。企业社会责任的标准应该与其所处环境相联系，更加细致化，但这种道德约束有时显得太狭隘，企业社会责任也应该根据社会资本和管理能力不同进行适当拓展。Newman（2005）研究了网络治理在现代微观政治领域的应用。文章从文化联系角度，提出了转型领导者的概念。Jordan 和 Schout（2006）研究了在欧盟国家之间合作中的网络治理能力问题。他们提出了一个不同国家政策纵向和横向合作的分析框架，提出德国和荷兰的被动式信息分享与英国主动式相比较存在更多的问题。德国由于缺乏内部合作机制，不得不产生冲突；荷兰则更多依赖非正式信息交流，并取得较好效果；英国虽然有很多好的机制保证信息交流，但由于缺乏愿望，效果并不太好。

Morçöl 和 Wolf（2010）采用网络治理分析框架分析了商业发展区（business improvement district）的重要性。文章借鉴了 Salamon（2002）的网络治理分析框架，它包含五个方面：分析单位是工具，而不是项目或政府代理商；参与的政府代理商与组织之间是网络关系，不是层级关系；应该看到存在公共与私人组织混合的领域；协商与劝说取代控制与命令成为管理哲学；管理者需要新的管理技巧和方法。对于公共领域，网络治理面临三个主要挑战，即管理挑战、个人挑战和法律挑战。

Hendriks（2008）分析了政策网络治理对民主的机会和威胁。文章认为政策网络治理似乎缺乏责任感和公众的使命感，强调在网络治理中不仅应该关注结果，还需要关注在多大程度上网络安排同时包含了由决策产生的功能性和描述性影响。Lucia（2010）研究了欧盟可持续能力系统指导在欧盟以外应用的有效性。文章以莫桑比克（Mozambique）的交通生物燃料的应用为案例，发现外部治理（层级、市场、网络）中市场治理方式将产生不稳定和比较弱的结果，文章提出有外国企业参与的网络治理方式以及跨国政策支持将会有更好的效果。Yang 和 Wang（2011）研究了在儒家社会关系治理机制在商业领域的应用。文章指出关系主要是用来平衡亲情、礼仪和利益的，无论在个人还是组织层面它都是动态和相互作用的，关系与关系圈紧密相联，由此市场营销人员需要研究基于关系的治理方式。特别是关系治理的有效性、关系网络的建立，以及个人关系与组织关系之间的相互转化，这些对于关系治理绩效至关重要。文章对关系的特点和相关理论进行了深入归纳和总结，指出关系可以从社会资本理论、社会交换理论、意识形成理论和制度理论角度加以研究。

Wang（2007）比较研究了西方关系营销与中国关系营销之间的区别，文章首先从个人和特殊性方面区分了中国关系和西方关系营销；其次区分了信任和信用；最后分析了人情的特殊含义。在此基础上，文章还探讨了那些希望在中国从事商业活动的企业应该如何理解和应用关系，从而将西方关系营销与中国关系相结合，强调关系在缺乏信用的社会（low-trust society）中关系的重要性。Yen等（2011）采用结构方程模型，运用两阶段实证方法（阶段一：深入访谈；阶段二：问卷）定量研究了关系的度量，指出关系可以从三个维度，即感情（七个问题）、人情（六个问题）和信任（六个问题）来测度。研究发现感情对关系具有最高的相关系数，人情次之，而信任对关系而言存在比较弱的相关性。文章对西方企业如何在中国培育关系提出了相应的建议。

Winkler（2006）以六个企业网络为例，研究了各企业的目标冲突，以及如何通过网络治理来解决冲突。文章探讨了正式组织和非正式组织在网络治理中的不同机制及其针对不同冲突的作用，案例研究发现网络结构、过程和参与者构成了网络治理的日常事务。Clifton等（2010）分析了影响中小企业创新和扩散的众多因素，以英国450家中小企业为样本，实证研究了跨区域网络对企业创新的作用。研究发现跨区域网络、网络治理以及来自大学的知识外溢对企业创新发挥了重要作用。文章提出相对于地理接近的集群，认知接近（cognitive proximity）作为一种社会资本对创新将产生重要作用。文章还重点探讨了大学与企业合作对企业创新的影响，提出相对于正常市场（normal buyer-supplier relation），非市场联系（non-market-based interaction）对创新的价值。Aggarwal 和 Walden（2009）分析了专利包情形下不同治理方式对交易成本中搜寻成本、合作成本和机会主义成本的中介变量作用，主要是分成一个企业拥有技术专利（intellectual property，IP）和一群企业拥有专利（IP network）来讨论，指出不同的治理方式将会对交易成本产生不同的影响。Weiss 等（2012）采用案例研究方法研究了网络结构对复杂资源管理系统的影响方式，以澳大利亚海洋野生管理网络为样本，通过访谈和对重要干系人的跟踪调查发现，海洋治理系统的网络结构能够支撑各种规模的信息流动，但在上下层级政策影响方面比较弱。

Jho（2007）探讨了韩国电信行业成功的原因，指出网络治理这种更加依赖合作各方以及建立全球和地方企业之间交易的治理方式是其成功的关键因素。文章分析了放开政策的起源和推动力，以及国家和电信企业如何合作开拓市场，强调政府在此领域三个方面的作用转变：预防措施、管制和外国公司进入壁垒，同时强调尽管政府实施市场导向的政策，但其治理方式仍然有别于美国的自由治理模式。Bodin 和 Crona（2009）探讨了社会网络在解决自然资源问题方面的重要性，认为其甚至比很多正式机构的作用更大。但并非网络中各主体的作用都一样，文章分析了网络拓扑结构对网络主体作用发挥的影响，不同网络结构的治理方式和结果是不一样的，文章从网络密度、平均度及度分布、小团体连接程度、网络中心度等方面对网络结构特征进行了测度，而没有任何一个特征指标能够与治理绩效之间存在单调正相关关系，一个指标增加对绩效的正影响可能会被另一个指标减少所带来的负影响抵消，因此能够使绩效最大化的最优状态（平衡结构）是一个值得研究的新问题。

### 3.1.3　网络治理方式

Yoon 和 Hyun（2010）探讨了社会和制度机制在网络治理中的作用，特别是在东亚地区特殊的社会关系背景下网络治理存在和兴起的经济、社会和制度条件，并以中国和韩国为例，分析了各自的环境条件，指出东亚与美国的经济运行环境存在很大差异，应该采取不同的治理方式，并提出具体的治理方式和适用环境。

（1）基于社会交换与互惠：在互惠意识很强的环境中，社会规范可以作为一种社会机制来强化各经济主体之间的经济交易；在社会交换作为一种机制能够强化经济交易的环境下，关系合约可能对合同契约产生补充或替代作用；在权力不成比例分配的环境中，社会交换中的寻租现象将会发生以获取重要的经济资源。

（2）基于信任：直接产生于人与人不断交往过程中的信任，以及间接通过各种专业或制度所赋予的信任可以通过增加合作行为和降低交易成本的方式来作用于经济交易过程。

（3）社会资本：社会资本是指根植于关系网络的已有和潜在的资源集合，其恰当运用将有益于各种形式的经济交易。在外部资源的获取成为重要手段的时候，各种突破现有联系、试图建立新的联系的活动将会有助于经济交易。对特定社会资本的过分投入可能会阻碍经济主体对关键外部信息的获取，从而失去新的经济机会。

Goodwin 和 Grix（2011）探讨了如何运用新兴管理控制技术来联系不均衡权力关系和各种治理方式，并对英国教育和运动产业的网络治理进行了案例分析。Wachhaus 和 Harrisburg（2012）从网络形成、网络稳定性、网络责任性三个方面论述了层级治理的局限性以及网络治理的优势所在。Blackmore（2011）分析得出了教育领域网络治理将针对 MAS，如何协调和统一各主体利益和需求使其达到一个较好的绩效是网络治理的主要问题，同时网络治理需要采用新的思路逻辑，不是停留在制度、政府或大企业层面，而是立足网络层面来重构社会。文章提出了网络可持续、多主体复杂性、自治理等概念。

## 第3章 集群网络治理的复杂理论分析框架

Juhola 和 Westerhoff（2011）以芬兰和意大利为案例研究了网络治理在气候变化适应性治理方式中的作用方式和机理，并探讨了正式制度与网络之间是如何相互作用来增强对气候变迁适应能力的。文章综述了网络的作用，然后结合案例，从网络对知识和信息交换、资源流动、承诺、信任和共识等方面分析了两个国家各自的社会网络特点。此外，文章还深入研究了网络参与者、制度、知识的不同层次纵向作用方式。Khan（2013）指出网络治理主要依赖软性约束、自愿性和经济诱导来实施气候政策，这显然对城市环境的改善是不够的。Robins 等（2011）首先分析了网络治理在复杂管理领域的作用，如何评价网络有效性以及网络有效的前提条件；其次从社会网络角度，探讨了正式网络与非正式网络各自的重要性、结构和关系型嵌入的作用、网络中的竞争和合作亚文化等理论问题；最后通过具体案例，说明河流系统中网络关联性质和种类、各主体责任以及核心组织的结构等价，并通过指数随机图模型分析网络中关键点之间的联系，得出系统存在更加趋向竞争而不是互惠合作的关系。

Lewis（2011）指出网络治理未来的研究方向是将网络结构与网络形成过程相结合，探讨二者之间的关系，将社会网络分析与其他实证方法相结合，从而研究网络动态演进及其原因。文章最后集中在公共管理领域，对该领域的文献进行了详细综述。Lin 等（2012）探讨了产业集群中战略联盟的治理问题，以中国台湾 OEM（original equipment manufacture，承接加工生产）半导体产业集群中 141 个企业为样本，采用社会网络分析方法分析了集群中的个人关系网络、所有权网络和技术网络，研究结果表明基于人际关系的关系性嵌入与基于产权关系的结构性嵌入对正式的治理机制都存在正向支撑作用。文章还特别研究了这些网络嵌入对消除交易风险和正式治理机制之间的中介变量的作用。文章最后分析了在中国台湾和类似亚洲其他地区网络嵌入对正式治理机制的作用。Anselt 等（2012）以全球突发事件预警和反应网络为案例，分析了网络治理的具体方法和过程。文章首先给出了网络治理一个分析框架模型，其次针对全球爆发性疾病防治网络，探讨了该网络的形成动因、全球网络治理有效性和对未来发展的预估、网络绩效管理的迫切性、如何处理与其他相关组织的复杂关系。Jeffares 和 Skelcher（2011）运用 Q 方法研究了网络治理中各种参与者的主观看法。文章主要探讨了公共管理领域管理者、民主及治理方式之间的关系，实证研究表明公共管理者在治理网络对代表制民主、选举制度的作用方面主要有五种明显不同的态度。

Suškevičsa 等（2013）运用利益相关者分析方法研究了爱沙尼亚（Estonia）绿色生态网络的规划和实施过程。通过二手文件数据和访谈，文章确定了网络中不同干系人，分析了他们的作用及其合作和冲突的过程。文章主要强调了利益相关者方法对该网络治理的有效性，尤其是能够清晰地理解各主体的诉求，并提出利益相关者方法应该与其他计划分析方法相结合。Verwaal 和 Hesselmans（2004）

特别研究了两种不同网络结构——主导型和均匀型供应网络的治理特点。文章研究得出企业之间相互依存的关系和资产专用性是供应网络治理的主要推动力，而关系和知识分享则更大程度上强化了供应网络关系，而非由此建立网络联系。

Fuchs（2010）以美国国防高级研究计划局（Defense Advanced Research Projects Agency，DARPA）为案例，研究了1992~2008年DARPA的发展历程和模式变化。研究指出以前认为DARPA已经衰落主要是从组织文化和机构角度得出的，却忽略了其内部管理者之间持久的关系和各种非正式组织。通过对比2001年前后两个阶段里五个问题：技术发展方向确定、散播共同研究主题、建立网络社区以加速知识流动、提供第三方技术方向论证、避免对政府依赖性，发现其中一个关键的问题是嵌入性的非政府组织（non-governmental organizations，NGO）如何通过重构社会网络来确定和影响技术发展方向，这些组织既不是完全让位于市场，也不是通过行政方式干预，而是与研究机构频繁联系，了解技术发展趋势，选择技术领导者，推动社会中各组织之间的联系，支持不同技术之间的竞争，整合社会资源。

Hendriks（2008）以荷兰能源改革为案例，研究发现改革主要由产业和政府精英主导，而广泛参与的网络治理在实践中很难实施。因此，要使得网络治理更加有包容性，改革需要以主动积极态度进行网络建设，提供相应的资源和有效渠道来吸引更多参与者。具体措施包括：在所选的政府部门实施网络治理；扩大精英组织范围；建立激励机制；为公众提供一定权利，鼓励其参与；鼓励广泛不同组织参与；让权力人员参与；重新规划争议；监督产出绩效的公平性。

Winkler（2006）提到网络治理中的领导机制（leadership mechanism）和领导中介（leadership media）。不同于传统的领导机制，网络治理机制正如一种特殊的领导活动用于处理网络中各参与方目标和利益冲突。该研究采用了探索性问题和导向式半结构访谈来收集数据，采用WinMax软件进行文字分析。首先研究以下网络特征：成立时间、发起者、政府资助、范围、企业数量、合作方式、合作领域、合作的核心位置，其次研究每个网络的冲突类型，网络治理中具体问题：正式和非正式组织作用、网络协调者、联合决策、分享共识、私人关系。Weiss等（2012）分析了干系人网络的拓扑结构，以此研究他们各自的贡献和对政策的影响力。研究发现增加知识创造者和决策者之间的信息沟通将有利于基于证据的决策制定，处理好各方权利和功能的重叠将有利于系统冲突的解决。文章对整个网络特征的分析主要包括：连接数量、密度、入度中心性和出度中心性。对主体中心性的分析包括两个网络：知识交流网络（有向网）和政策影响网络（有向网），并将影响分为边缘、中等和很强三个等级。

Turnbull（2007）研究了公共资产的网络治理问题。文章给出了一个分析框架来比较研究自筹资金基础设施建设中不同治理方式，评价不同治理方式的责任性、服务质量、运作成本、资助、资金成本和政治影响。Lewis 等（2008）探讨了合作伙伴在网络治理中的重要意义，通过研究合作关系的网络结构，分析了网络的动态变化及其长期的关系变化和可持续性。文章采用社会网络分析方法，重点分析了澳大利亚初级关怀合作中的合同网络和战略信息分享网络两种网络，通过跟踪 2002~2005 年的网络结构动态变化（包括入度中心性等指标），发现两个网络长期都表现出独立节点持续的中心化趋势，说明对于合作关系而言，长期的政府支持比短期的支持更为重要。

Stein 等（2011）用社会网络方法研究了水治理问题。采用问卷和半结构式访谈收集 70 个水治理相关组织或个人的网络关系数据，研究表明并没有一个组织来协调各部门的利益冲突，虽然村主任在其中有着重要作用，但他并没有包含在正式的水治理系统中，水用户协会正在筹建，但其似乎是一个由政府发起的组织，没有包含非正式组织。文章强调了社会网络分析对网络治理的重要性，特别是在如何识别现有社会结构和建立社会联系方面。同样关于水资源共享问题，马捷和锁利铭（2010）针对我国水资源跨区治理，提出应建立一种更加复杂的包含领导型网络和行政型网络的治理结构。Haythornthwaite（1998）详细介绍了社会网络分析法在信息交换中的应用。文章介绍了社会网络分析法的基本原理，包括关系的内容、方向、强度、连接强度，分析了社会网络的主要形式如自我中心和整体网络，以及网络特征包括集聚性（cohesion）、结构等价性（structural equivalence）、突出性（prominence）、范围（range）、中介性（brokerage）及其测度方式。文章用社会网络分析法从信息需求、信息披露、信息合法性、信息途径和信息机会角度对信息交换进行了详细分析。Rist 等（2007）探讨了如何通过社会学习过程实现从自然资源管理向自然资源治理的转变。文章以印度、玻利维亚和马里为例，重点分析了社会学习过程的地方参与者、外部参与者以及他们之间的相互作用，分析了各团体在信任和自信、沟通方式、共同认知、当地和外部知识交流等方面的不同理解，特别是对自然资源在规范、规则及责任方面的理解，对比了采用社会学习过程前后连接强度和关系的变化。

国内这方面的研究目前主要是对治理机制的探讨，如韩炜等（2014）采用多案例的质性研究方法探讨了创业网络在我国特定情境下的混合治理机制，提出了体制内和体制外不同的治理机制，特别是从交易对象隶属性、资产关系专用性和新进入缺陷维度分析了不同治理机制的特点。姚引良等（2012）对地方政府网络治理进行了博弈分析，并对动态博弈的过程采用多主体仿真技术进行了模拟。谢永平等（2012）主要探讨了创新网络治理中核心企业的作用，提出了核心企业主导的网络治理模式。孟韬（2011）指出了社会嵌入对于网络治理机制的核心作用，并以我国大学网络为例，分析了网络节点中心性，探讨了多元嵌入，如关系嵌入、结构嵌入和认知嵌入在不同层面的表现和作用。王琴（2012）从权力角度采用跨案例分析方法分析了网络的权力基础与演变，主要是采用中心性和网络密度指标探讨了网络组织的演变趋势。

### 3.1.4 网络治理适用环境

网络治理的作用和价值近年来越来越引起学者的关注，特别是有关传统的层级治理和市场治理之间的比较和关系方面的论述逐渐增加。Turnbull（2007）提出网络治理可作为需要自我治理和增加民主时的治理方式，其主要优势在于信息沟通、集中智慧和决策过程中，网络治理可以部分替代或补充其他治理方式。Blackmore（2011）认为网络治理作为发展的一种新趋势，如何协调和统一各主体利益和需求使其达到一个较好的绩效是网络治理的主要问题，同时网络治理需要采用新的思路逻辑，不仅仅是停留在制度、政府或企业层面，而是立足网络层面来重构社会。Lin 等（2012）利用社会网络分析方法分析了集群中的个人关系网络、所有权网络和技术网络，研究结果表明基于人际关系的关系性嵌入与基于产权关系的结构性嵌入对正式的治理机制都存在正向支撑作用。Jones 等（1997）从交易成本和社会网络理论出发，认为在资产专属性（顾客定制化）、需求不确定性、任务复杂性以及频繁交易的环境条件下，企业将更加依赖结构性嵌入来提高交易的合作性，从而保证交易的安全可靠，此时网络治理将更优于层级治理和市场治理。Blackmore（2011）探讨了澳大利亚教育领域性别平等问题的三种不同治理方式之间的特点及其转化，指出相对于过去的官僚（层级）治理和公司/市场治理，网络治理是现在发展的一种新趋势。Oosterveer（2009）提出网络治理可能是一种比现有层级治理更为有效的方式。

Fawcett 和 Daugbjerg（2012）从政治认识论角度比较了网络治理和政策网络，分析两种治理的不同之处，文章指出网络治理主要关注宏观层面问题，探讨网络的变化在多大程度上影响国家与社会关系，而政策网络分析学派则聚焦在中观层面，研究各种利益相互作用过程与其政策绩效之间的关系。文章采用批判现实方法提出了一种将两者融合的思路，从投入和产出合法性的程度方面来探讨不同治理方式及其治理范围之间的区别。Goodwin 和 Grix（2011）分析了去集权化方法在英国公共管理中的运用，论述了层级治理与网络治理的区别，提出了基于不均衡权力关系的非对称网络治理概念，指出了网络治理更多地依赖各类代理作用关系，包括合作伙伴、各种网络联系、慈善、咨询、协会等。国内姚引良等（2010a）研究了地方政府采用网络治理的效果，特别是运用实证研究方法分析了多主体合作效果的影响因素，提出政府合作态度和能力、各主体信任和协同程度以及环境因素，如上级支持和公众参与都对网络治理绩效有正向所用。

Yoon 和 Hyun（2010）通过对中国和韩国网络治理的环境条件分析，总结出网络治理主要适用的经济、社会和制度环境。文章指出：

（1）高不确定性、任务复杂性及定制化会产生适应性、协同性和安全性共存的环境，在此环境中，根植于社会关系的网络治理可能兴起以平衡竞争各方的利益。

（2）在强烈的集体认知存在以保障社会可接受行为的情况下，根植于社会关系的网络治理可能成为契约治理和正式制度机制的补充或替代。

（3）在制度不健全而导致的搜寻成本高昂和审慎的情况下，根植于社会关系的网络治理可以缓解这些问题而作用于经济交易过程。

（4）在制度环境偏离了基于正式契约法制的自由市场经济时，根植于特殊关系的网络治理可能得以发展。

Anselt等（2012）指出网络在运行中将面临很多的约束，如网络管理者能否构建一个有效的会议机制和绩效评估机制，由此也说明网络管理者的重要性。Demil和Lecocq（2006）以软件行业开源现象为研究对象，提出了一种新的治理方式——集市治理，指出集市治理不同于层级、市场、网络治理，它基于特殊的规则即开放式许可，具有低约束力和弱激励强度特点。文章指出集市治理可以带来强大的网络外部效应和高效率的群体交易行为。

Moynihan（2009）探讨了危机响应中的网络治理应用，主要说明事件响应系统（incident command system，ICS）作为美国目前主要的危机响应机制在不同领域的应用。虽然ICS具有高度集中化的层级治理特点，但危机响应的网络性质却对ICS的实际操作产生了很大影响。权力被参与者分享和竞争，信任在其中发挥重要作用。文章运用三个危机案例，比较了不同危机中网络多样性、权力分享、信任和工作关系的特点，提出了集中性网络治理概念。

刘波等（2011）界定了网络治理稳定性的含义，并通过结构方程模型实证研究了资源依赖和关系质量对稳定性的影响，研究结果表明，资源依赖性对网络治理稳定性有直接和间接两种作用方式，其间接作用方式是通过承诺、信任及沟通来实现的。姚引良等（2010b）依据政府在网络治理中所处的地位和作用对地方政府公共管理网络治理方式进行了分类，并通过案例分析了具体实践过程，论述了服务型政府的转变途径。

## 3.2 对集群网络治理的现有研究

目前有关产业集群的研究已形成了众多学术流派，如新制度学派（Abrahamson and Fombrum，1994）、产业组织理论（Porter，1990）、新经济地理学派（Krugman，1991）等。这里我们从集群网络研究和复杂理论在集群的应用两个角度来进行评述。产业集群作为一个古老而普遍的现象，其研究成果非常丰富，并逐步融合地理学、经济学、社会学、管理学等学科。这里我们根据本课题的研究需要，重点从集群网络结构、集群网络治理及复杂理论在集群中的应用等角度来进行文献评述。

对集群网络结构的研究主要涵盖集群网络性质、分类、特征和绩效等问题。关于集群网络性质的经典研究是 Granovetter（1985）提出的集群网络中间组织论。而从网络角度对集群分类的代表性研究有 Markusen（1996）的四分法，即马歇尔式集群、中心-外围集群、卫星平台集群和政府主导集群。此外，网络结构与绩效也引起广泛关注，Mytelka 和 Farinelli（2000）指出创新型集群比非正式和有组织集群绩效都高。蔡宁和吴结兵（2002）区别了中卫型集群与市场型集群对资源的整合效率。相应的实证研究包括美国硅谷（青木昌彦，2001）、日本集群（Yamawaki，2002）、珠三角集群（谢洪明和刘少川，2007）等。

对集群网络演变的研究主要按照集群发展不同阶段展开，无论从路径依赖（Hakansson，1987；Markusen，1996）还是从结构性风险（Steiner，1998；吴晓波和耿帅，2003）角度，都主要对集群网络整体变化进行理论分析，并探讨其对集群发展的影响程度。集群发展历程可以通过其网络结构的变化来从整体角度加以体现，对网络结构演进的研究主要集中在理论上。Hakansson（1987）提出了集群网络形成是一个自组织过程，其演进带有路径依赖的特性。Markusen（1996）从系统演变角度研究成功集群的演化过程，认为成功集群往往会逐步走向一个封闭的系统，最终走向衰落。Steiner（1998）在产品生命周期理论基础上提出了集群的"结构性风险"。吴晓波和耿帅（2003）进一步指出集群结构性风险研究中很少考虑技术创新带来的影响，特别是它可能改变原有的集群发展路径，对集群生命周期产生较大的影响。蔡宁等（2003）从集群网络属性角度，认为相互依赖的网络在集群形成阶段是力量的源泉，但环境动荡可能使产业集群僵化，失去弹性的源泉。网络性风险源于网络的自闭性结构与关系演化的路径依赖，会导致群体的锁定现象。Grabher（1993）通过对德国鲁尔地区钢铁业集群的研究，探讨了基于网络路径依赖性导致的产业集群的三种锁定效应，即功能性锁定、认知性锁定和政治性锁定。汤长安（2008）探讨了集群企业网络在形成阶段和成熟阶段的变化，分析了各阶段集群企业网络的特征及对技术扩散过程的影响。鉴于数据和研究方法的限制，目前对集群网络结构演变的实证研究非常少。张杰和刘东（2006）通过对戴南不锈钢制品集群的研究，提出了大企业领导型协作方式比蜂窝式生产协作方式可能更加适应环境变化，从而能改变集群衰落的命运。

综上所述，从网络角度我们可以将集群视为一个复杂网络系统，各类相互交织的网络展示了集群系统内在的联系，从而使得各组织之间相互影响。这些超越层级式的网络主要表现为集群内部各类组织之间关系的相互叠加所组成的点阵结构，这些连接具有各种可能性，包括主动的和被动的、重复性和一次性的、间断和持续变化的，甚至会扩展到集群外面其他相关产业。以上无论是集群静态网络结构还是动态网络演变的研究都属于实证研究范畴，而对集群网络治理的研究就属于规范研究范畴，当然它是建立在前面实证研究的基础上来对集群网络发展中存在的问题进行评判（Flyer and Shaver，2003；蔡宁和徐梦周，2008），并提出相应的改进和解决途径。

目前对集群网络治理的研究主要包括内涵性质界定、治理模式和框架，而内涵的界定仍存在较大争议（孟韬，2006）。代表文献有：Jones 等（1997）给出了网络治理的过程方法论和四重维度治理环境；Hendriks（2008）分析了网络治理的社会机制；Bell 和 Hindmoor（2017）从新制度经济学出发构建了集群网络治理的理论模型。相比而言，国内的研究还处于消化吸收国外理论的阶段。彭正银（2009）对网络治理理论进行了梳理，并引入任务复杂性对 Jones 等（1997）的模型进行了修正。孟韬（2006）总结了对网络治理的各种定义，提出了集群治理的双网络即经济网络和社会网络的互嵌机制和多元治理模式，并指出了集群网络治理与市场治理、层级治理应该相互配合以实现集群的可持续发展。李菁华和李雪（2008）借鉴 Jones 等（1997）的思路提出了高技术产业集群网络治理的理论框架。从网络目标明确性上讲，虽然学术界普遍认同集群网络对绩效的强化作用，但也有学者提出了网络失灵的问题。蔡宁和徐梦周（2008）从网络目标明确性、网络结构化程度及网络主体多样化三个维度比较了产业集群区别于分包制和战略联盟的网络特性，并据此提出产业集群特有的失灵现象即产业网络规模困境、社会关系困境和支撑机构困境。

易明（2010）对集群网络治理中的权力分配进行了理论研究，对集群网络权力的内涵进行了界定，提出集群治理的目标是增加集群剩余。孙国强和孟宝路（2015）以山西集群为例，探讨了集群宏观治理机制内部联合制裁机制与信任机制、声誉机制和合作文化机制之间的关系，说明了联合制裁机制对于网络治理的重要性。胡琴芳等（2016）以福建毛茶供应商集群为样本，采用实证方法分析了连带责任对机会主义行为的直接和间接影响，文章主要从横向网络关系层面探讨了连带责任治理的方法和效果。孙国强等（2014）以山西三个集群为样本，采用综合评分法和 Logistics 回归法来实证分析集群网络治理机制中宏观机制（行为规范机制）和微观机制（运行规则机制）的现状，研究结果发现，在宏观机制方面联合制裁机制明显不足，而微观方面学习创新机制的运行情况较差，急需改善。

## 3.3 集群网络治理的特性

### 3.3.1 集群网络治理、行政治理和市场治理

治理作为一个专业术语已经广泛地运用于管理领域。例如，公司治理（corporate governance）已经成为企业管理中重要的内容。传统公司治理主要针对公司董事会组成方式和激励机制，使其能够代表广大股东来维护股东的利益；现代公司治理更为广泛地涉及企业的其他重要干系者，如高层管理者、普通员工、企业所在社区等，这些干系者可能不仅影响甚至在一定程度上主导企业战略。层级治理主要是指公司内部上下级的领导和权力分配方式，依托于组织结构在的位置来决定一个人的权力范围和大小；市场治理主要体现了市场平等的交换原则，如交易合同（Fama and Jenson, 1983; Lynall et al., 2003）。由此我们可以看出，一般而言，治理主要是建立一套新的管理流程或者改变既定规则的存在条件来实现特定目标的方式和手段的总称。近年来，伴随着人们对网络关系重要性认识的提高以及现代互联网技术的飞速发展，网络治理以其独特的性质逐渐引起管理者的高度关注，如何利用不同主体之间的复杂关系，通过协同合作来达成组织或系统目标，已经成为网络治理不可替代的优势所在（Kjaer, 2004）。网络治理其实是通过网络的构建和维系来实现特定的目标，它可以在一定程度上弥补传统层级治理和市场治理的缺陷。从理论上讲，网络治理比层级治理更加灵活，比市场治理更有针对性，同时还可以在一定程度上规避层级治理和市场治理的劣势，平衡各方的利益和诉求，因此网络治理对一些问题的解决可以发挥重要的作用。

针对集群而言，它具有两个最根本的特点：一是集群中存在大量各种类型的组织；二是这些组织之间又存在错综复杂的关系，这些关系形成各种类型的网络，相互叠加，相互影响，组成集群系统。集群的形成有各种方式（何铮和张晓军，2008），但无论是政府主导还是企业自发集聚，其最根本都是出自企业逐利动力，因此集群中企业行为服从市场机制，相应地，市场治理也就成为最基础的治理方式。

除此之外，几乎所有的集群都在其发展的所有或部分阶段受到来自所在地政府的支持或影响，特别是在 Porter（1990）提出应该将集群上升到国家竞争优势层面加以认识后，许多国家特别是发展中国家政府开始主动打造各种类型的集群，从集群选址到企业搬迁，从土地出让到税收政策，各种法律政策层出不穷，因此行政治理也成为集群中常见的治理方式。行政治理来源于层级治理，这里我们用行政治理而不用层级治理，主要是区别于传统的层级治理。传统层级治理主要针对企业内部上下级层级结构而言，对于集群而言，行政治理是指政府对集群内部各组织通过政策法令进行管理的过程。

相比而言，网络治理虽然在集群中一直存在，但其力度和强度因集群而异，而且即使同一集群在其演进不同时期也会呈现不同形式和作用。从前面对集群的界定可以看出，各种网络的存在是集群的重要特点，因此网络存在与网络治理是完全不同的概念，网络存在是一种客观事实，而网络治理更加强调集群各主体主动地运用网络关系，通过利用、调整、强化或削弱现有集群各组织之间的联系，来实现其特定目的，所以集群现有网络是网络治理的基础和出发点。

从表 3-1 可以看出三种治理之间存在着很大的差异。从最基本的运作机制出发，行政治理依赖的是政府和企业之间管理与被管理者的关系；网络治理依赖于不同组织之间的联系；市场治理则依靠市场机制以合同为基础的交易行为。三种不同的运作机制在很大程度上决定了后续各方面的差异性。例如，在沟通方式上，网络治理与市场治理更加接近，只是网络治理的沟通载体是关系，比市场治理中的价格更隐蔽，更难以测度；而对于冲突解决途径，行政治理的行政监督和市场治理的法院裁决都是比较直接和带有强制性的，只有网络治理是非强制性的互惠性反复协商，这一点也会影响到相关治理成本问题；而从柔性程度来看，行政治理所采用政策法律的柔性是比较低的，合同一旦签订其约束力是很强的，违约将承担相应的高额惩罚性赔偿，所以柔性很低，相比来说，网络治理的强制性比较低，所以具有较好的柔性，但考虑到柔性本身设计和标准问题，不同的标准和特定的情况下，三种治理的柔性可能有变化。

表 3-1 集群三种不同治理方式的比较

| 比较内容 | 治理方式 | | |
| --- | --- | --- | --- |
|  | 行政治理 | 网络治理 | 市场治理 |
| 运作机制 | 管理与被管理关系 | 互补性收益关系 | 合同和产权关系 |
| 沟通方式 | 法律或政策 | 相互之间关系 | 价格 |
| 冲突解决途径 | 行政监督 | 互惠性反复协商 | 法院裁决 |
| 柔性程度 | 低到中等 | 中等到高 | 很低 |
| 各方参与数量 | 中等到很多 | 中等到很多 | 少 |
| 主体偏好 | 独立 | 相互依赖 | 独立 |
| 环境氛围 | 正式 | 开放性双方受益 | 严密和（或）怀疑 |
| 政府作用 | 很强 | 中等到很弱 | 很弱 |

资料来源：Powell W W. Neither market nor hierarchy: network forms of organization[J]. Research in Organizational Behavior, 1990, 12: 295-336

对于各方参与数量，行政治理和网络治理一般都涉及多数组织，而市场治理仅仅涉及合约双方；在主体偏好上，行政治理和市场治理都强调各参与方的独立性，而网络治理更加强调各主体之间的相互依赖性，是通过这种依靠关系进行治理的，由此治理氛围会存在很大差异；行政治理是在一种正式环境氛围下进行的，市场治理合约谈判和签订是很严密的，合约本身也会尽量规避各种可能情况以最大限度保证履约，而网络治理氛围更加开放，它建立在已有特定关系上，更加隐蔽和长效；但无论哪种治理方式，政府作为一个特殊的主体都会发挥相应的作用，只是影响程度、方式和时间不同而已。

### 3.3.2 集群网络治理的相关内容

集群网络治理的特点是根据集群内部各组织间的复杂关联性来实现特定目标，这种治理是依赖个体组织的社会性特性，通过个体所寻求的合法性、合理性、以及周围的认同感、相互之间的预期和感知来实现的，包括各种潜规则和约定俗成等。由此两个因素很重要：一是个体组织在网络中的地位和作用；二是联系的方式和强度。

从集群组织特点出发，集群内部往往存在各种性质和规模的企业，如核心企业、配套企业、中介服务性企业、高等院校、研究机构等，这些组织在各种网络中的地位和作用都存在很大差异，因此在集群网络治理中，网络节点所代表的不同主体将会产生以下问题：网络的拓扑结构如何？网络建立和演进的规则如何？各点应视为平等的还是不平等的？各点参与治理的主动性如何？主动和被动对具体治理绩效的影响如何？不同位置的节点是如何影响其行为和绩效的？

同时，各点的大小特点等不同情形还会直接影响和反映在连接关系上，由此连接就会出现以下问题：连接的实际意义如何？连接的方向如何？连接的强度如何？连接的动态变化如何？什么时候中断联系？什么时候建立新联系？

虽然集群根植于特定的地域环境，但作为一个开放系统，集群日常活动所涉及的主体还有很多是地域之外的，由此集群网络治理中可能还会受到外力的作用和影响。因此，如何处理外力作用就成为集群网络治理的一个重要的问题，这个方面将包括以下问题：宏观环境对集群网络治理的影响机制如何？集群网络治理如何适应或对抗外界压力？集群网络治理的柔性和刚性表现方式如何？如何测度？外力与内部网络治理的传导方式如何？集群网络治理柔性与刚性之间的关系如何？

以上我们从微观结构和宏观整体角度对集群网络治理的特性和所涉及的问题进行了分析，这些分析将有助于深入探讨集群网络治理，从而为后续理论分析框架的建立打下基础。

### 3.3.3　集群网络治理适用范围

集群网络治理是以集群系统特有的联系为基础的，其所有的治理方式都是围绕集群网络展开的。而联系从社会学角度体现了参与方的各种需求，因此集群网络治理适用的范围应局限在对联系依赖较强或者由联系所衍生出的问题。Jones 等（1997）提出了网络治理特别适用于资产专属性（顾客定制化）、需求不确定性、任务复杂性以及频繁交易的情形。我们认为在集群环境下，以上所提及的四个条件仅仅是一部分，而且主要针对产品的生产和交易过程。但事实上针对集群系统，根据我们所提出的分析思路，集群网络治理主要的适应范围可大致分成以下两类：

（1）集群有形产品或服务的提供。特别是在此过程中所涉及的与企业联系有密切关系的问题，如各类创新的涌现、合作创新过程、创新的扩散、山寨产品问题。

（2）集群无形亚文化的形成。这类问题与集群网络关系有着密切关系，只是相对于有形的产品联系，这种联系的方式和作用原理不同。例如，集群内部的战略近视问题；建立集群信用体系；企业社会责任水平；集群整体品牌声誉；等等。

以上问题都与集群网络有着比较强的关联性，本书认为对这些问题采用网络治理是比较合适的，这样可以很好地弥补集群行政治理和市场治理的缺陷，比较明显地提高集群整体的治理绩效。这里我们并不是有意去比较三种治理的效果大小。需要注意的是，本书在谈论集群网络治理的时候，并不是要否定集群行政治理和市场治理的重要性和作用，而是基于这样的前提：任何集群都存在行政治理和市场治理，而这两种治理手段已经被广泛应用和研究。相比较而言，在以网络联系为特征的集群中，现有研究在网络治理的方式、机制和应用方面还非常欠缺，可供实践的具体建议还很少，因此对集群网络治理的研究可以为集群可持续发展提供新的分析视角和途径。

Yoon 和 Hyun（2010）通过对东亚中国和韩国经济环境的描述，认为东亚地域文化中对关系的重视性说明在这个地区进行网络治理更加有效。我们认为对这个问题还存在进一步探讨的必要，现有文献中并没有相应的实证研究来支持这个结论。即使在欧美地区，企业和个人仍然根植于特定的环境，其中也大量存在集体认知，无论在经济还是政治方面，20世纪底特律汽车产业集群中三大汽车公司对日本汽车打入美国市场所表现出的高度一致的战略近视现象就是一个极其典型的例子，这说明在美国产业集群中仍然存在很强的网络联系，由此也就可以推断对其进行网络治理的可能性和必要性。只是这些集群企业的联系方式可能与中国和韩国等东亚地区不一样，因为它们基于不同的体制和市场经济基础。在中国可能有些集群网络治理的目的是弥补现有我国经济转型期市场治理的不足，而欧美地区市场经济已高度发达，因此其网络治理是为了解决其他问题。但这并不意味着网络治理在欧美集群中的绩效会小于东亚地区。

## 3.4 集群网络治理的具体内容

  源于自然科学、研究复杂系统的复杂理论，近年来才逐渐被引入产业集群领域的研究（Martin and Sunley，2007），主要是借鉴复杂理论中的自组织、复杂网络、耗散结构、协同演进等思想和方法来研究集群（Lindsay，2005；Beinhocker，2006；Rullani，2002）。具有代表性的有 Chiles 等（2004）从耗散结构角度阐述了美国音乐剧院集群自组织过程；Glückler（2007）运用复杂网络方法分析了集群网络的演进方式；Martin 和 Sunley（2007）详细梳理了复杂理论在经济地理领域运用的现状、前景以及存在的问题。

  国内运用复杂理论对集群的研究也集中在自组织和复杂网络方面，代表性研究包括：毛凯军等（2004）运用复杂理论探讨了集群进化动力；何铮和谭劲松（2005）从四个角度考察集群自组织过程的不同机理；池仁勇（2005）借用复杂网络方法研究了集群网络的统计特征；蔡宁等（2003）研究了集群网络的小世界和无标度特征；李昊和曹宏铎（2010）运用复杂网络方法对集群演进进行了仿真研究。

  因此如何构建特定的网络来对特定集群实施网络治理就成为亟待解决的问题。从复杂理论角度，集群作为一个复杂适应性系统，具有独特的路径依赖性，根植于特定的社会和文化地域，其演化的路径和方式都是不可复制的，由此带来不同集群不同问题的网络治理方式也不相同。落实到现实的实践中，该如何针对一个集群的具体问题进行相应的网络治理，提出相应的模式和方法，就成为本书重点关注的地方，同时也是本书的价值所在。这种建立在特定集群实证研究基础上的网络治理模式才可能对该集群的发展提出有针对性的建议和启示，从而对集群可持续发展提供新的思路和方法。

  对于集群而言，地理位置上的集中在带来许多优势的同时，也会随之带来一些问题，如知识外溢所产生的搭便车现象、合作创新中的利益和成本博弈、信任缺失，制造业集中所带来的区域环境污染、山寨产品泛滥、集群的战略近视问题等。这些问题向集群治理提出了新的挑战，传统依赖政府的行政治理和市场治理在经历了 30 年的实践后，被证明对这些问题的解决具有一定的局限性，由此我们提出网络治理可以成为行政治理和市场治理的补充方式来发挥其特殊的作用。为此，本书提出集群网络治理的技术路径，基本思路是通过网络中各组织之间的相互关系的制约和激励作用来对特定问题解决提供一定的帮助，发挥集群系统自组织的功能，提高集群各主体的自我管理能力和社会公民意识，从而为集群治理探索出一条新的路径。如图 3-1 所示，集群网络治理包括四个方面，即网络构建、网络维系、网络破坏和网络修复。

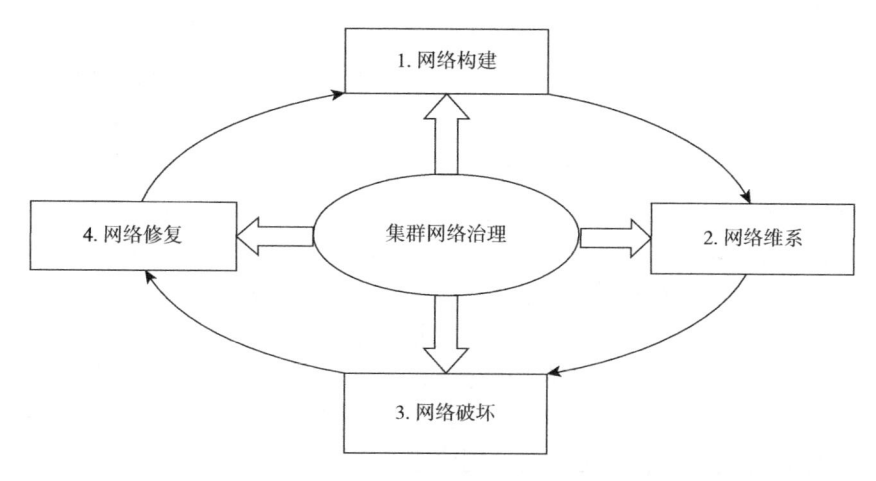

图 3-1 集群网络治理的具体内容

　　网络治理的基本思想是利用系统中各主体之间所形成的网络关系来引导主体的行为，使其朝着有利于系统整体发展的方向变化。鉴于这种认识，我们在进行网络治理的时候，需要研究如何让各主体嵌入特定的网络中，也就是探讨网络形成的具体方式。从前面的分析可以知道，网络包含两个部分：点和线，对于集群而言就是各类组织及它们之间的复杂联系，这种复杂性不仅体现在集群组织自身的变化方面，也体现在与其他组织之间联系的方向和强度的改变方面。

　　虽然集群本身可以构成一个耗散系统，但随着互联网技术的发展，集群这个开放系统更多地融入所在地域、国家甚至全球的生产和服务网中，传统以生产为主导的模式更多地转变为以顾客为核心来进行生产，因此在网络中顾客对企业创新、生产方式等都会产生很大影响，由此在集群网络治理中也必须考虑如何将顾客纳入集群生产网络中。

　　集群网络治理的关键是建立特定网络并加以维系，使其真正发挥网络的作用，所以针对特定的问题，先要探讨的是需要建立怎样的网络，这个网络的建立需要有一定的自发性，不能完全依靠政府来建立相应的网络，因为网络治理从本质上讲是基于一种系统主体内部的自主行为，通过网络所构建起来的子系统的监督、约束和激励机制来实现特定的目的，这个过程涉及网络构建目的、网络类型、网络拓扑结构、网络关系。当然网络也可能会在特定的环境条件下遭遇到一定的破坏，从而失去原有的或应有的功能，导致网络失灵，由此就需要进行网络修复。网络一旦建立，并不意味着网络就能发挥其作用，从复杂系统角度，系统可能处于不同的阶段，从而使网络表现出不同的状态，包括有序态、混沌边缘态及混沌态等。因此下面我们从复杂理论角度对网络的不同状态进行分析。

## 3.5 集群网络不同状态与环境之间的共同演进

从复杂理论视角,在技术驱动的产业集群中,一个重要的成功因素是环境的动态化与企业的适应性能够相互影响以实现共同演进(Lewin and Volberda,1999)。一直以来,环境-战略-绩效的研究范式都是管理学特别是战略管理研究的核心思路,围绕这种适应性和选择性,不同流派给出了不同的理解(Astley and van de Ven,1983)。复杂理论认为,复杂系统具有动态、非线性和网络反馈等特征(Stacy,1995),由此也提出系统可能处于远离平衡点(Prigogine and Stengers,1984)的混沌边缘态(Kauffman,1993)。这里我们根据集群内产业环境与企业内部环境所处的状态,将其分为稳定期和混沌边缘区,图 3-2 分析了单个企业与其集群产业环境之间相互作用和影响的不同形态。其中共同演进是多层次的,这里我们主要关注集群环境与集群内企业之间的共同演进。

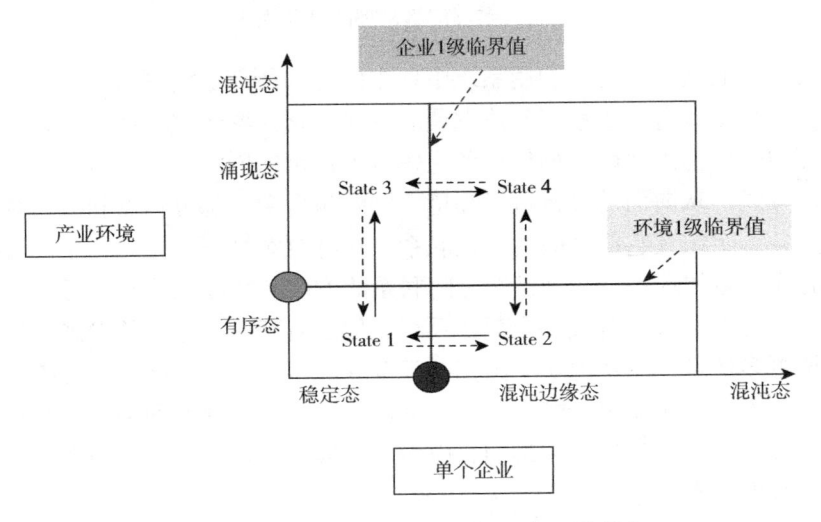

图 3-2 集群企业与产业环境之间的 4 种状态

我们尝试研究集群环境与集群内企业之间是如何相互影响共同演进的。这个问题将为集群网络治理奠定基础。正是由于集群系统的特殊性,集群内网络治理才可能会产生更好的效果,包括如何激活企业和网络。从复杂理论角度,共同演进是指一种参与各方双向或多向随时间共同变化的趋势。这种共同演进可以体现在企业内部不同部门之间,也可以体现在企业与竞争者之间,以及企业与外部环境之间等不同主体间的相互适应和匹配。McKelvey(1997)提出共同演进可以发生在不同层面,如企业内部的微观共同演进、企业与其环境(包括利基市场)之间的宏观共同演进。如图 3-2 所示,我们可以通过一个转移链来展示宏观共同演进过程,这里我们主要探讨网络治理中集群企业与产业环境之间的三种状态。

### 3.5.1 集群企业的混沌边缘态

先考虑一种比较简单的情况,企业处于复杂理论中所定义的稳定态,但正受到来自集群环境逐渐增加的压力影响,如竞争日益加强和需求减少。企业面临两种可能的轨迹:成功地与环境相适应或者企业效益持续减少。这里的关键决策点是 1 级临界值。如果来自企业外部的适应性压力超过这个关键值,企业就会打破原有的稳定态而进入混沌边缘态,并引发企业的自组织过程,使得企业从状态 1 进入状态 2。在混沌边缘态(状态 2),企业将变得越来越开放,企业与集群环境之间的交换活动也逐步加强,企业从外部环境中输入所需的能量和信息以寻求进一步发展的机会和空间,同时在此过程中,企业也逐步输出由处于混沌边缘态而产生的各种无序能量以保持企业正常的运作,这样一种逐步释放无序能量的过程使得企业成为耗散系统,其中企业通过自组织逐步打破原有的旧机制,并通过不断尝试来建立更加动态的学习能力。在自组织过程结束时,企业将达到一个新的平衡点,这个平衡是建立在对外部环境压力的更好适应性基础上的,也就是说,从状态 2 又回到状态 1。因此在相对稳定的环境压力下一般的适应性可以表现为

状态 1……>状态 2……>状态 1……>

在这种情形下,宏观共同演进主要是通过企业对集群环境的适应过程来表现的,这个适应过程是通过企业内部的微观共同演进来支持的,在企业自组织过程中,企业内部各部门都会相互作用并实现重构。由此我们提出:

**结论 3-1**:企业在混沌边缘态将呈现出很强的微观共同演进效应。

### 3.5.2 集群环境的涌现态

集群环境的涌现态是一个相对更加复杂的情况,其中企业先表现出对环境的适应性。一般而言,我们可以将集群在位企业根据其吸收能力分成两大类:高吸收能力企业和低吸收能力企业。通常吸收能力更高的企业,将呈现出对机会更强的识别能力,不会因为短期的效益而放弃对长远的战略,这种企业也会表现出更强的积极性和主动性,这些有准备的企业能够更好地参与到变化中去(Cohen and Levinthal,1990)。相比之下,具有低吸收能力的企业更趋向于比较被动地去寻找机会。具有主动性的企业在共同演进中的重要作用已经被 Hamel 和 Prahalad(1994)与 Volberda(1998)提及,他们认为这些企业将会成为行业的预言者,从而对产业的发展和演变产生重要的影响和施加压力,因此这些企业更有可能成为行业领导者,并通过各类创新特别是技术创新来作用于集群甚至外部环境。

当集群环境处于涌现态时,其演进的最后结果将具有随机性和不可预测性,

其中集群系统会存在正、负反馈相互交织的情形，从而可能存在多个平衡点，无法保证其中哪个均衡是最优的（Arthur，1990），甚至一些随机的历史事件都可以影响最终的均衡态，这种路径依赖和停留在次优均衡是复杂系统的重要特征之一。这说明在集群治理中，我们可能应该摒弃传统的最优化思路，而选择合理解，这也从一个角度说明网络治理的重要性，或许网络治理不可能实现短期的最优化，但网络治理的优势在于能够调动企业自身的主动性和参与性，使其更加积极地参与到各项活动中，而不是成为一个被动的主体，这样的治理方式往往会更加持久，因此从长远来看也可能会是一个较好的方式。

对于技术驱动产业，主导设计和行业标准往往不完全是由技术决定的，而是可能由其他诸如政治、文化甚至偶然因素决定。从涌现态到有序态也不一定是由技术决定的，而可能是由人文社会等因素决定的。由于影响因素众多，特定的设计或标准的出现往往是复杂过程或集体力量的体现。除了单个企业及其战略联盟可能会影响产业或集群环境外，各类相关机构，如行业协会、管制机构都可能影响到标准的选择，同时供应商、顾客和代理商都可能对最后的结果产生影响。

如果新的均衡点恰巧是领导企业所提出的创新技术，那么这些企业就会成为赢家，甚至主导市场，以至于发生赢者通吃的情况。此时，状态3（涌现态）就会逐渐转移到状态1（转移链1）。否则，当领先企业开发的技术不能成为行业主导设计或标准时，领先企业就会马上成为跟随者，它们的生存将取决于对新的标准或设计的适应速度，在此情形下，新的行业范式将可能成为驱动其进入混沌边缘态的主要压力来源（转移链2）。因此领先企业与行业或集群环境之间的共同演进过程可以通过以下转移链来表示：

转移链1：状态1……>状态2……>状态4……>状态3……>状态1……>
转移链2：状态1……>状态2……>状态4……>状态3……>状态2……>

与此同时，其他企业在领先企业行为的推动和压力下会进入状态3，由此也会经历不同的轨迹。在涌现态的行业环境下，如果这些企业能够成功地触发其自组织状态，从稳定态进入混沌边缘态，即从状态3转移到状态4，这些企业仍然会有生存和发展的机会。由于环境涌现态的自组织结果无法预测，一旦主导技术出现，能很快适应主导技术的企业将可以通过占领技术的前沿而获得丰厚的利润。相比而言，那些没有相应准备或无法快速适应多技术的企业将无法激发其自组织过程，即无法从状态3转移到状态4，或者从状态2转移到状态1，从而被行业淘汰（Tushman and Anderson，1986）。这个共同演化过程可以表现为

状态1……>状态3……>状态4……>状态2……>状态1……>

在这种状态下，我们可以用两个转移链来表示不同行业的领先企业和跟随企业分别与环境之间的宏观共同演进过程。领先企业通过积极主动战略直接作用于行业或集群环境，这种宏观共同演进效应会非常明显；跟随者也可以通过它们的

适应性活动来影响环境，特别是当它们处于混沌边缘态的时候，这种作用就更为显著。对于行业而言，领先企业的 1 级临界值会相对较低，由此比较容易与环境之间形成宏观共同演进，因此我们可以提出以下结论：

**结论 3-2**：当企业和集群内环境分别处于混沌边缘态和涌现态时，宏观共同演进会呈现出很强的效果，其效果依赖于企业内部微观共同演进过程的进展程度。

**结论 3-3**：在内部企业频繁进入混沌边缘态的集群行业环境中，集群环境与企业之间将呈现出比较强的宏观共同演进效应。受到企业自组织行为的影响，这种集群行业的第 1 级临界值会相对一般行业较低，由此集群行业比较容易进入涌现状态。

### 3.5.3 产业环境与集群企业的共同演进

除了以上所分析的集群内部企业的不同状态，这里我们考虑新进入者行为。我们根据企业第一次进入时集群所处的不同状态即有序态和涌现态，将其分成两类。制度理论认为新进入的企业总是设法获得相应的合法性，因此它们开始时会处于混沌边缘态，而且会努力创新以适应新的集群环境。

当集群环境处于稳定状态时，新进入企业会处于状态 2。如果新企业试图进行革命性创新，如新技术或新的商业模式，其将可能成为集群的领先者，并遵循第 2 种情形下的轨迹，只不过起点不同。否则，它们将出现情形 1 的演进方式。当集群环境是涌现态时，新进入者会从状态 4 开始，此时集群的涌现态将为企业提供机会与威胁并存的环境，Tushman 和 Anderson（1986）的实证研究结果表明，相对于有序态环境，涌现态的环境会存在较高的企业进入和退出比率。这说明动态变化的环境可以为新企业提供更好的生存机会。考虑到新进入企业一般会经历更长的自组织过程以建立各种必要的网络和积累所需的社会资本，我们对新进入集群企业提出以下转移链：

状态 4……>状态 2……>状态 1……>

以上 3 种情形显示，对于集群行业的不同企业，其宏观共同演进过程各不相同。对于不同的行业，由于其性质各异，它们的临界值和转移频率也不尽相同。因此我们提出以下结论：

**结论 3-4**：宏观共同演进过程可能呈现出不同的转移链，对于不同行业，宏观共同演进过程在转移时间和频率上各不相同。

可见，集群企业需要具备不同的进展能力，包括如何适应和影响环境。特别对于技术驱动的行业，技术的突破是一件不可预测的事情，企业需要具备引领行业或快速的反应能力。由于行业技术标准是多方博弈的结果，企业需要融合技术和其他社会网络资源以促使行业标准朝着有利于自己的方向演进，那些忽略技术进步创新规律的认识对于企业而言是致命的。

由此能够清晰地判断环境与企业不同的状态对于企业战略决策和执行是非常重要的。以上所提供的转移链可以为环境与企业之间的宏观共同演进，或企业内部的微观共同演进提供一些可能的演进方向，但更为重要的是如何触发和推动自组织过程。根据复杂理论，即使自组织被触发，也不能保证自组织能够演进到所期望的结果，因为从理论上讲，自组织过程具有不可预测性，许多随机因素可能会影响最后的结果，而这些结果将直接影响企业的战略制定和实施的环境。例如，如何判断和识别适应性压力对于自组织而言是至关重要的问题，从复杂理论角度，一般有三种基本的活动来识别系统行为是否在临界值之下、在临界值附近或在临界值之上。特别是让企业处于混沌边缘态，而不是混沌态，这就需要企业具备较为柔性的结构和弹性，以此来形成较强的对环境的适应力。

这种集群环境和企业不同状态之间的共同演进为集群网络治理奠定了理论基础，正是因为环境与企业之间会存在相互演进的过程，通过一定的方式来营造一个特定的环境，从而对单个企业形成相应的适应性压力，来触发企业自组织过程，引导企业的行为，而反过来企业的行为又可以通过网络来相互影响，这种过程便构成了网络治理的核心思想。可见，网络治理是一种介于行政治理和市场治理之间的治理机制。这种治理由于具有相当的自觉性，会更加持久，同时，这种治理具有一定的隐性特点，所以需要更长的研究周期，案例研究、实地调查及仿真研究都比较适合进行网络治理的研究。基于这样的认识，我们从复杂理论众多的方法中选择以复杂网络为核心，结合自组织、协同学理论来对集群进行研究。复杂网络的主要思路是通过研究节点及其相互联系和变化来反映复杂系统各主体之间的有机性。针对前面集群自组织模型所涉及的环境设计和边界约束，它们对集群的影响可以通过集群内不同类别组织数量以及它们之间联系的变化加以体现；而正反馈机制则会导致特定组织及其间某些关联方式的非线性增长。由此可见，运用复杂网络工具可以在一定程度上刻画出环境设计、正反馈机制和边界约束的共同演进关系。

## 3.6 集群网络治理问题的研究思路

作为源于多个自然学科交叉的复杂理论，其中蕴含的思想和内容都极其丰富，应该根据集群性质和特点来选择相应的研究工具和方法。从前面的分析可以看出，作为一个复杂适应性系统的集群，其最本质的特征体现在各类组织间复杂而独特的联系上，正是这种联系构成了集群特有的组织结构，无论是弹性专精，还是集聚规模效应都是通过这种联系体现出来的。由此可以认为，集群演进过程在相当程度上可以通过集群内企业间的关系变化、集群企业与地域耦合方式、集群在位企业个体成长等方面来综合体现。所以集群企业的关联应该成为研究工具选择的重要标准。

作为一个交叉领域，需要对研究的范式进行探讨。本书结合管理学的研究方法，提出集群网络治理可以按照如图 3-3 所示的步骤展开。首先是对所研究的集群问题进行界定；其次有针对性地按照管理学规范的方法进行相关的实证研究，只有在科学的实证研究基础上，才能够展开后续的规范研究，因此需要根据实证研究的结果来确定集群网络治理的目标，进而分析其治理的相关主体；再次借鉴复杂理论的思想和方法，提出相应的网络治理方式，进而根据治理目标探讨不同网络方式，如构建新网络或激活现有网络以实现网络治理；最后分析各种治理方式的实施条件和环境，并对该治理方式的优势和劣势进行研究。

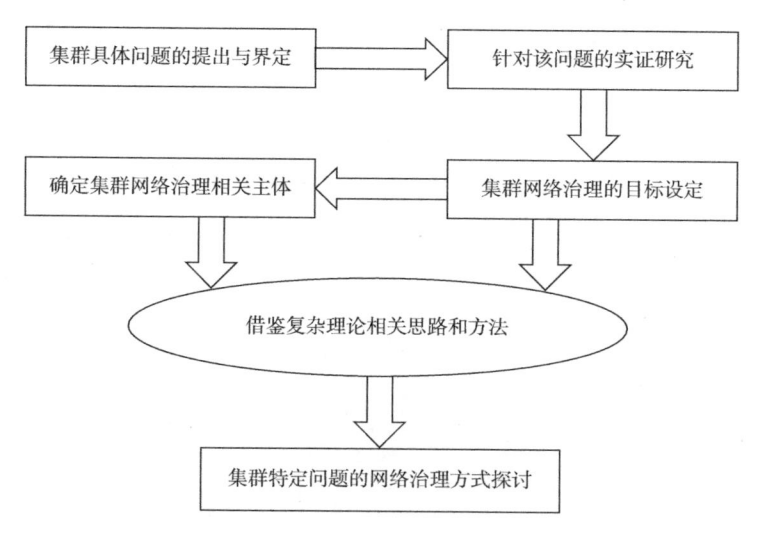

图 3-3　集群问题网络治理的研究路径

## 3.7　小　　结

本章在对集群复杂适应性系统特征分析的基础上，首先，从集群主体的地位和关系，以及外力对集群治理的作用和传导机制等角度，提出了集群网络治理的相关问题和技术路径；结合集群网络治理的特点，探讨了集群网络治理的适用范围，主要包括两类：集群有形产品或服务的提供，集群无形亚文化的形成；结合复杂网络的思想，提出了集群网络治理的技术路径可以从网络构建、网络维系、网络破坏、网络修复四个方面加以展开。

其次，本章研究了不同状态与产业环境之间的共同演进关系。根据混沌理论，将单个企业的状态分成稳定态、混沌边缘态和混沌态，将产业环境分成有序态、涌现态和混沌态；并重点研究了集群企业处于混沌边缘态以及产业环境处于涌现态的时候，企业与产业环境之间的适应性变化路径，也为集群网络治理提供了新的思路，即可以通过触发企业和集群进入混沌边缘态或涌现态，来形成一种特定的环境，从而通过企业的自组织来实现网络治理的目的。这种环境与企业之间的相互作用正是集群网络治理的重要的前提条件。

# 第4章 集群环境与创新活动的实证研究

## 4.1 集群开放式创新理论基础

有关产业集群创新的研究一直都是集群研究的热点问题。企业地理位置的集聚不仅有利于技术和知识的共享,而且有利于人力资源的流动和积累(Gordon and McCann,2000;He and Rayman-Bacchus,2010;Kim,2002;Fichter and Beucker,2012),而这些都为企业创新和价值创造提供了有力的支持(Porter,1990)。尽管许多研究都提出集群内企业比集群外企业更具创新能力,但最近的研究也提出在集群内部资源不足以支持企业可持续创新活动的情况下,企业可能从战略层面选择与集群外的相关组织和企业合作来从事创新活动。但这个问题的关键是对集群边界的界定,根据本书对集群的定义,我们从网络角度将集群界定为不同层面,包括核心网、配套网和外围网,由此扩展了集群的边界。

在对高新技术集群创新特点和能力的研究中主要包括了对学习能力、吸收能力、技术创新及制度创新的研究。Marshall(1890)提出知识会随着不断增加的产业规模而增加,这有利于企业发展的技术信息在企业间更加有效快速地传播。因此,技术外溢被 Krugman(1991)认为是 Marshall(1890)提出集群理论的三个关键因素之一。Baptista(1998)提出技术的可编码化的程度与产业集聚的程度是负相关关系。技术越可编码化,企业则越不愿意集聚;当技术越是不可编码化时,则越是希望在地理位置上集聚。集聚可以产生对非编码化知识的学习和传播,使企业得到更多外部学习的机会,因此加快了信息的扩散,增加了学习能力,促进了创新。Capello(1998)和 Tallman 等(2004)认为集群内发达的网络使得集群面对外部需求不确定时能够保持相当的适应性,企业之间的相互学习可以提高集群企业创新能力。Tan(2006)研究了我国中关村高科技集群,认为它的发展路径有四个阶段,从制度创新开始,经历了技术创新、市场创新,到后来的重新定位。

基于社会网络理论，Granovetter（1985）认为集群经济活动要与本地文化进行联系和嵌入才能融入当地的文化和社会网络，从而取得集群发展所需的社会资本，有效降低风险。很多学者认为集群网络的构建使知识得以共享和传播，所以产生了知识外溢和技术外溢，提高了学习能力和吸收能力。Porter（1998）研究表明，集群环境对企业发展有正向影响，集群在位企业的创新动力远远高于集群外企业，这是因为集群内网络结构能够使企业间交易和交流的成本更低，效率更高，在获得创新成本更低的情形下，获得创新资源却更加有效快速，进而也使整个区域的技术得到升级。Capello（1998）提出集群区域内的各个行为主体在网络结构中能够不断进行相互学习，使整个网络和集群环境互动，从而促进集群的快速发展。

从集群的演进过程角度，集群创新活动对集群自身的演进的过程也有很大的影响。Baptista和Swann（1998）提出了集群的生命周期理论，涵盖了集群形成、增长、逐渐成熟、衰退、死亡或复兴五个阶段。Sorenson（2003）对美国的生物技术集群演进过程的研究表明，从区位的选择、形成到变迁，其演进过程与集群所在地的社会关系有相关性。Amin和Thrift（1995）与Cooke等（1997）强调政府的作用，他们认为产业集群初期时，政府的作用不是很重要，但是随着产业集群的发展，政府的作用日益明显，特别是传统的产业集群，产品同构化比较严重。Saxenian（1995）以硅谷为例研究了其发展历程，认为演进过程中知识网络的构建和高密度的信息传播是硅谷成功的重要因素。

集群各企业和组织之间的这种开放式创新是集群创新活动的重要特点，方法取决于集群外存在企业所需的各类技能、知识和信息。因此如何跨越内外部的障碍，有效地利用内外部资源就成为集群企业创新的重要问题，特别是如何实现持续的创新更是成为企业竞争力的重要能力。这种内外合作的开放式创新可以有很多的具体方式。例如，企业与高校、研究机构、NGO等各类组织之间的产学研合作便是其中之一。此外，具有较强吸收能力的企业一般也有较强的创新能力，从而推动企业的进一步学习（Chesbrough and Crowther，2006；Gassmann，2006）。集群企业的开放式创新可以受很多因素影响，包括网络知识扩散方式、集群知识外溢程度、创业活跃程度、风险分担机制等（Ferrary and Granovetter，2009；Lichtenthaler，2009；Keupp and Gassmann，2009；Boudreau and Lakhani，2009；Fichter，2009）。

开放式创新是一个高风险的过程，这是导致集群企业创新合作高失败率的重要原因。从复杂理论角度，产业集群是一个复杂适应性系统，也是一个耗散系统，与集群外各类组织之间有着密切的关系，其中没有一个固定的知识和信息交换方式，也无法预估在创新过程中知识的交换程度。这种不可测性也是开放式创新的特点之一。此外，有些集群与外部环境之间的根植性很低，这种低根植性可以表现为对当地制度、NGO、当地各类民间组织之间的依赖很小（Bunnell and Coe，2001；Gertler and Wolfe，2004；Ye and Kankanhalli，2013）。同时，一些其他因素也会影响开放式创新的过程，包括开放式创新过程中政府监管方式、知识产权制度的完善程度、利润分配和成本分担机制、企业管理外包的能力、企业内部渐进式创新和根本性创新之间的平衡及风险控制能力等（Enkel et al.，2009；West and Bogers，2014）。开放式创新可能会涉及各种不同的社会主体，因此就需要一个平台来推动和促进这些主体之间合作。从复杂网络角度，更是需要一个桥梁来连接不同的主体，如 Granovetter（1983）所提出的结构洞概念。从理论上讲，集群这种资源组织方式为这种结构洞的连接提供了便利，因为集群内部的错综复杂的网络结构可以为企业提供更多的社会资本（Burt，1995；Carlsson，2007）。但现实情况如何就需要有针对性的实证研究来回答。

开放式创新对于集群发展而言非常重要，现有的文献主要是强调集群微观环境对创新的影响，特别是集群内部企业之间的合作，而很少涉及集群企业与集群外部各组织之间的关联（Kuroiwa and Heng，2008）。同时，对开放式创新研究又很少将地理因素考虑进去，主要是通过第三方公共或私人组织来促进企业相互联系（Belussi et al.，2010）。更进一步，关于集群开放式创新的治理机制方面的研究目前还未引起足够的重视（Crespin-Mazet et al.，2013）。社会网络中各种主体之间的有效合作是需要相应的支持性环境和互补性活动的，因此在集群中观层面，就需要一定的治理机制来推动合作参与方之间的信任，以达到所需信息和知识在各方中的有序流动。这种治理机制中的很多问题，如权力的分配方式和决策的流程等都必须界定清楚（Heimeriks and Duysters，2007）。由于我国的高新技术产业集群的产生通常是政府导向型，而非自发型，政府给予了很多优惠条件来吸引各种高新技术企业进驻特定区域，这种集群环境对高新技术企业可持续发展的影响程度如何，对集群内各企业的创新能力的影响程度如何，这些都是需要进一步研究的问题。

这里我们从更加宏观的层面来研究集群的开放式创新。先从网络角度来界定集群系统，包括集群核心网和外围网，这里核心网主要是特定集群内部的企业和各种组织；而外围网包括更大的集群所在地区的范围，集群根植于此，会与当地的各类组织形成一定的关联，包括当地的大学、NGO 等。不同于行政治理和市场治理，网络治理主要依靠建立有效的社会关联来影响集群个体企业的创新行为（Gertler and Wolfe，2004）。我们将探讨集群开放式创新的主要影响因素，并通过这些研究来了解集群开放式创新活动的现状，发现问题，从而为集群创新的网络治理提供实证依据。

## 4.2 软件产业特点

关于高新技术产业的界定，国际上还没有形成统一的衡量标准。经济合作与发展组织（Organization for Economic Co-operation and Development，OECD）用研发费用占企业总产值的比率作为衡量是否为高新技术产业的标准，认为其比重小于1%则可以看成是低技术产业，比重在1%~2%的为中技术产业，比重在3%以上的则为高新技术产业。通过这种方式将航空航天制造业、计算机与办公设备制造业、电子与通信设备制造业、医药品制造业等确定为高新技术产业。根据国家统计局发布的《高技术产业统计分类目录》，我国高新技术产业主要包括航天航空器制造业、电子及通信设备制造业、电子计算机及办公设备制造业、医药制造业和医疗设备及仪器仪表制造业等行业。通常情况下，高新技术产业依托于高新技术，其产品往往在研究开发上周期较长，难度较大，需要大量的人力物力财力的投入，但一旦研发成功，其产品科技含量高，在市场上可以形成独占性和领先性，因此社会收益和经济收益较大。由于高投入的特点，只有较大型的企业才会有实力进行高科技产品的研发，且研发过程通常也不是由单一企业进行，而是依托科研机构、高校联盟、企业间的相互合作，共同分担风险。

高新技术产业集群具有高新技术产业和产业集群的双重特点，是指众多相关联的高新技术企业在特定区域内的集聚体。它虽然以高新技术产业为主导产业，但同时也包括政府、法律、财会等中介机构，共同形成社会网络，交流相关知识技术。更为重要的是高新技术产业集群可以产生很强的外部效应，带动所在区域的创新活动，从而大大提升区域的竞争力，有利于所在区域的持续竞争优势形成。因此高新技术产业集群一般具有以下特点：

（1）区域的选择性。集群作为一个表现在空间地理上的经济现象，只有当同类型或相关企业数量达到一定规模时，才有可能成为集群。与传统产业不同，高新技术产业属于知识密集型产业，由于产品的复杂性，对技术的高要求，以及快速的市场反应能力和快速产品更新换代，其区域的选择一般倾向于大中型城市，这些城市可以为高新技术企业提供所需的人才资源和良好的社会环境条件。

（2）创新导向性。大部分的企业都致力于保持自身的创新优势，进行持续的创新活动以保证企业的核心竞争力。因此高新技术产业集群会将创新资源集聚起来，一方面体现在集群内部的交流上。地理位置上的聚拢产生了复杂的社会网络结构，这种网络有利于各个企业之间的相互学习、相互交流以及信息的快速传播与共享，从而使技术或知识等有关信息快速流动。另一方面体现在集群与外部的交流上。高新技术企业的集聚将吸引大量的相关联企业、各类中介服务机构和技术人才的加入，更重要的是与高校等科研机构密切联系，使得集群内部与外部形成了有效的创新合作网络，从而能有效地进行创新活动。

（3）开放式创新。伴随着社会关系网络的形成，企业依靠自身独特的技术也会形成各自稳定的合作伙伴。高新技术企业是社会网络中的核心主体，其他中介机构或合作高校都是重要的参与者和支持者。与科研机构或高校的合作有利于提高技术的原创性和获得稳定的人才资源。此外，与各类中介机构的合作有利于降低交易费用或管理费用。从产品上来说，高新技术产品拥有专属性，与上下游的合作以及与客户的合作都具有连续性和稳定性。

传统的制造业集群比较单纯，往往是围绕一个行业发展起来的，因此研究企业在行业特点方面相对容易，鉴于高新技术产业所涵盖的行业众多，而不同行业之间的性质和特点也不相同，本书选择了软件产业集群来作为高新技术产业的代表进行研究，软件产业在产品和服务的提供方面体现了高新技术产业的特点，更为重要的是软件产业中积聚了大量的中小企业，从而更能够体现出集群的自发特点，其创新活动等也更大程度上源于市场行为，从而能够观测到更加接近市场行为的活动方式和特点。

软件产业从起源到发展已经经历了五个发展阶段：独立的专门提供软件的公司；独立的软件产品公司，包括卖出产品后的软件后续维护和继续开发；很多独立的软件公司已经超越了以硬件为载体的软件开发，进而出现了企业解决方案提供商；随着PC的出现，出现了提供给大众的市场软件；互联网的出现又开创了一个全新的时期，使软件行业更加广泛地植入其他行业中，这给软件行业带来机遇的同时也导致了其更加激烈的竞争和挑战。

一般而言，软件产品和软件服务构成了软件产业的两个主要部分。软件产品能够通过计算机被存储和读取，且能按照计算机特定的已经编好码的程序进行工作，主要包括系统软件、支撑软件及应用软件三大类。软件服务则是指软件供应商对软件的持续维护、更新换代等进行的售后技术服务。软件产业则是直接生产经营计算机软件产品或服务的企业集合。软件产业可以分为系统软件、支撑软件、应用软件三个部分。系统软件处于整个产品链的上游部分，包括操作系统、嵌入式操作系统和网络管理系统，其在整个信息系统中起着核心作用，控制和管理计算机其他硬件的协调工作，同时需要调度和支配软件运行；支撑软件处于整个产业链的中游，在系统软件和应用软件中起着承上启下的作用，它能够给应用软件提供良好的开发和运行环境，从而有助于用户高效地开发其他软件；应用软件处于整个产业链的下游，是使用最广泛、涉及面最广、市场份额最高的一类，其品类繁多，且与其他行业有高度的关联性，包括办公软件、杀毒软件、行业应用软件等。

由于目前信息技术化的普及和飞速发展，软件产业已经突破了很多传统的计算机而应用于各种数字化、智能化的设备中，其内涵和外延也在不断地发生变化。

对软件产业的定义，普遍观点认为软件产业是指与软件相关的研究开发、生产销售、售后服务等一系列业务的企业的集合体。属于高新技术产业的软件行业具有以下几个特点：

（1）低边际成本。生产开发软件的成本很高，但是复制成本非常低。当研发第一件软件产品时，通常需要投入大量的研发费用，如劳动力成本等，但当研发成功，需要对产品进行产业化生产时，软件产品的边际成本基本为零。从经济学的角度来看，软件产业具有高沉没成本和低边际成本的特点。

（2）高员工流动率。员工流动率高是软件行业作为知识密集型行业一个较为明显的特点。由于员工的流动性较大，企业间的技术、管理方法、知识等得到了有效的扩散，促进了学习效应和知识传播以及社会网络的构建，有利于推动软件产业的发展。

（3）知识密集性。技术性和创新性作为软件产业发展过程的核心竞争力，必须依赖大量的知识和智力劳动。企业的发展依赖于人的创造性思维、先进的技术能力和快速的学习能力，即使是"软件蓝领"也需要专业的业务技能和大量的实践经验，所以对员工的能力要求和素质要求都较高。相比其他行业，软件行业最核心的资源就是软件工程师，这是软件开发和服务的最主要的成本投入，因此研发人员在软件业所占的比重非常大，软件业也属于典型的知识密集型行业。

（4）低进入壁垒。基础操作系统，如 Windows 和 Android 等，投入大、研发周期长，需要强大的资金支持和研发能力，只有微软、谷歌等处于垄断地位。但在应用软件、软件服务等更多的领域则呈现出竞争非常激烈的状态，进入壁垒相对较低，新入者和替代产品层出不穷。由于不需要昂贵的厂房设备，不需要大量的劳动力，低启动资金的软件产业成为许多人创业的首选。他们认为只要拥有创意新颖的思想，有较强的学习能力和反应能力便能获得一席位置。进入壁垒低这一特点吸引了大量创业者，同时也快速地淘汰了很多原有企业，新产品开发周期成为市场竞争的关键因素，新陈代谢快是软件行业的重要特点。

（5）服务化特征。软件的应用不能单独存在，必须依赖于其他产品才能发挥作用。在政府、电信、金融和法律等各个专业领域，软件都成为日常工作的基础工具。软件产业的服务化特征随着这一行业的发展，表现得越来越明显。IBM 公司剥离掉自己的 PC 业务，集中其优势资源主要发展了软件服务业务，为大型企业提供整体解决方案。软件服务业也日益显现出很大的市场潜力，这也是软件产业集群得以快速发展的原因之一。软件服务业已经从软件产业中的一个配套模块逐渐变成一项独立的业务，服务的对象多元化，服务的领域广泛化，服务的内容和方式也越来越多样化。软件支持、维护等传统服务以及 IT 咨询、系统集成等新兴的专业服务，就日渐成为软件企业的竞争焦点。软件产业最终是"其他行业的服务者"。

## 4.3 成都软件产业集群实证研究

对企业而言，无论是创新还是在地理位置上集聚，其最终目的是提高企业生存概率与寻求更好的条件和环境，因此这里我们先对集群环境、创新活动与企业可持续发展之间的关系进行实证研究，从而为如何提高集群创新绩效的网络治理奠定理论基础。

### 4.3.1 成都软件产业集群

目前，成都已经初步形成了生物医药、精密仪器及电子信息三大产业集群。成都医药产业有着成都中医药大学和华西医学院、华神、华西、恩威地奥等医药企业（高校）200 多家；精密仪器包括成飞集团、成发航空、普什模具等各类精密机械制造企业 110 多家；电子信息产业主要由通信产业、集成电路产业和软件产业三大产业组成，许多全球 500 强企业纷纷加入集群的行业，如阿尔卡特、IBM、西门子、诺基亚、爱立信等。2013 年 6 月财富全球论坛在成都召开，来自世界各地的企业精英集聚到成都，给成都带来新的动力和机会，全球 500 强企业也已经有过半入驻成都。

其中，成都软件产业是成都高新技术产业发展的代表性产业和战略性产业，成都先后被确定为国家火炬计划软件产业基地、十大国家软件产业基地，以及中国服务外包基地城市、国家软件出口创新基地等。截至 2012 年末，成都市软件产业企业达 826 家。其中，软件业务收入为 1 272.8 亿元，与 2011 年同期相比增长 27%；软件产品收入为 503.07 亿元，同比增长 31%；信息系统集成服务收入为 218.14 亿元，同比增长率为 28%（成都市统计局，2013）。成都软件产业已经形成了以高新南区的天府软件园为主要聚集区域，高新西区为辅助聚集区域，南向金牛区、武侯区、双流区、西向都江堰、温江区的产业区域。其主要发展方向集中在软件服务外包、行业应用、信息安全软件、数字媒体及芯片设计五个方面。目前，成都软件产业正呈现出高速发展的状态，依托电子科技大学、四川大学、西南交通大学等知名高校和科研机构，已经形成了完善的产业链和产业集群。本书的调研对象主要包括成都高新技术产业开发区、成都高新区创新创业服务中心、天府软件园的信息软件企业。

### 4.3.2 理论模型构建

高新技术企业自身的研发能力、市场开拓能力及管理水平等因素都会影响企业的可持续发展。在企业可持续发展中，企业的盈利能力就显得非常重要。但企业盈利能力评价和预测具有复杂性和不确定性。盈利能力又可分为显性和隐性两种，显性盈利能力主要指当前的盈利水平，而隐性盈利能力则包括长期的发展潜力、主导产品市场前景及研发能力等。对于高新技术企业的盈利能力，往往其隐性盈利能力更加被看重，因此需要将高新技术企业的显性和隐性盈利能力结合起来考虑（喻金田和吴倩，2010）。

产业集群是具有一定根植性且内部互相联系的网络综合体。产业集群最主要的特点及优势便是形成了特定的集群环境，企业存在于这样的集群环境时，可以获得集群外企业很难获得的一些有利环境和条件，包括知识外溢、优惠政策、信息和人才渠道、集群整体品牌等，从而对自身盈利能力产生正向影响。王缉慈（2006）将集群优劣势与单个企业做了对比分析，认为集群效应形成了外部规模经济，通过专业化分工可以获得外部范围经济，而单个企业只能获得规模经济中的成本优势，只能在单纯的降低成本上获得利润。集群环境还能依靠降低交易成本，形成介于市场和组织的网络组织，提高管理效率，从而减少官僚作风。从集群内部的联系角度来看，集群的生命力在于产业链即产业之间的实质性产品或服务关联，只有基于产业链的空间集聚，才能形成产业集群。良好的产业链可以形成有效的战略联盟，在分摊利益的基础上形成合理分配资源、优势互补的分工协作关系，这些都对整个集群在位企业的发展起到积极的作用。

集群环境给企业提供了完整的产业链体系，对于制造业而言是指从原材料到最终产品的生产销售各环节的整合，对于软件产业而言则是指从研发、编写、测试、推广到售后服务所形成的知识技术产业链。集群的形成能够方便企业合作和交流，从而大大降低活动过程中的交易成本和物流成本，更重要的是可以加强集群企业间的交流与联系，这种联系也对形成的集群内部网络起到促进和维系的作用，并且有利于形成战略联盟，为未来长期稳定的发展提供良好的基础。产业链的形成和企业间合作可以在集群内部产生知识技术外溢，形成良好的外部效应。从成本优势上看，集群环境也使各企业间分工更加明显，有利于各企业取长补短，优势互补，当一个企业需要其他项目的支持时，能很快从集群中找到所需的合作伙伴，从而降低搜寻成本和搜寻时间。地理位置的集聚及频繁合作不仅可以增加交流，同时也可以增加信任感，从而可以提高企业对外部环境的适应能力。集群优化合理整合了区域内的优势和资源，使整个区域整体的竞争力得到了提升，这不仅使整个地区的产业结构得到改善，产业结构加速升级，也推动了整体区域的品牌形象建设。因此，本书做出如下假设：

$H_{4-1}$：集群环境对企业可持续发展存在正向影响。

根据熊彼特的创新理论，创新不仅仅包括技术上的创新，也包括开辟新市场、获得原料的新供给、改进生产方法、制度创新等。本书讨论的是软件产业，其创新能力主要在于技术或产品上的创新。Eisenhardt 和 Tabrizi（1995）提出高技术的竞争优势主要体现在其创新能力上，知识管理对改进企业产品和流程具有重要意义。很多学者通过上市公司披露的 R&D（research and development，研究与发展）投入与主营业务利润的财务数据研究二者之间的相互影响。Morbey（1989）以利润率作为因变量，R&D 投入作为自变量实证研究了二者之间的相关性，结果表明 R&D 投入的强度与利润率相关。Greenhalgh 等（2006）研究了技术创新在英国制造业中的竞争力，认为技术创新对产业的出口发展具有明显的促进作用。王晨和王新红（2011）认为 R&D 投入是创新最重要、最主要的表现，研发投入生产与高科技企业的盈利能力二者相互促进，产生了明显的正向影响。Henderson 和 Cockburn（1994）对生物医药行业进行了实证研究，发现具有一定科学研究能力的企业对新产品开发有显著的正向作用。Tsai 和 Wang（2004）对电子行业的研究也表明对研发的投入能对创新绩效产生正向影响，从而增加高科技产业企业的盈利能力。

对研发的投入作为衡量创新能力的一方面，其对盈利能力也产生积极的正向作用。同时我们也注意到专利的获得、研发人员的数量也与盈利能力正相关。创新能力是企业异质性的体现，使企业拥有独特的竞争力并与其他企业之间产生明显的效率上的差异。创新能力强的企业能够有效通过创新来构建竞争优势，保持自身市场的领先性，从而获得所期望的市场地位。研发活动中一旦产生了新产品或新技术，可以让企业在市场上处于垄断地位，获得超额利润，同时企业如果将超额利润的一部分继续进行创新活动，就可以形成一个良性循环过程，在这一过程中，创新所形成的正反馈将成为企业核心竞争力，从而为企业获得更多的利润。

技术创新还需要通过企业的营销活动来实现市场化。营销活动的目的是把新产品卖出去从而获得利润。因此对市场的洞察和把握对于企业生存和发展也至关重要。对于已经占领了一定的市场，特别是具有行业领先的企业，可能更加关注的是新产品的研发和设计。但对于绝大部分中小企业，除了一定程度上的技术创新之外，还需要有相当的营销能力来发现和开拓市场。根据以上的论述，我们提出如下假设：

$H_{4-2}$：企业创新能力对其可持续发展存在正向影响。

$H_{4-3}$：企业营销能力对其可持续发展存在正向影响。

王缉慈（2001）提出以营造区域创新环境为核心的产业集群战略思想。她认为集群的存在是一种区域发展模式，这种模式给创新能力提供了线性和非线性两种方式。线性的发展方式则是一般方式，经历发明、开发、设计、中试、生产、销售的过程；非线性的发展模式指技术创新会在不适当的或者不连续的学习过程中诞生，因此需要一个有互动机制的新的创新模式。对创新的理解已经从线性转变为非线性，学者普遍认为集群区域的发展有利于非线性模式的创新，形成区域创新网络，使区域内的企业能够密切地进行合作，产生较强的竞争力（盖文启和王缉慈，1999）。区域创新网络的形成有利于集体学习环境的产生，集聚环境可促使各企业相互协调，产生协同作用，并反过来增加整个集群整体的效率。这种集群环境也能够有效降低新企业的经营成本，改善创新的条件，从而提升创新绩效（Nelson，1993）。

　　魏守华等（2010）通过面板数据的实证研究发现影响创新能力的因素包括了产业集群环境，认为优越的区域环境能够产生高集聚程度、高关联效应和好的外部技术溢出渠道，从而对创新起到促进作用。Fujita 和 Smith（1990）通过构建模型来研究集群内信息外部效应问题。这个模型是将信息看作非完全公共品，通过信息的交换来进行外部效应的分析。沟通是信息交换的主要方式。他们发现随着行为主体的数量增加，外部效应会呈非线性增长。当企业集聚时，这种效应表现得非常显著。因此得出地理位置上的集聚很大程度上降低了交流成本而促进了信息的交流。地理位置的靠近有利于知识的流动，这种知识的广泛流动及共享，促进了当地创新能力的发展。Feldman 和 Florida（1994）也认为集群环境对创新活动影响极大，特别是地理位置上的邻近会带来与技术相关的较先进的基础设施，将有助于新技术和新方法的扩散。

　　创新活动的频繁，各企业间的频繁交流，使得地理位置上的知识网络结构更加完善。创新主体通过网络关联来产生协同作用。创新网络的形成反过来又吸引更多企业的加入，使已存在于网络结构中的企业联系更加紧密。Arthur 等（2001）认为集群是一个耗散系统，不断与外界进行各种交换，包括建立联系，这些都为集群创新提供了前提条件。然而地理位置的接近又会让创新容易被模仿，因此企业只有持续创新以摆脱模仿者。何铮和张晓军（2008）提出知识转移是一个正反馈机制，认为信息的充分交流和集群的整体影响力有助于形成正反馈的回路，使得知识信息在集群内充分地交流，对企业的创新能力起到促进作用，交流越充分，企业对市场和政策的把握就越准确，生产经营的效率就越高；反之，信息交流的高效率又会刺激各个行为主体想要交流的欲望，从而形成良性循环。综上分析，本书做出以下假设：

　　$H_{4-4}$：集群环境与创新能力之间具有相互影响关系。

　　Schmookler（1966）提出影响创新活动的方向和速度的主要因素是市场潜力和市场增长。许庆瑞等（2006）认为创新是企业在环境变动中取得生存发展的根本，特别是技术创新和市场创新对企业的短期竞争和长期发展尤为重要，技术创新应该与市场协同并进，为企业构建长期发展和盈利的动力。Rohlfing 等（1984）提出跨国企业、大型企业或企业间的竞争能够有效推动科技的进步，这种科学技术上的进步也是市场成长的体现和反应。Utterback（1999）通过实证研究也表明，创新活动中有60%~80%都是受市场需求的拉动作用产生的，市场环境、政策环境等外部因素则是通过作用于内部影响因素来实现对创新动力的影响（张会清和王剑，2011）。

黄速建等（2010）认为创新的动力分为内源动力和外源动力两个方面，内源主要是指企业自身的因素，如创新意识、经济利益最大化的追求以及企业的未来发展战略等因素。而外源则是指外界影响企业创新活动的因素，包括市场需求、市场竞争及政府政策等。当企业受到外部环境的强烈压力时，会产生强烈的创新意愿，展开创新活动，使之得到缓解。Verona（1999）提出驱动企业升级的主要因素是技术创新能力和营销能力，二者也构成了企业竞争力的主要因素。Song等（2005）提出市场能力是与技术创新能力相互补充的一种市场驱动力。田家欣和贾生华（2008）认为技术创新能力和营销能力与企业升级有着显著的正相关关系。市场经济条件下，企业需要随时把握市场发展的趋势，时刻关注消费者的需求，才能有效把握企业创新的方向。如果没有市场的导向作用，难以形成创新的动力，更难以得到合理的创新结果。有一定创新能力的企业能够在行业中处于技术领先的地位，是竞争力的重要体现，创新效益带来高额的超额利润，也会进一步促进企业加快创新的步伐，加大企业对创新能力的重视和投入，从而增加持续创新的动力，使企业保持市场领先的状态。综上分析，本书做出以下假设：

$H_{4-5}$：企业创新能力与营销能力之间具有相互影响关系。

张会清和王剑（2011）从市场能力的角度出发，对FDI（foreign direct investment，对外直接投资）聚集定位和企业规模之间联系做了较为详细的理论分析，认为企业规模的异质性决定了市场能力的差异，规模大、技术能力强的企业为了规避小圈子内的恶性竞争或是技术的泄露，会避免进入大企业聚集的地方，然而规模较小的企业却偏爱选择集群环境下的区位，不仅可以享受知识溢出的利益，也可以节约很多信息搜集成本。由于在市场能力上的缺陷，中小企业会希望搭便车，采用集聚的方式，在集群的环境下得以生存从而来弥补市场能力的不足。集群环境下同行业的企业可以互相学习，市场集中度高、占有率高的大企业，可以带动集群内的其他小企业发展，形成一个共生互惠的关系。小企业不需要花费大量的人力、物力、财力进行市场预测分析或是市场开拓，而是作为市场跟随者依附于大企业便能生存，这是集群环境给予的。集群中存在很多互补的企业，这使企业间的信息交流更加活跃，方便它们更迅速地发觉市场的新需求、新动向。集群环境中企业能更迅速地认识到市场目前的需求和未来的趋势，从而增加市场竞争能力。由此提出以下假设：

$H_{4-6}$：企业营销能力与集群环境之间具有相互影响关系。

综上所述，根据高新技术企业的特点以及产业集群的界定，本书认为集群环境、创新能力及营销能力是集群企业可持续发展的三个关键因素。其中集群环境、创新能力及营销能力都直接影响企业可持续发展，为单向箭头，表示三者对企业可持续发展有着直接影响。图4-1中双向箭头表示二者之间是相互影响关系。由此可以看出，在本书中我们假设集群环境、创新能力和营销能力三者之间存在相互影响的关系。

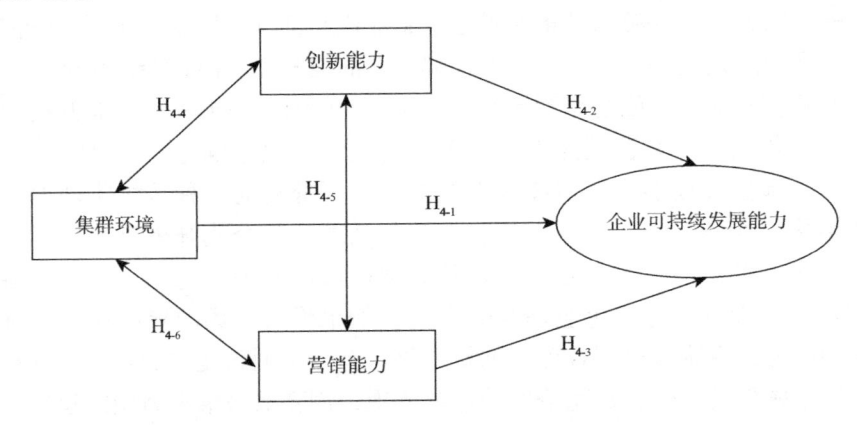

图 4-1 集群环境、创新能力、营销能力与企业可持续发展之间关系的理论模型

### 4.3.3 研究设计

为检验图 4-1 所示的理论模型，本书以成都软件产业集群为样本，通过问卷调查和深入访谈来进行相关数据收集，再通过结构方程模型，采用 SPSS 20.0 和 AMOS 16.0 统计软件对数据进行统计分析，从而检验所提出的假设。调查问卷作为重要数据来源，其质量直接影响到数据的可靠性和真实性。因此设计科学合理的问卷是首要重点。我们从问卷填写的角度出发进行语言上的设计和问题的设置，以便加强问卷问题的理解性和避免歧义，从而增加问卷回答准确度和提高数据可靠性。首先我们通过相关文献的搜索与阅读，找出类似的概念描述及测量问题。对于能够直接采纳的测量项目，为了保证问卷的信度和效度，我们直接采纳；不能够直接采纳的，我们在原文的基础上进行了修改和调整，已有文献对本书起到了参考和支撑作用，使得所调研的问题符合本书的测量标准。其次，我们对企业的前期调研和访谈对问卷设计也起到了很好的支持作用。与企业的深入交流使我们容易发现问卷的不足和缺陷。最后是问卷预测试。在问卷大范围发放前，我们进行了小范围的问卷预测试，以便保证问卷的可靠性，从而及时进行修改，进一步完善问卷的设计，斟酌问卷的表达，以形成最终的正式问卷。由于问卷中需要测量到企业盈利状况，本书剔除了成立时间小于一年的企业，共收到符合条件的

有效问卷 201 份。

1. 集群环境的测度

魏守华等（2010）强调集群环境主要来自产业集群的知识外部性环境、产业内的合作与竞争、上下游产业链的互动和协作。集群环境的重要作用是在一定区域内形成了一个组织生态圈，集群环境形成受到外部环境和内部环境两方面的影响。外部环境是指当地的社会文化环境，以及更加宏观的外部环境。内部环境则是指集群区域内的中观环境。集群内部各组织之间的交流和关系形成了集群复杂的网络结构。因此本书从内部环境和外部环境两个方面来调查企业合作情况、企业间信息交流的程度以及政府支持性行为，以此来测度集群环境对企业的影响和作用。

本书认为集群环境的主要作用包括以下三个方面：①及时获取各种优惠的国家政策，为企业提供了良好的产业链合作机会；②能够通过区域内的有效交流形成知识网络，从而对学习能力、知识外溢等方面起到积极作用；③企业能够获得更多更完善的辅助机构的支持，包括人才招聘、法律、会计、专利申请等方面。集聚效应可以给集群在位企业带来不同程度的影响，从而直接影响到企业的可持续发展。对于集群环境的测量，我们从集群合作关系、集群交流活动、辅助机构支持性三个方面加以测度，具体如表 4-1 所示。

表 4-1　集群环境的测度

| 测度内容 | 具体的题项 |
| --- | --- |
| 集群合作关系 | 集群内上下游等关联企业之间的合作 |
|  | 集群内同类企业之间的合作 |
| 集群交流活动 | 集群环境下政府经常组织交流活动 |
|  | 行业协会经常在集群内组织交流活动 |
|  | 企业会在集群内共同组织交流活动 |
|  | 个人会在集群内发起交流活动 |
| 辅助机构支持性 | 企业在集群内更容易获得政策支持 |
|  | 企业在集群内能够获得外部资金支持 |
|  | 企业在集群内更容易获得中介机构的服务 |
|  | 集群环境下企业更容易获得人才 |

2. 创新能力测度

胡振华和杨琼（2015）认为技术创新能力是保持高新技术产业集群可持续发

展的重要能力，本书也主要从技术创新的角度进行问卷设计。现有文献对创新能力测量一般包括高新技术增加值、专利获得的数量、研发人员的比例、R&D 经费的投入等。高新技术增加值反映了创新所带来的发展速度，而专利获得的数量和研发人员比重可以作为指标来测度高技术增加值（钱锡红等，2009）。Cloodt 等（2006）对美国四个高新技术产业共 1 200 个企业进行了创新研究，他们采用了新产品的开发程度、专利的获得数量、引用的专利数及 R&D 经费投入等指标对创新绩效进行测度，主要指标可以包括：新产品数的情况、申请的专利数情况、新产品产值占销售总额的比重情况、新产品的开发速度情况、创新产品的成功率情况。本书参考了范黎波（2012）使用的对创新能力的测量标准，对于 R&D 投入方面，选择了两个指标，分别是研发强度（R&D intensity，RDI）和 R&D 人员占企业从业人员的比例，从财务支出和人力投入两个角度测度了 R&D 投入。创新能力的测量具体如表 4-2 所示。

表 4-2　创新能力的测量

| 测度内容 | 具体的题项 |
| --- | --- |
| 创新投入 | 我们研发人员数量占员工总数比例很大 |
|  | 我们研究开发投入的费用很多 |
|  | 我们获得了大量的专利 |
| 创新能力 | 我们可以很快地推出新产品或新服务 |
|  | 我们能快速开辟新市场 |
|  | 我们能抢先进入市场 |
|  | 我们能打破竞争对手的垄断地位 |
|  | 我们很注重研究开发投入 |
|  | 我们设立了专门的人员机构采集各种信息 |

3. 营销能力测度

池仁勇和戴丽华（2012）提出随着从卖方市场转入买方市场，营销能力逐渐成为企业可持续发展的关键因素。Porter（1990）提出五力模型，开创了直接将营销能力与公司战略和业绩联系起来的分析范式，借由五力模型将供应商市场竞争力与经销商（客户）市场竞争力作为影响公司竞争力的两大因素，并进一步指出了营销能力对公司利润率及公司战略定位的重要作用，从理论角度肯定了营销能力对公司业绩的影响。营销能力体现了对市场分析的能力以及定价、促销等能力。营销能力强的企业往往有较强的市场开拓和维系能力。

本书借鉴了池仁勇和戴丽华（2012）研究的企业独占性和市场议价能力的评价指标，营销能力的具体测量指标主要包括了企业对市场的重视程度，投入程度，对市场的把握和反应能力，以及根据市场条件和顾客要求，对产品和顾客进行及时调整的能力，能及时应对威胁、支配和控制市场的能力。营销能力的测量具体如表4-3所示。

**表4-3 营销能力的测量**

| 测度内容 | 具体的题项 |
| --- | --- |
| 市场投入 | 我们对产品营销渠道投入很多 |
|  | 我们对营销人员进行了培养 |
| 市场开拓 | 我们能把握市场机会，应对市场变化 |
|  | 我们能寻找到新的市场并较快地进入 |
|  | 我们能获得新的客户 |
| 产品服务 | 我们能为顾客提供他们想要的产品和服务 |
|  | 我们能灵活地根据需求调整产品或服务 |
|  | 对客户的要求，我们能及时响应 |
|  | 我们能锁定客户，进行长期稳定的合作 |

**4. 可持续发展能力测度**

对于企业可持续发展能力，本书通过盈利能力来进行测度。关于盈利能力，大部分都是用财务指标来测量，用毛利率及市场占有率、存货周转率、应收账款周转率、总资产周转率等指标测度。以周转率为例，周转率越大则表明资金利用率越高，未来盈利能力也越强。在本书中，由于样本是成都软件产业集群，集群内企业绝大多数不是上市公司，中小企业比例较大，获取相应的财务数据非常困难，且存在财务数据不规范的问题。为了能使被访对象积极配合问卷的填写以及保证数据的可靠性，本书对盈利能力的测度是通过对企业目前的盈利状态满意程度来间接测度的，而没有使用财务数据来测度。

## 4.4 实证结果及其讨论

### 4.4.1 样本描述性统计分析

（1）样本企业的规模。本书用员工总人数表示企业规模，在201份有效问卷中，员工人数为10人以下的微型企业有43家，约占样本量的21%；员工人数为

10~100 人的为 76 家，约占样本量的 38%，这些属于小型企业；员工人数在 100~300 人的中型企业共 56 家，约占样本量的 28%；员工人数在 300 人及以上的企业为 26 家，约占样本量的 13%。

（2）样本的成立时间分布。剔除了企业成立时间未满 1 年的，68 份样本成立年限在 1~3 年，约占总量的 34%；成立 4~6 年的企业为 83 家，约占样本总量的 41%；7~9 年的为 34 家，约占样本量的 17%；16 家企业成立了 10 年及以上，约占 8%。

（3）样本的产品领域分布。从行业中所从事的类型来看，主要分为行业应用、信息安全、IC 设计、软件外包、数字媒体服务五个方面。从事行业应用的企业最多，总共有 64 家，约占到总体样本的 32%；其次是软件外包 48 家，约占总体的 24%；信息安全的企业 33 家，约占 16%；数字媒体服务的企业有 32 家，约占总体样本的 16%；IC 设计的企业有 24 家，约占总体样本的 12%。

（4）样本年主营业务收入。从 2011 年主营业务收入来看，微型企业，即年营业收入在 50 万元以下的有 43 家，约占样本量的 21%；50 万~1 000 万元的有 72 家，约占样本量的 36%；1 000 万~1 亿元的有 54 家，约占样本量的 27%；1 亿元及以上的企业有 32 家，约占总量的 16%。

### 4.4.2 效度和信度检验

林震岩（2007）提出内容效度取决于测量项目所产生的实际背景。本书所使用的测量项目都参考了大量的文献，对于集群研究的文献也较多，我们使用了一些经典的权威性的文献进行参考，并多次到企业实地调研和访谈，通过反复认证从而达成一致，形成了最终的调查问卷，并在大量发放问卷之前进行了预测试。

为了确定本书是否适合进行因子分析，需要对样本数据进行 KMO（Kaiser-Meyer-Olkin）检验和 Bartlett 球形检验。KMO 值越大，表示变量间的共同因素越多，越适合进行因子分析。一般认为，KMO 的值如果小于 0.5 则不适合做因子分析；在 0.6~0.7 则不太合适做因子分析；在 0.8~0.9 认为很适合；在 0.9 以上则认为非常适合。当 KMO 值等于 0.7，各变量的载荷（loading）均大于 0.5 时，可通过因子分析来将不同变量合并为一个因子；对于 Bartlett 统计值的显著性概率小于或等于 $\alpha$ 的情况，可以做因子分析。这里先对每个项目进行 KMO 检验和 Bartlett 球形检验，并对符合因子分析的项目进行因子分析。

1. 集群环境的因子分析

如表 4-4 所示，KMO 值为 0.896，可以做因子分析，Bartlett 球形检验显著性为 0，小于 0.001，说明数据是相互关联的。因子载荷都大于 0.6 且因子方差累计贡献率达到了 67.412%。表 4-4 显示了集群环境变量的因子分析结果。

表 4-4 集群环境变量的因子分析结果

| 测量条目 | 公因子 1 | 公因子 2 | 公因子 3 |
| --- | --- | --- | --- |
| CLUSTER1 | 0.719 | | |
| CLUSTER2 | 0.705 | | |
| CLUSTER4 | | 0.823 | |
| CLUSTER5 | | 0.816 | |
| CLUSTER3 | | 0.806 | |
| CLUSTER6 | | 0.795 | |
| CLUSTER9 | | | 0.735 |
| CLUSTER8 | | | 0.724 |
| CLUSTER7 | | | 0.713 |
| CLUSTER10 | | | 0.704 |
| KMO | 0.896 | | |
| Bartlett 球形检验 | $\chi^2$: 311.897 | df: 7 | Sig.: 0 |
| 因子方差累计贡献率 | 67.412% | | |

如表 4-4 所示，集群环境量表共提出三个公因子，第一个公因子体现了集群中企业互相的合作情况，包括上下游的合作以及同行业之间的合作；第二个公因子反映了集群中的信息交流情况，包括政府组织、行业协会以及企业或个人所组织的交流活动；第三个公因子涉及的是集群环境给企业提供的支持活动，包括优惠政策、资金、中介服务及人才等所提供的各种支持。

2. 创新能力的因子分析

如表 4-5 所示，对创新能力的 9 个测量项目进行 KMO 检验和 Bartlett 球形检验后看出，KMO 值为 0.796，Bartlett 球形检验表明数据具有相关性，可以进行因子分析。测量条目中 INNO 4~9 可归为一个公因子，直接使用已经成熟的量表，主要反映了企业主动的创新能力，符合熊彼特的创新理论。第二个公因子 INNO 1~3 都是反映的企业创新能力的成果，也是目前大部分文章测量创新能力的标准，具有权威性和普遍性。表 4-5 给出了创新能力变量的因子分析结果。

表 4-5  创新能力变量的因子分析结果

| 测量条目 | 公因子 1 | 公因子 2 |
| --- | --- | --- |
| INNOVATION6 | 0.762 | |
| INNOVATION4 | 0.757 | |
| INNOVATION5 | 0.743 | |
| INNOVATION8 | 0.658 | |
| INNOVATION7 | 0.632 | |
| INNOVATION9 | 0.554 | |
| INNOVATION1 | | 0.815 |
| INNOVATION2 | | 0.804 |
| INNOVATION3 | | 0.794 |
| KMO | 0.796 | |
| Bartlett 球形检验 | $\chi^2$: 257.006    df: 15    Sig.: 0 | |
| 因子方差累计贡献率 | 66.396% | |

## 3. 营销能力的因子分析

如表 4-6 所示，KMO 值为 0.785，Bartlett 球形检验显著，各个测量项目有较好的相互关联性，适合进行因子分析。因子方差累计贡献率为 49.213%，有解释力度。测量条目中 MARKET 3~9 为第一个公因子，主要反映了市场的把握能力及反应能力，从企业本身出发，体现的是企业的竞争力；MARKET 1~2 为第二个公因子，主要是从销售人员的培养及渠道建设出发，体现的是企业对营销的重视和投入。表 4-6 给出了营销能力变量的因子分析结果。

表 4-6  营销能力变量的因子分析结果

| 测量条目 | 公因子 1 | 公因子 2 |
| --- | --- | --- |
| MARKET9 | 0.742 | |
| MARKET6 | 0.709 | |
| MARKET7 | 0.673 | |
| MARKET8 | 0.643 | |
| MARKET3 | 0.543 | |

续表

| 测量条目 | 公因子1 | 公因子2 |
|---|---|---|
| MARKET5 | 0.532 | |
| MARKET4 | 0.494 | |
| MARKET1 | | 0.685 |
| MARKET2 | | 0.546 |
| KMO | 0.785 ||
| Bartlett 球形检验 | $\chi^2$: 242.006 | df: 12 　　Sig.: 0 |
| 因子方差累计贡献率 | 49.213% ||

经过效度分析后，需要进行信度检验来进一步了解调查问卷的有效性和可靠性。量表的信度越高，则表示量表越稳定。可靠性，主要是指数据的可靠性和论证方法的可靠性，是为了检验在同样的条件下，对相同的测量对象得到一致的结论或数据的可能性。利克特量表中比较常用的信度检验方法有 Cronbach's $\alpha$ 系数和折半信度两种。这里我们采用 Cronbach's $\alpha$ 系数进行信度检验。

Cronbach's $\alpha$ 的值在 0~1，随着各项题项间相关系数的增大，$\alpha$ 也会随之增大，但每个维度下应该至少有两个及以上的测量题项才能够计算 Cronbach's $\alpha$ 系数，如果题项只有一个，则信度为 1。本书中对盈利能力的测量只有一个题项，其他维度都为两个及以上。按照 Nunnally（1978）的观点，$\alpha$ 系数为 0.7 是一个可以接受的临界值；$\alpha$ 大于 0.9，信度非常好；$\alpha$ 在 0.7~0.9 为较好信度；$\alpha$ 在 0.35~0.7 为中等信度；$\alpha$ 小于 0.35 为低信度。本书通过 SPSS 16.0 软件对调查问卷中的量表采用 Cronbach's $\alpha$ 系数来进行检验，各变量信度检验结果如表 4-7 所示。

表 4-7　各变量信度检验结果

| 测量题项 | Cronbach's $\alpha$ 系数 | 参考标准 |
|---|---|---|
| 集群环境 | 0.735 | |
| 创新能力 | 0.857 | $\alpha > 0.7$ |
| 营销能力 | 0.761 | |
| 盈利能力 | 1 | |

### 4.4.3　模型的验证性因子分析

本书采用 AMOS 16.0 来进行分析。为了尽量避免采用不正确的测量模型而造成不良结果，Fornell 和 Larcker（1981）认为在结构方程模型拟合度检验之前需要先得到可接受的测量模型。验证性因子分析（confirmatory factor analysis，CFA）模型和一系列的线性方程相联系，与探索性因子分析相比，它虽然也是解释观察变量间的相关或共变关系，但更加侧重于检验假定的潜在变量和观测变量之间的关系。本书中，我们先对测量模型进行拟合度测量，再进行整体模型的评价。

1. 集群环境的验证性因子分析

本书从集群内企业内外环境两个方向进行分析，从企业之间的合作关系、集群内部交流的情况及企业外部得到的辅助机构的支持三个方面设计变量进行测量。用CLUSTER1~10代表10个测量变量，得到集群环境的验证性因子分析模型（图4-2）和集群环境的验证性因子分析模型参数估计结果（表4-8）。

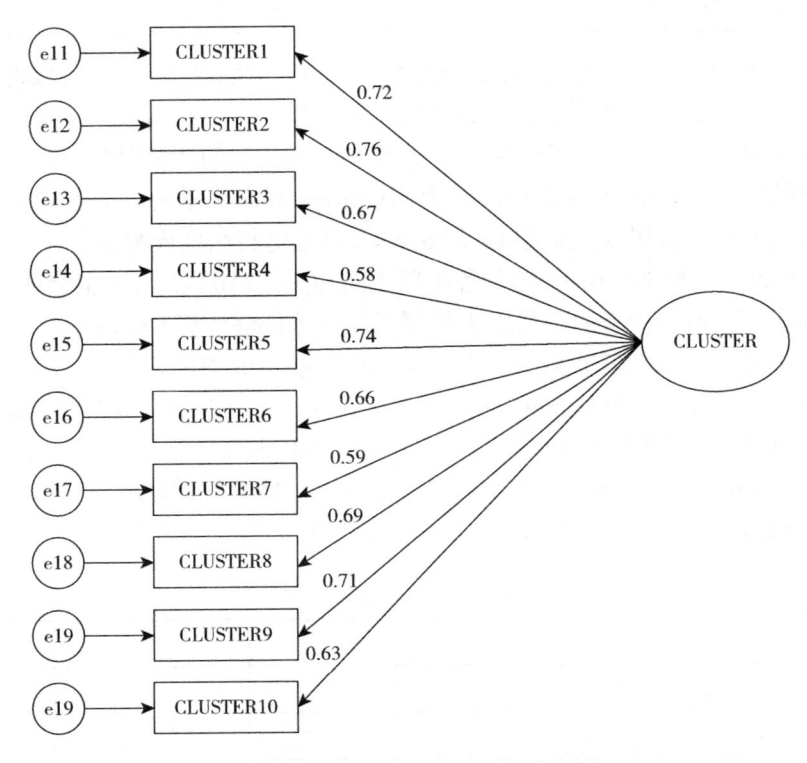

图 4-2　集群环境的验证性因子分析模型

表 4-8　集群环境的验证性因子分析模型参数估计结果

| 测量模型的回归路径 | | | ESTIMATE | S.E. | 标准化的估计值 | C.R. | P |
|---|---|---|---|---|---|---|---|
| CLUSTER1 | ← | CLUSTER | 1.000 | | 0.786 | | |
| CLUSTER2 | ← | CLUSTER | 0.803 | 0.043 | 0.743 | 18.974 | *** |

第 4 章　集群环境与创新活动的实证研究　73

续表

| 测量模型的回归路径 | | | ESTIMATE | S.E. | 标准化的估计值 | C.R. | P |
|---|---|---|---|---|---|---|---|
| CLUSTER3 | ← | CLUSTER | 1.085 | 0.054 | 0.564 | 20.393 | *** |
| CLUSTER4 | ← | CLUSTER | 0.983 | 0.065 | 0.654 | 15.423 | *** |
| CLUSTER5 | ← | CLUSTER | 1.045 | 0.053 | 0.436 | 20.017 | *** |
| CLUSTER6 | ← | CLUSTER | 0.737 | 0.065 | 0.643 | 11.638 | *** |
| CLUSTER7 | ← | CLUSTER | 1.034 | 0.048 | 0.534 | 21.842 | *** |
| CLUSTER8 | ← | CLUSTER | 0.734 | 0.076 | 0.634 | 9.958 | *** |
| CLUSTER9 | ← | CLUSTER | 0.683 | 0.036 | 0.845 | 19.272 | *** |
| CLUSTER10 | ← | CLUSTER | 1.012 | 0.067 | 0.734 | 15.404 | *** |

***P 在 0.001 水平上显著相关

从图 4-2 和表 4-8 可以发现，10 个观测变量的题项因子的标准化负荷值都在 0.58~0.76 且 C.R.（cratical ratio，临界比）大于 1.96，都达显著水平，表明各题项对变量的解释程度较好。表 4-9 表示测量模型的拟合指标，$\chi^2/df$ 的值为 1.922，小于 2，CFI 值为 0.912，大于 0.9，表示拟合度较好，RMSEA 为 0.054，小于 0.08，AGFI 与 NFI 值都大于 0.8，表示拟合优度可以接受。分析结果表明测量模型符合基本拟合标准，可以用于测度。

表 4-9　集群环境的测量模型拟合指标表

| 拟合指标 | $\chi^2$ | df | $\chi^2/df$ | CFI | RMSEA | AGFI | NFI |
|---|---|---|---|---|---|---|---|
| 拟合值 | 38.435 | 20.000 | 1.922 | 0.912 | 0.054 | 0.912 | 0.823 |

2. 创新能力的验证性因子分析

创新能力的量表是在熊彼特创新理论基础上开发出来的，从 9 个方面进行了测量，通过验证性因子分析得到创新环境的验证性因子分析模型参数估计结果，如表 4-10 和图 4-3 所示。可以看出，创新环境的 9 个观测变量中，第 9 个因子的估计值为 0.548，远远低于其他因子的估计值，表明此因子对创新环境的测度不够标准，应删除后再进行分析。

表 4-10　创新环境的验证性因子分析模型参数估计结果

| 测量模型的回归路径 | | | ESTIMATE | S.E. | 标准化的估计值 | C.R. | P |
|---|---|---|---|---|---|---|---|
| INNOVATION1 | ← | INNOVATION | 1.000 | | 0.918 | | |
| INNOVATION2 | ← | INNOVATION | 0.825 | 0.043 | 0.812 | 19.486 | *** |

续表

| 测量模型的回归路径 | | | ESTIMATE | S.E. | 标准化的估计值 | C.R. | P |
|---|---|---|---|---|---|---|---|
| INNOVATION3 | ← | INNOVATION | 1.012 | 0.054 | 0.907 | 19.041 | *** |
| INNOVATION4 | ← | INNOVATION | 1.022 | 0.065 | 0.756 | 16.023 | *** |
| INNOVATION5 | ← | INNOVATION | 0.654 | 0.053 | 0.823 | 12.640 | *** |
| INNOVATION6 | ← | INNOVATION | 0.782 | 0.065 | 0.845 | 12.331 | *** |
| INNOVATION7 | ← | INNOVATION | 0.812 | 0.048 | 0.721 | 17.217 | *** |
| INNOVATION8 | ← | INNOVATION | 0.889 | 0.066 | 0.829 | 13.770 | *** |
| INNOVATION9 | ← | INNOVATION | 0.452 | 0.045 | 0.548 | 10.344 | *** |

***$P$ 在 0.001 水平上显著相关

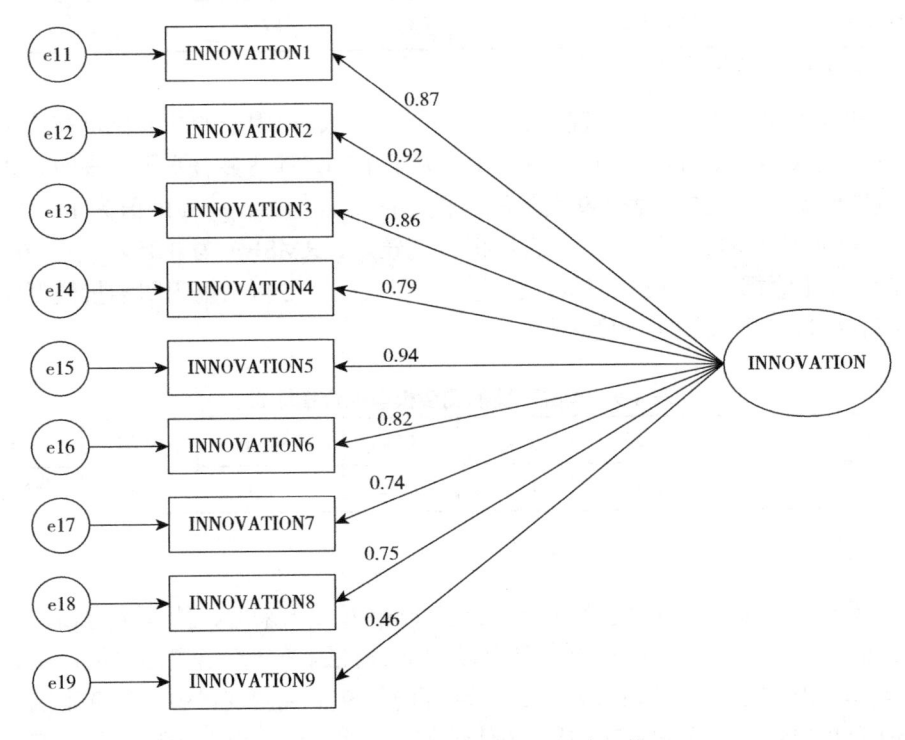

图 4-3　创新能力的验证性因子分析模型

如表 4-11 所示，拟合指标显示中 $\chi^2/df$ 值为 3.087，对 $\chi^2/df$ 值的一般要求为 1~3，这里的 3.087 略高，但可以接受；CFI 的值为 0.943，大于建议值 0.9；AGFI 为 0.812，大于建议值 0.8；RMSEA 为 0.103，普遍认为 RMSEA 的值在 0.5~0.8 拟合度较好，大于 0.1 可以接受，这里的 RMSEA 在可接受范围。总体来看，拟合优度符合要求，测量模型基本符合标准，可以用于创新能力的测度。

表 4-11　创新能力的测量模型拟合指标

| 拟合指标 | $\chi^2$ | df | $\chi^2/df$ | CFI | RMSEA | AGFI | NFI |
|---|---|---|---|---|---|---|---|
| 拟合值 | 43.213 | 14.000 | 3.087 | 0.943 | 0.103 | 0.812 | 0.878 |

### 3. 营销能力的验证性因子分析

我们从市场投入情况、市场开拓情况以及产品与服务是否符合市场顾客的要求等三个方面来测度营销能力，共对九个题项进行测量，得到营销能力的验证性因子分析模型参数估计结果，如表 4-12 所示。

表 4-12　营销能力的验证性因子分析模型参数估计结果

| 测量模型的回归路径 | | | ESTIMATE | S.E. | 标准化的估计值 | C.R. | P |
|---|---|---|---|---|---|---|---|
| MARKET1 | ← | MARKET | 1.000 | | 0.573 | | |
| MARKET2 | ← | MARKET | 0.684 | 0.162 | 0.549 | 4.522 | *** |
| MARKET3 | ← | MARKET | 0.791 | 0.174 | 0.820 | 4.846 | *** |
| MARKET4 | ← | MARKET | 1.034 | 0.177 | 0.666 | 6.142 | *** |
| MARKET5 | ← | MARKET | 1.121 | 0.161 | 0.774 | 7.263 | *** |
| MARKET6 | ← | MARKET | 0.817 | 0.182 | 0.784 | 4.789 | *** |
| MARKET7 | ← | MARKET | 1.213 | 0.170 | 0.668 | 7.435 | *** |
| MARKET8 | ← | MARKET | 0.612 | 0.172 | 0.883 | 3.858 | *** |
| MARKET9 | ← | MARKET | 0.781 | 0.184 | 0.785 | 4.545 | *** |

***P 在 0.001 水平上显著相关

营销能力的测量模型拟合指标如表 4-13 所示，$\chi^2/df$ 的值为 5.818，而可接受值范围是小于 3，这里远远超出了可接受范围；RMSEA 值为 0.154，而可接受值范围是小于 0.1，所以此模型没有达到拟合标准。接下来我们使用 AMOS 分析后，得到图 4-4，MARKET 3 和 MARKET 8 的残差较高，导致此模型的拟合度未达到测量标准。标准化回归系数 MARKET→MARKET3、MARKET→MARKET8，其系数值分别为 0.48 和 0.52，意味着潜在因子对这两个测量指标的预测能力相对较弱，这两个测量指标与其他测量指标的适配性差，尝试删除这两个指标，重新对测量的拟合优度进行检验。

表 4-13　营销能力的测量模型拟合指标

| 拟合指标 | $\chi^2$ | df | $\chi^2/df$ | CFI | RMSEA | AGFI | NFI |
|---|---|---|---|---|---|---|---|
| 拟合值 | 122.169 | 21.000 | 5.818 | 0.928 | 0.154 | 0.813 | 0.952 |

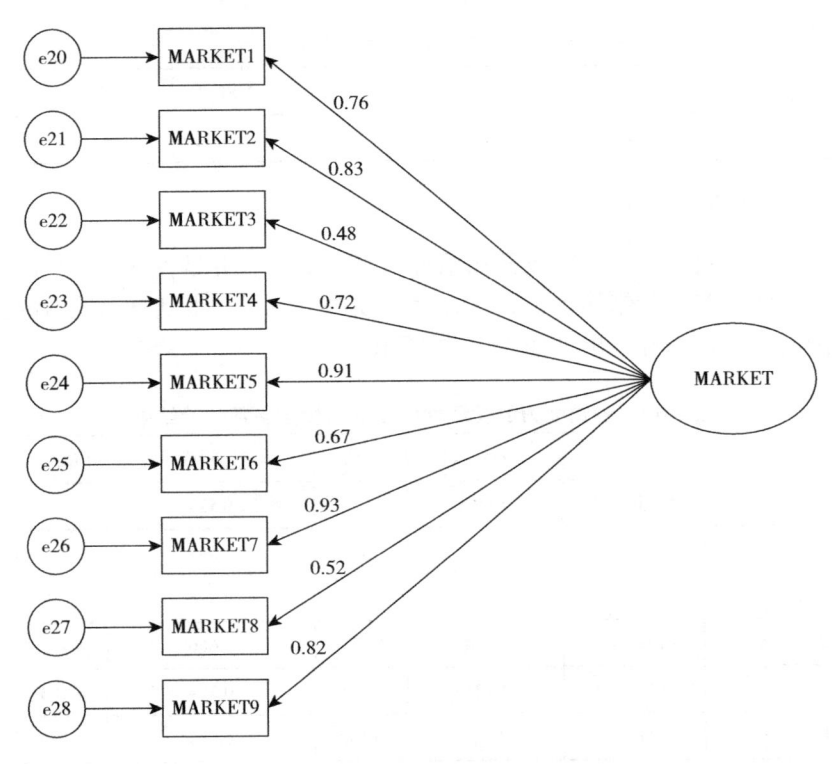

图 4-4　营销能力的验证性因子分析模型

营销能力修正后测量模型的拟合指标如表 4-14 所示。从拟合指标来看，$\chi^2/df$ 的值为 3.729，一般建议值 $\chi^2/df$ 在 1~3，根据侯杰泰等（2004）建议，$\chi^2/df$ 在 2~5 是可以接受的；CFI 值为 0.812，大于 0.9；RMSEA 值为 0.073，小于 0.1，表明拟合度较好。经调整后，各个指标都达到了可以接受的拟合程度，可用于对市场竞争能力的测度。

表 4-14　营销能力修正后测量模型的拟合指标

| 拟合指标 | $\chi^2$ | df | $\chi^2/df$ | CFI | RMSEA | AGFI | NFI |
| --- | --- | --- | --- | --- | --- | --- | --- |
| 拟合值 | 29.831 | 8.000 | 3.729 | 0.812 | 0.073 | 0.724 | 0.864 |

如图 4-4 所示，9 个测量指标中，3 和 8 两项测量指标未通过检验。删除测量指标 3 和 8，重新进行测量模型的检验，整体模型的验证性因子分析如图 4-5 所示。MARKET 的各测量题项的因子的标准化负荷值都位于 0.67~0.92，且 C.R.>1.96，均达到显著水平，表明各个题项对变量的解释程度较好。

4. 模型整体的验证性因子分析

对单个测量模型的验证性因子分析后，我们删除了一些导致残差过大的测量

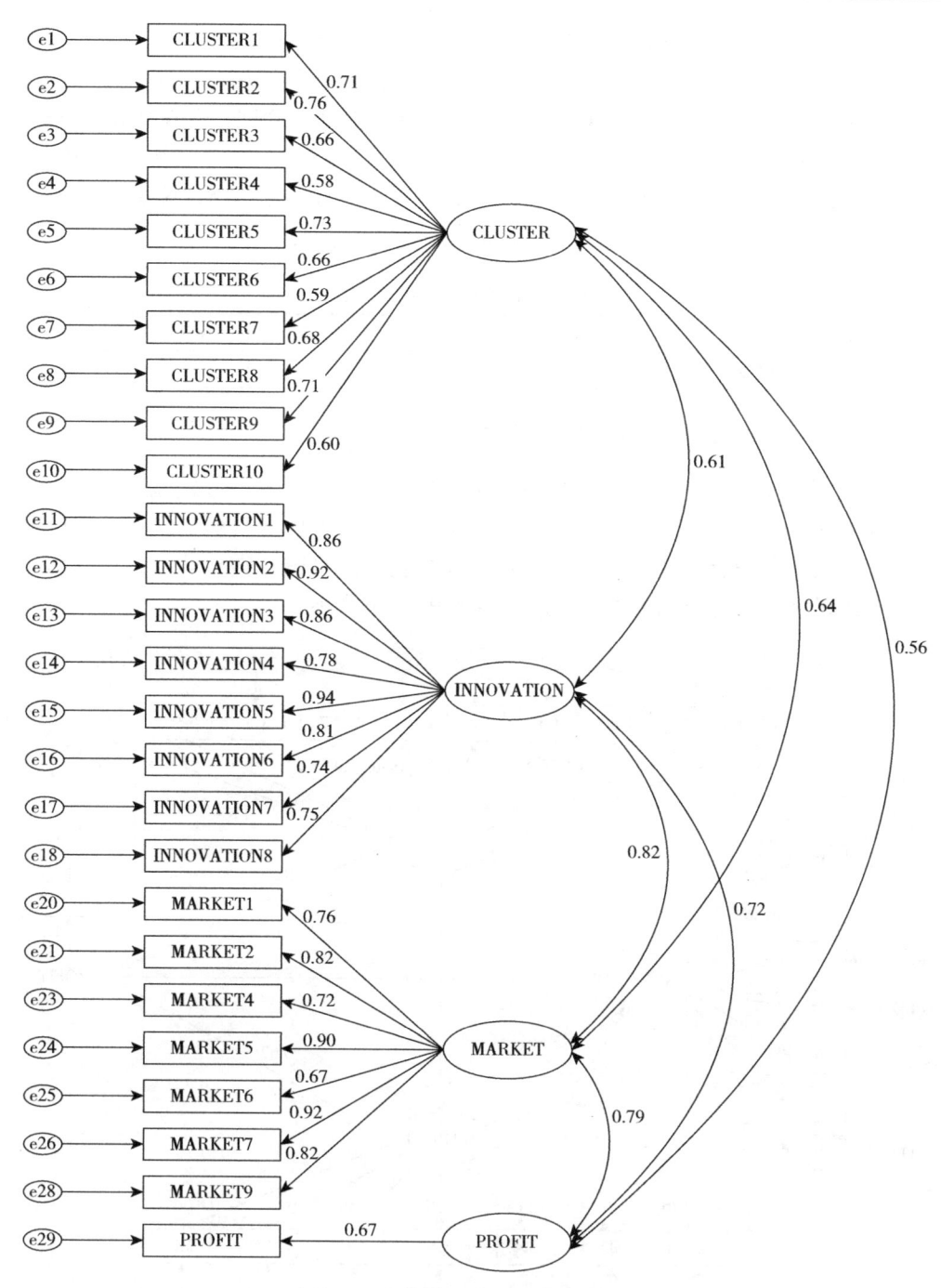

第 4 章 集群环境与创新活动的实证研究

图 4-5 整体模型的验证性因子分析

指标，对删除后符合拟合要求的单个测量模型进行了整体验证性因子分析，检验模型的整体路径是否符合要求。整体模型的验证因子分析拟合指标见图 4-5 和表 4-15。由图 4-5 和表 4-15 可以看出，各个观测变量的因子载荷值都在 0.58~0.92，都达到显著水平，表明各个测量题项对模型的解释程度很合理。从拟合指标来看，$\chi^2/df$ 为 1.370，小于 3 的建议值；CFI 为 0.828，在 0.8 以上但是小于 0.9，可以接受；RMSEA 小于 0.08 的建议值，为 0.034；AGFI 为 0.873，大于 0.8；NFI 大于 0.9，可以接受。整体拟合度显示较好，可以对整体模型进行分析。

表 4-15　整体测量模型拟合指标

| 拟合指标 | $\chi^2$ | df | $\chi^2/df$ | CFI | RMSEA | AGFI | NFI |
|---|---|---|---|---|---|---|---|
| 拟合值 | 434.169 | 316.000 | 1.370 | 0.828 | 0.034 | 0.873 | 0.932 |

### 4.4.4　模型整体的参数估计结果

前面对单个的测量模型独立地进行了验证性因子分析后，分别删除了个别测量模型中影响拟合优度的观测变量，再次进行了验证性因子分析，结果表明可以继续对假设进行整体模型的分析。按照建立的初始路径图，迭代运算，得到结构方程模型的各个参数估计指标，如图 4-6 和表 4-16 所示。

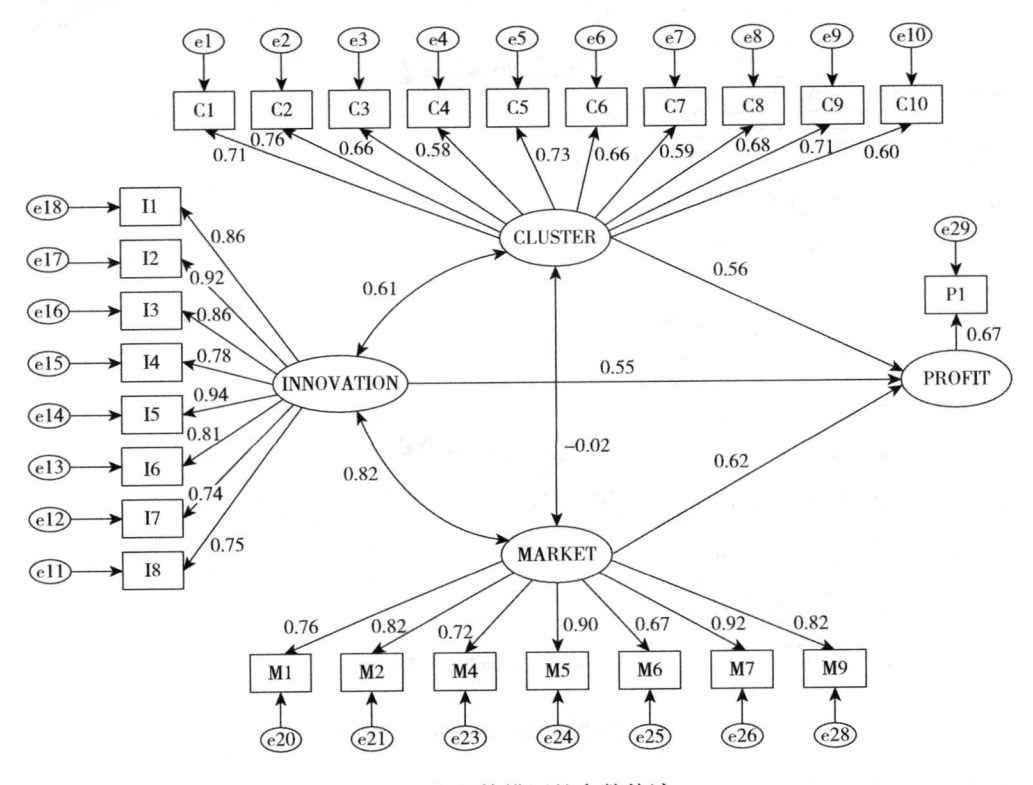

图 4-6　整体模型的参数估计

### 表 4-16　整体模型的路径系数和假设检验

| 测量模型的回归路径 | | | ESTIMATE | 标准化的估计值 | C.R. | P | 检验结果 |
|---|---|---|---|---|---|---|---|
| INNOVATION | ↔ | CLUSTER | 0.712 | 0.609 | 4.817 | *** | 支持 |
| MARKET | ↔ | CLUSTER | −0.020 | −0.008 | −0.143 | 0.773 | 不支持 |
| MARKET | ↔ | INNOVATION | 1.085 | 0.818 | 7.502 | *** | 支持 |
| PROFIT | ← | CLUSTER | 1.045 | 0.436 | 7.435 | *** | 支持 |
| PROFIT | ← | INNOVATION | 0.737 | 0.546 | 7.182 | *** | 支持 |
| PROFIT | ← | MARKET | 1.034 | 0.621 | 8.234 | *** | 支持 |
| CLUSTER1 | ← | CLUSTER | 1.000 | 0.712 | | | 支持 |
| CLUSTER2 | ← | CLUSTER | 0.803 | 0.757 | 12.430 | *** | 支持 |
| CLUSTER3 | ← | CLUSTER | 1.085 | 0.664 | 11.435 | *** | 支持 |
| CLUSTER4 | ← | CLUSTER | 0.983 | 0.582 | 10.453 | *** | 支持 |
| CLUSTER5 | ← | CLUSTER | 1.045 | 0.734 | 19.321 | *** | 支持 |
| CLUSTER6 | ← | CLUSTER | 0.737 | 0.663 | 15.457 | *** | 支持 |
| CLUSTER7 | ← | CLUSTER | 1.034 | 0.587 | 23.439 | *** | 支持 |
| CLUSTER8 | ← | CLUSTER | 0.734 | 0.683 | 21.765 | *** | 支持 |
| CLUSTER9 | ← | CLUSTER | 0.683 | 0.714 | 19.213 | *** | 支持 |
| CLUSTER10 | ← | CLUSTER | 0.712 | 0.598 | 12.943 | *** | 支持 |
| INNOVATION1 | ← | INNOVATION | 1.000 | 0.858 | | | 支持 |
| INNOVATION2 | ← | INNOVATION | 0.825 | 0.922 | 11.347 | *** | 支持 |
| INNOVATION3 | ← | INNOVATION | 1.012 | 0.857 | 12.769 | *** | 支持 |
| INNOVATION4 | ← | INNOVATION | 1.022 | 0.776 | 13.287 | *** | 支持 |
| INNOVATION5 | ← | INNOVATION | 1.054 | 0.937 | 12.463 | *** | 支持 |
| INNOVATION6 | ← | INNOVATION | 0.782 | 0.805 | 15.879 | *** | 支持 |
| INNOVATION7 | ← | INNOVATION | 0.812 | 0.741 | 14.653 | *** | 支持 |
| INNOVATION8 | ← | INNOVATION | 0.889 | 0.749 | 12.657 | *** | 支持 |
| MARKET1 | ← | MARKET | 1.000 | 0.763 | | | 支持 |
| MARKET2 | ← | MARKET | 0.684 | 0.819 | 17.459 | *** | 支持 |
| MARKET4 | ← | MARKET | 1.034 | 0.716 | 15.487 | *** | 支持 |
| MARKET5 | ← | MARKET | 1.121 | 0.902 | 16.874 | *** | 支持 |
| MARKET6 | ← | MARKET | 0.817 | 0.672 | 18.391 | *** | 支持 |
| MARKET7 | ← | MARKET | 1.213 | 0.918 | 14.385 | *** | 支持 |
| MARKET9 | ← | MARKET | 0.781 | 0.824 | 15.857 | *** | 支持 |

\*\*\*P 在 0.001 水平上显著相关

通过表 4-16 可以看出，除了 MARKET↔CLUSTER 未达到显著性要求外，其余各项 C.R.值都大于 1.96，都具有显著性。MARKET↔CLUSTER，P 值为 0.773，表示营销能力与集群环境的相互影响关系没有得到支持。

从表 4-17 可以看出整体测量模型拟合指标。指标显示 $\chi^2$/df 为 1.374，小于建议值 3；CFI 为 0.828，大于 0.8 但小于 0.9，在可接受的范围内；RMSEA 为 0.034，小于 0.08 的建议值；AGFI 为 0.873，大于 0.8；NFI 大于 0.9，可以接受。数据结果表明整体拟合度是合理的。

表 4-17 整体测量模型拟合指标

| 拟合指标 | $\chi^2$ | df | $\chi^2$/df | CFI | RMSEA | AGFI | NFI |
|---|---|---|---|---|---|---|---|
| 拟合值 | 434.268 | 316.000 | 1.374 | 0.828 | 0.034 | 0.873 | 0.932 |

通过以上的实证结果分析，我们总结出以下假设的检验结果，可以看出初始构建的模型中，数据验证了 6 个假设，其中 5 个是成立的，营销能力与集群环境有互补性影响的假设不成立。假设检验结果汇总如表 4-18 所示。

表 4-18 假设检验结果汇总

| 研究假设汇总 | 检验结果 |
|---|---|
| $H_{4-1}$：集群环境对企业可持续发展存在正向影响 | 支持 |
| $H_{4-2}$：企业创新能力对其可持续发展存在正向影响 | 支持 |
| $H_{4-3}$：企业营销能力对其可持续发展存在正向影响 | 支持 |
| $H_{4-4}$：集群环境与创新能力之间具有相互影响关系 | 支持 |
| $H_{4-5}$：企业创新能力与营销能力之间具有相互影响关系 | 支持 |
| $H_{4-6}$：企业营销能力与集群环境之间具有相互影响关系 | 不支持 |

综上所述，可以对整体模型进行分析修订，如图 4-7 所示。

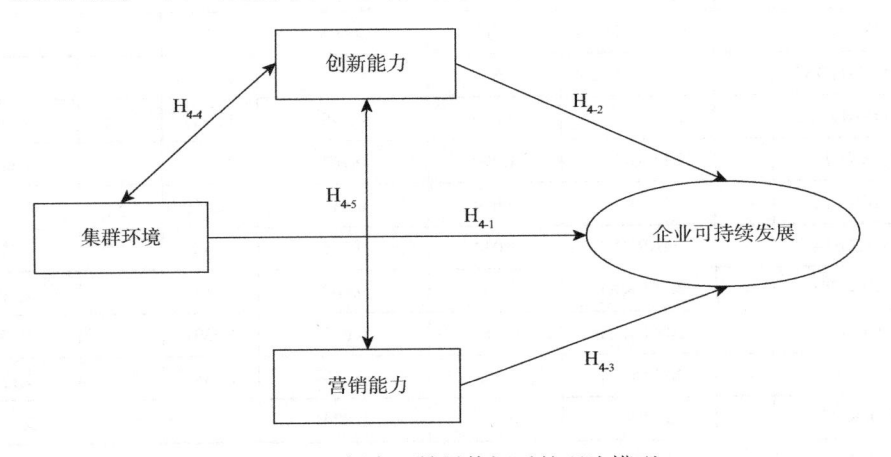

图 4-7 根据实证结果修订后的理论模型

### 4.4.5 结果讨论

实证结果表明，良好的信息交流及企业合作的集群环境与企业自身盈利能力正相关。集群内部本身是一个非常完善的产业链，当企业需要寻找合作时，能够在集群内非常快速容易地寻找到合作伙伴，从而提升企业的快速响应能力。集群系统中各个主体，如大学科研机构、政府、中介组织、行业协会以及客户、互补企业、竞争企业之间往来频繁，从而使得企业能够获得更多的新信息、新知识，尤其是有价值的隐性知识。对于任何一个企业，如何锁定客户即建立和维系长期稳定的客户关系是一个重要问题，集群可以利用其整体的品牌和优势来为企业的客户关系管理提供支持，网络关系的建立也可以对客户的挖掘产生影响，而通过集群内合作企业推荐的方式就可能带来更好的效果。增加创新能力是企业增强盈利能力的重要方式。创新能力强的企业能够获得超额利润，主要是因为技术上的领先性和独占性，而保持这样的领先性和独占性则需要不断地更新知识并提高学习能力，这是一个动态的过程，因此企业应该尽可能维持创新意识和对创新的投入，保持技术上的领先，这样才能保持在盈利上的优势。

本书从市场的投入、市场开拓以及产品或顾客的服务三方面测量了企业的营销能力。对市场的把握与公司未来发展的战略息息相关，只有对市场发展趋势、顾客需求进行准确调研和把握才有可能对企业的产品进行创新和开发，才有可能在市场上占有领先地位，从而在与供应商或经销商的谈判中才具有话语权，具备讨价还价的能力。这种讨价还价能力可以帮助企业有效地降低原材料的成本，或者提高产品的价格，从而获得更多的利润，增加盈利能力。因此，营销能力越强，盈利能力就越强。良好的集群环境形成了有效的信息交流网络，包括知识网络、社会网络。知识网络使集群内的企业产生知识溢出效应，互相学习、互相合作成为可能。社会网络中包括了本地的行业协会、政府机关、中介服务机构、科研机构及高等学校等，使集群环境中蕴藏了丰富的信息与知识资源，促进了企业的创新网络的构建和完善，进而促进了企业的创新能力。当企业受益于这种环境带来的好处时，又会自发地促进这种网络环境的形成，使之更加稳固和完善。如何构建有效的知识网络，形成良好的集群环境是高新技术产业集群发展的重要问题。

对于软件产业而言，创新能力和营销能力之间的确存在密切相互影响关系。市场不但是技术发展过程中的出发点也是其着落点。技术创新是企业创新能力不可或缺的一部分。技术创新是满足市场需求，增加市场竞争力的重要手段之一，市场需求又给技术创新和未来技术发展提供了方向和动力。二者之间的相互促进的关系非常明显。如果企业只偏重于市场营销，投入大量的财力、人力构建完善的销售网络、品牌建设、广告等，但其产品本身没有持续创新，企业只能处于产业链的低端，占领一些边缘市场；如果企业只着重于产品创新而不关注对市场的拓展，可能会造成创新产品超前或者偏离市场需求，得不到市场认可。因此，企业应及时关注市场动态，跟进市场趋势，把握好创新的方向，同时再进行市场营销的建设，有力地将二者结合，形成良性循环，这样才能增强盈利能力。

本书假设高新技术产业集群中，集群环境与营销能力之间存在着相互影响关系。但是实际研究结果表明二者之间没有显著的相关性，即 $H_{4-6}$ 没有得到支持。企业是否处于集群环境与自身营销能力的增加或减弱没有明显关系，分析该假设没有获得支持的原因，可能是高新技术集群中，市场竞争主要依靠的是自身的技术能力或产品好坏，而与企业所在的外部环境没有太大的关系。集群环境可能为企业提供一些有效的市场信息，但并没有对企业自身的营销能力产生非常明显的促进作用。

根据以上实证结果，结合我们的访谈，我们认为目前样本集群存在的问题如下：

1. 孵化器体制不完善，对入驻企业的后期培育欠缺

软件产业中有很多创业创新型的微型企业，对于这些企业，政府提供了大力的政策支持，其中包括进入孵化园的入园计划。我们在对孵化园的一些企业的访谈中了解到，能进入集群内进行孵化的企业必须达到相当的要求，这些要求包括企业自身的规模、注册资本、员工规模、专利数等。达到这些要求的企业本来就有一定的能力，它们表示进入孵化的目的主要是更好地了解国家相关政策和在集群内部能够更有效地寻找合作伙伴。但这些要求可能使一些具有相当的创新性但尚未成熟的处于雏形中的优秀项目流失。

对于进入孵化的企业，目前也没有系统有效的孵化体制。政府的扶持方式相当单一，一般都是减免水电费、房租费、税费等方面的扶持，而没有更进一步的孵化体制。对于在孵化企业，缺乏相应的后期服务，或者说缺乏能够对企业进行战略规划、员工培训、发展指导的服务类企业，也说明集群内部目前的企业类型不够多样化。而从复杂理论角度，我们知道系统组织的多样性是复杂系统的重要特征之一，也是系统能够对环境产生适应能力的重要前提条件。

从实证结果中可以看出，目前集群的外溢效应主要体现在研发创新方面，但企业作为一个复杂系统，其生命周期的全过程都会产生很多的风险，可持续发展是一个复杂过程，其中企业管理包括组织结构、人力资源、客户关系管理、财务管理等任何一个方面的缺失都将会对企业产生致命的影响，而集群整体效应对企业全面管理水平的提高并没有体现出明显的作用。从这个角度可以看出，目前集群的集聚效应还具有很大的局限性，也就是说，集群外部效应体现的地方或方面还非常有限，没有形成更多 Marshall（1890）所提到的"空气中都弥漫的氛围"。这说明目前成都软件产业集群还需要在软环境培育上努力，特别是应该考虑如何

提高企业的经营管理能力，正如实证中所提到的营销能力。

2. 风投、人才机构等服务性中介机构发展不够完善

较活跃的资本市场能够解决企业发展过程中的资金、培训等一系列的问题。有效的资本运作能够促进企业联盟、转让、交易、参股、重组、控股等行为，使资源有效配置达到最大限度的优化。资本市场发展不够最先体现在风险投资不足上。风险投资的加入能够使企业更加快速和成熟地发展，是推动经济增长的重要手段。更重要的是，风险投资的加入不仅仅对资金投入有所帮助，也能对企业的管理水平、资本运作、市场信息等各方面起到促进作用。风险投资的过程是一个孕育企业，发展企业的过程。高技术产业发展初期的普遍现象便是习惯过分关注技术层面和产品层面，而忽略管理水平、制度建立等其他方面，风险投资的进入能有效地帮助企业规避这些短板。

我们访谈中的软件产业是高新技术的典型产业，具有高新技术产业的共同特点，很多企业有一些创新能力但是得不到资金上的支持而流产，有些企业拥有好产品但是没有足够的资金做市场开拓，最终也没有从创新的产品中获利。这种情况打击了一部分充满激情、充满创意的年轻创业者的积极性。资金对于任何一个企业来说都至关重要，但如何能够给企业提供得到资金的机会却是一个严峻的问题。银行信贷和信托公司这种标准的流程已经远远不能满足当下企业发展的需求。企业自身积累资金发展限制了很多企业的发展机会，并且这种方式没有有效地发挥财务的杠杆作用，并没有使资源利用最大化。目前风险投资、融资方面对集群发展的促进作用非常小，远远不能满足集群的发展。

3. 盈利模式单一，抗风险能力不高

这里的盈利模式单一，主要是从企业个体来说，很多企业只依赖于某一项技术或一项产品或某一种成本来盈利，有些小微型企业靠享受国家的优惠政策得以存活，但当发展到一定阶段，不能再继续享受优惠政策时，便失去了盈利能力。有些企业以低劳动力成本作为盈利的唯一方式，一旦受外部环境的影响，劳动力成本普遍提高后，如果再加上优惠政策的取消，这些企业就将面临被市场淘汰的命运，部分企业则是只依靠软件外包存活，一旦分包企业经营状况不佳，则没有了客户来源，因此充满了不确定性。这使得从事软件行业的小微型企业的存活和发展带有偶然性，部分创业者带着侥幸心理而没有立足于长期可持续的发展模式。前面提到软件行业中员工流动率高这一特点，高技术产业中员工代表着创新的思想源泉和核心的技术能力，掌握核心技术能力的员工对企业的发展和企业竞争力影响巨大，如何能够保持员工对企业的忠诚度，如何寻聘到企业需要的人才，这一系列问题使人才招聘、专业人才寻聘、猎头公司等中介机构的存在显得非常重要。

4. 对政府扶持依赖性太强

成都高新技术产业集群通过政府的大量招商引资、政策支持及税负减免吸引了很多外资企业。全球 500 强已有过半企业落户成都。这有效地刺激了当地经济和当地企业的发展，这些企业与本地企业形成了有效的知识网络，形成了知识外溢，本地企业会感受到国际竞争的压力从而更好地实施创新能力和学习能力。但大量外企的拥入，也会给本地企业带来巨大的挑战，特别是部分竞争力不够强的本土企业。这些外企的进入能否对集群产生溢出效应，是否带动集群的创新，是否能够形成有效的知识网络，目前并没有确定的答案。处于集群中的企业，或多或少地享受了很多政府的优惠政策，政府扶持力度大，对政策依赖性往往更强。中小企业税负减免、免租金，大量的企业希望能够入驻技术园区，以便更多更及时地了解到国家政策的变化。很多企业在享受了政策后，能够有一定的盈利能力，尽管集群内处于孵化阶段的企业很多，但孵化成功的企业却少之又少。很多企业成长到一定阶段后，不再能享受到国家政策时，便失去了继续生存的能力，转而重新注册开始一家新的企业，以新企业的身份继续享受国家政策，这大大地浪费了国家资源，也增加了内部消耗，丧失了国家扶持政策的初衷。

## 4.5 小　　结

本章对集群企业创新能力和盈利能力进行了实证研究，以成都软件产业集群为样本，通过实地调研包括问卷、访谈等实证研究方法，采用结构方程模型研究了集群环境、企业创新能力及企业营销能力对集群企业盈利能力的影响程度，以及集群环境、创新能力和营销能力之间相互影响的互补关系。实证结果表明，集群环境对企业盈利能力有着正向影响，与企业创新活动也存在相互影响，但它对企业营销能力并没有显著影响。本章还根据实证研究指出了集群目前存在的问题，主要包括：孵化器体制不完善，对入驻企业的后期培育欠缺；风投、人才机构等服务性中介机构发展不够完善；盈利模式单一，抗风险能力不高；对政府扶持依赖性太强。

# 第5章　集群创新的网络治理

第4章我们采用结构方程模型研究了成都软件产业集群的集群环境对企业可持续发展的影响，以及集群环境对企业创新和企业营销能力的影响程度。实证研究表明，集群环境对企业创新活动有显著的影响，同时实证结果也显示集群对内部企业在营销、市场开拓等活动方面没有显著的影响，存在诸如组织类型单一、盈利模式雷同、抗风险能力低、对政策依赖程度太强等问题，这些都将在不同程度上影响集群可持续发展。

现有的创新型集群并不真正具备持续创新的内在动力，由此我们提出要在目前政府行政治理和市场治理的基础上，需要寻找新的治理方式，来促使集群创新内生机制的形成，使其更加符合创新本身的规律和特点，引导创新成为集群企业自组织活动。集群只有形成内生创新驱动力，才能够成为集群的核心竞争力，因为政府政策具有很强的模仿性，这也是我国目前普遍存在的问题，不同地域的政府为吸引企业往往会在政策上相互攀比和竞争，但是无论是政府还是企业都需要认识到行政治理的优势和劣势，特别是行政治理对于创新活动的局限性。鉴于前面我们对集群网络治理的分析，本章在实证研究的基础上，将对成都软件产业集群创新的网络治理进行更加深入的研究。

进行网络治理需要先分析成都软件产业集群创新网络的特点。本章的研究重点是产业集群创新的网络治理模式。鉴于集群是一个复杂适应性系统，地理的接近使得集群各组织之间的关系网络相互交织，错综复杂，而且各主体之间的联系又是动态变化的，所以很难通过传统的访谈和问卷方式来确定每个企业的所有联系，这为传统的实证研究方法带来了很大的困难，因此本书借鉴复杂网络中的仿真方法来进行集群创新网络分析。此外，由于集群创新的形式很多，这里我们以软件产业集群比较典型的产学研合作创新为代表，结合对集群产学研合作创新中存在问题的进一步调查，从组织学习理论出发，采用复杂理论中的阈值模型和仿真方法探讨集群创新环境的治理方法，然后提出集群创新的服务平台网络治理模式。

## 5.1 集群创新网络的仿真研究

本小节我们先介绍数据的收集及处理过程，确认受访者参与的范围，以保证获得数据的信度和效度，并运用 Matlab 软件生成网络分析所需的矩阵，随后，对样本集群的创新网络统计特征进行分析。本书采用欧几里得距离（Euclidean distance）结构等价性的分析方法进行结构相似性测试和中心度测试。利用仿真模拟的方法有利于探索产业集群创新网络的特征，观察网络的性质，部分弥补实证研究过程中对创新绩效和开放创新的网络因素研究的不足，从而为集群创新的网络治理提供比较的实证基础。

### 5.1.1 集群创新网络的拓扑结构

本书基于样本集群不同群体成员创新合作行为来收集仿真的网络数据（Burt and Schøtt，1985）。网络数据的准确性对于仿真研究具有关键性作用。本次研究的受访者主要是企业负责人以及集群内创新合作其他主体，特别是各企业研究部门和大学产学研的负责人，还包括政府负责人和监管部门负责人。本次调研主要选择问卷和访谈的方式来获取关于集群创新合作网络的基本信息和数据。根据实证数据，我们认为目前成都软件产业集群内的创新合作网络结构更加符合无标度网络特征，无标度网络的特点是度分布呈幂律分布，因此采用复杂网络中的无标度网络算法对集群创新网络进行仿真模拟。我们运用 Matlab 构建了一个网络规模为 214 的有向加权网络，并运用 UCINET 社交网络分析软件分析网络数值矩阵的统计特征。

### 5.1.2 创新网络的统计特性

1. 结构等价性

网络结构包括参与者的关系位置和角色的研究（Krackhardt and Porter，1986），对于观察和提高网络绩效至关重要。本书中网络层面的分析主要是网络的聚合效应对开放式创新活动的影响。结构等价性测试是对集群创新网络分析的内容之一，它主要是探索创新网络中各参与者之间的角色关系是否一样。结构等价性的数学条件是网络中的所有参与者处于同等角色。其定义如下（罗家德，2005）。

节点 $i$ 与 $j$ 是结构等价的，当且仅当对网络中所有的行动节点 $k=1,2,3,\cdots,n$（$k\neq i,j$）和所有的关系 $r=1,2,\cdots,R$ 而言，如果 $i$ 指向 $k$，则 $j$ 也指向 $k$；同时，如果 $k$ 指向 $i$，则 $k$ 也指向 $j$。

但是现实中很少有所有节点完全等价的网络。因此，测量网络的结构等价性

## 第 5 章 集群创新的网络治理

相当于研究所有参与者的角色相同地位程度。本书运用欧几里得距离度量结构等价性的测量单元，欧几里得距离计算方法为

$$d_{ij} = \sqrt{\sum_{k=1}^{g}\left[\left(x_{ik} - x_{jk}\right)^2 + \left(x_{ki} - x_{kj}\right)^2\right]} \quad (i \neq k, j \neq k) \quad (5\text{-}1)$$

一般而言，数值越小表明节点间的结构等价性越高，当两位参与者具有结构等价性时，其欧几里得值为 0，即两个节点扮演类似的角色。本书使用 UCINET 6 进行欧几里得分析，如表 5-1 所示，对量表进行 α 值计算的结果为 0.785。欧几里得距离分析表明，网络中各节点的结构等价性程度很低，在行动者之间的对角线距离并不存在，其原因在于网络规模庞大，另外，网络的稀疏性也是这种结果的影响因素。该指标说明在集群创新网络中各企业和组织存在很大的差异性，扮演着不同的角色。

表 5-1 集群创新网络相关指标的测量

| 指标 | density | No. of Ties | Std. Dev. | Avg Degree | α |
|---|---|---|---|---|---|
| 数值 | 0.021 | 1 548 | 0.168 | 4.524 | 0.785 |

2. 网络密度

从表 5-1 可以发现，集群创新网络的网络密度（density）为 0.021。网络密度体现了网络中各节点现有的连接数与可能有的连接数之比。当它为 0 时，所有的关系或连接都不存在，当它为 1 时，所有的节点相连接。该密度表明集群创新活动并不频繁，并且网络中的行动者之间共享与研究开发相关知识和信息的程度不高。仿真结果说明由于开放式创新活动不是很活跃，所涉及的集群企业很少。

为了正确了解网络内的联系，需要对参与者进行级别区分。本次的数据用于计算不同参与者之间的联系，网络的密度用于测度整体网络之间的联系，并且其联系在网络中能够被识别。除了计算分区数据存在的联系外，为了更加明确网络中的活性联系，本书淘汰了所有的非活跃联系即数据集中所有的"0"关系。样本集群创新网络的参与者之间的联系从集群的核心层面跨越到外围层面。

集群的核心层是企业所在的地理空间位置，外围层则是集群所处的城市或区域等较大范围。大量的合作或者联系聚集在中心部分，表明地理上的邻近有利于集群中各企业之间的互动。此外，网络内的企业等组织有着更大的度也表明它们是创新方面的领导者或拥有其他组织所需的特殊技能和资源。通过网络分析也发现，为了达到创新目的，大多数集群参与者转向与网络中其他参与者建立联系。计算结果表明整个网络内有 49 个活跃节点。活跃的参与者表明网络中并非所有的参与者之间相互合作。由于创新活动为高风险的研究和开发活动，较小的公司会更加倾向寻找成本较低的创新活动。

从前面实证研究也可以看出，集群环境对企业创新存在显著的影响，集群内

的企业之间、企业与研究机构之间的互动有助于创新活动的开展。参与者之间相互作用的能力促进了各类小团体的形成，相比于较大的网络，这种小团体或子网将更有利于培养信任和理解。基于这样的事实，参与者倾向于与他们所熟悉的参与者合作，由此在小团体内部可以对一些风险和冲突进行更加有效的控制或缓解。

### 3. 关系强度

这里我们主要研究集群创新网络中的关系强度。本书运用 UCINET 社会网络分析软件中强关系分析来研究网络中参与者之间的关系（Granovetter，1983）。G-传递值是研究特定网络中各种参与者是否存在强关系的基础或测量单元。Granovetter 强关系测试后的结果表明，尽管网络中参与者之间存在联系，但是参与者之间不存在强关系。这归因于研究矩阵不显示任何 G-传递性值。G-传递值用于研究参与者之间的强关系。例如，如果创新社交网络中企业 A 与企业 B 公司之间有强联系，那么这两个参与者可能会共享一些共同的参与者的弱关系。

### 4. 嵌入程度与结构洞

嵌入程度用于研究集群参与者是如何嵌入本地创新网络的。参与者往往会集中围绕在一些大节点周围，这些节点一般是创新领域的领导者，它们可能是集群中的焦点企业、研究中心或者大学。为了分享由创新网络而产生的社会资本，网络参与者需要有充分的互动。因此，参与者共享信息和知识可以促进创新的服务和产品的发展。此外，集群企业享有的社会资本作为一个特定社会网络的一部分，对其他企业的创新也有显著的影响。例如，当一个企业通过与高校合作创新方式获得成功时，其行为就可能产生外溢效应，成为企业选择同样途径进行创新的范例。

从参与者享有的链接或关系的数量可以看出，有较大节点的参与者享有更多的社会资本，表明这些参与者具备需要的技能和专业知识来利用创新联盟所产生的社会资本。另外，网络内还存在一些桥梁，负责连接其他参与者与有较大节点的参与者，这些桥梁都为集群网络中的小节点，如小微企业提供了一定的机会，使得它们能够享受到集群的公共资源或外部效应。这种桥梁可能是某种第三方机构，如政府机构、监管部门、消费者标准法规中心等。

同时，企业享有社会资本的差异还可以用结构洞加以解释。结构洞是指网络中两个不同参与者之间的差距（Burt，1995，2000，2004）。尽管被认为有合作关系，这些参与者在创新社区中的嵌入性并不强，这可能是由于与其他参与者之间的邻近性问题。这种类型的网络并没有充分利用社会资本来达到平衡状态，因此结构洞的存在使得信息、知识和技术转让遇到较多障碍。虽然有一些社会学和人类学方面的学者支持 Burt（2000）的观点，利用桥梁的中介作用弥补参与者之间的差距，但是这种结构性差距仍然面临着许多独特的挑战，主要针对充当桥梁的企业或参与者的邻近性和组织结构，包括有多少其他参与者来弥补这一差距、什么样的沟通机制等。沟通在管理复杂创新网络中起着极为重要的作用，参与者之间沟通间隙会影响过程的平稳过渡（Ackah et al.，2016）。在本书中，从仿真得到的集群创新网络的拓扑结构来看，集群创新网络存在相当数量的结构洞，由此说明集群中的信息沟通仍然局限于一些小团体，而没有真正从集群整体层面达到信息的畅通。

5. 网络中心性

衡量网络的中心性使我们能够确定哪些节点或参与者在交流和信息共享方面具有更大的影响。具有最高或相对高的中心价值的参与者是网络中最有影响力的。网络中心性通常包括度中心性（degree centrality）、亲近中心性（closeness centrality）和介数中心性（betweenness centrality）（罗家德，2005）。虽然中心性是在网络分析中的基本测量概念，但是在网络中它没有明确的测量方式。很多文献都采用了 Freeman 和 Bonacich 方法来测量网络的中心性（Wasserman and Faust，1994；Hage and Harary，1991），本书也运用 Freeman 方法来测度创新网络的度中心性。

单个节点度中心性就是节点关系数量的总和，而网络度中心性则表示一个网络中度中心性最高的节点与其他节点度中心性的差距。差距越大，网络整体度中心性数值越高，表明网络权力越集中。Freeman 方法基于网络中参与者的度和总体集中度来测量网络的中心地位。网络中参与者的度显示了参与者接受的或者共享的关系数量是如何影响参与者的。例如，在一个创新的网络中，如果参与者 A 拥有比网络中其他参与者更多的连接或者关系，那么就会有更多的途径来进行与其他参与者的知识传递和信息。参与者更高的中心度表明它在网络中具有更多的权力。本书利用 UCINET 计算集群创新网络的中心性，结果显示，网络出度中心性为 0.363，入度为 0.345，表明这一网络还是相当集中的。

## 5.1.3 对集群创新网络治理的启示

集群网络特性对于寻找改善双方合作与协作的网络治理思路至关重要。本书以成都软件产业作为研究样本，运用问卷和访谈的方式收集集群开放式创新相关的合作与协调活动参与者的数量，其中开放式创新活动的范围包括产业集群企业间内部的合作与外部的合作。此外，本书根据受访者的回应，采用仿真方法构建了集群创新网络，并对数据进行转换以获得所需的矩阵，然后通过 UCINET 社会网络分析软件对创新网络特征进行分析，使用网络密度来研究整个网络中的关系和凝聚力，运用 Granovetter 强连带分析研究创新网络中的各种参与者之间关系的强度。由于不存在 G-传递价值，集群创新网络没有显示任何强连带的迹象。此外，还研究了网络的度中心性，为识别网络中参与者的能力和影响力提供了理由。网络分析的结果表明网络存在能力分布不均匀、路径较长及结构洞等问题。研究结果显示，强化信息和知识的流动和转换可以提升产业集群开放式创新的绩效。

虽然参与者之间有某种程度的关系或相互作用，但是研究发现参与者之间还是存在很多的差距。网络中存在大量的结构洞。参与者之间的差距影响了行动者之间信息和知识的传输，会影响创新绩效。尽管存在机制和机构尝试去弥补这种差距，但是仍然没有产生预期的结果，这也从一个侧面表明对创新的行政治理和市场治理绩效并不是特别有效，因此需要寻找新的集群创新治理模式。这些都为后续我们采用网络治理方式提供了基础，即如何通过网络治理方法来改善现有集群的创新网络拓扑结构。

相对于具有正式的组织理论或者特定法则的公司治理来讲，网络治理是通过参与者的相互信任、理解和共同遵守的规范来以非强制的方法进行治理。此外，网络治理还依靠集体行动和奖励来进行保障和实施。实证研究发现，企业在与个人或其他参与者合作时，会共享某些社会规范，但这些社会规范是一把双刃剑，可以对网络治理绩效产生正面或负面影响。

从集群创新网络结构和特性可以发现，在处理网络结构洞的情况时，可以考虑通过一些独立的组织或机构来完成。这些机构可以由那些不属于任何创新网络组织中的独立成员组成。企业内有很多的社会互动，因此成立这种独立机构可以促进参与者之间的合作，但是如果有熟人加入进来的话，就会影响机构的独立性，因为当熟悉的参与者引发利益冲突时，有很多社会关系的人们在履行其职责时可能会有所犹豫。利益冲突通常会影响整个网络的工作过程，有可能导致无法实现其目标。此外，参与者应提供必要的激励机制与现有的支持机构进行合作。本书还发现，企业与一些配套机构的关系相对疏远，如消费者协会等，因此可以考虑提供一些激励和奖励政策，以促进企业与这些机构的合作。

参与者之间的社会互动对双方内部组织创新绩效有正向的影响。代理商之间的持续互动也能促进双方的信任。既然他们之间的交互作用会影响知识和信息的共享，那么就应该有一些能汇集不同参与者和企业的共同点的活动，这对于集群的聚合效应有显著性影响。由于参与者之间相互信任，网络中信息共享将会逐步改善，其中信任是维持可持续性的关键因素，所以维持网络信任至关重要。相比于市场治理和层次治理，网络治理能够有效增加信任程度。网络内部的信任可以促使网络参与者共享网络所带来的各种利益。

网络中参与者的相互依存和集体行动是创新绩效的关键。Powell（1990）认为，网络治理依赖于所有的参与者的集体投入。既然每个参与者依靠其他参与者来维护和发展可持续创新网络，那么可以利用这个机会来管理网络活动，网络中参与者之间足够社会互动的存在是集体决策和思考的基础。参与者可以建立自己的社会规则和规定来影响网络中其他主体的活动。当每位参与者都有一定的权力来制定、规划和实施其所认知的规则时，就可以在一定程度上消除利益冲突和权力滥用。而违背了集体规范和责任的参与者就会被社会群体所淘汰，以此来起到威慑作用。

## 5.2 集群产学研合作创新现状及问题

产学研合作模式一直是集群开放式创新的普遍形式，也是学术研究重点课题。在实践中存在各种各样的合作模式，包括技术转让、委托研发、合作开发和合资公司等形式。每种模式的应用及其风险以及利益分配都不尽相同。前面我们通过计算机仿真对集群整体创新网络的拓扑结构以及相应的特点进行了分析，这种仿真研究是实证研究的方法之一。为了更深入地了解集群企业创新存在的问题，我们还特别针对集群中最普遍的开放式创新方式即产学研合作创新的绩效和存在问题进行了调研。成都软件产业集群中绝大部分是中小企业，它们在与以高校为代表的研究机构的合作创新中面临的最大问题是什么？这一问题的发现将有助于后面具体网络治理方式的探讨，也为网络治理提供目标和方向。

### 5.2.1 产学研合作创新现状调查

本书采用实地调研的方法（包括问卷调查和深度访谈）来探究影响校企合作的因素和合作绩效。其中问卷调查对象包括高校和企业相关人员，根据成都软件产业集群的实际情况，我们对其中的中小企业进行了特别关注。为了更加准确地获得受访者对各种问题的回答，我们采用了实证研究中的利克特量表进行问卷格式设计。另外，我们还对研究者和来自企业和高校的专家进行了专访。访谈过程有助于附加信息的收集，这些信息在调查表中难以获取。我们从成都的各大高校和集群企业分别搜集了 155 份和 365 份问卷。此外，调查访谈了 35 名来自不同企业的项目经理、5 所高校的 34 位教授，进一步探寻校企合作成功或失败的原因。

由于校企合作的成功需要双方共同合作，在调研中我们一般是将同一个问题呈现在企业和学校两个问卷中，然后对比两份调查结果，以期发现存在的问题，从而更好地进行治理。在所采用的问卷中，分值越低表示重要性越低。"1"代表非常不重要，"2"代表不重要，"3"代表不太重要，中间值"4"代表一般，"5"代表有点重要，"6"代表重要，"7"代表非常重要。

Q1：目标明确对校企合作的成效有多大影响？

如图 5-1 所示，校企双方对目标明确的重要性认同度还是比较相近的。来自高校超过三分之一（34%）的调查对象认为，目标明确对校企合作的成效的重要性一般。值得注意的是，18%的高校教授甚至认为，目标明确不太重要，这就意味着，研发活动往往具有高风险，会带来一些不可预知的后果。与高校调查对象相反，36%的企业调查对象认为目标明确非常重要。

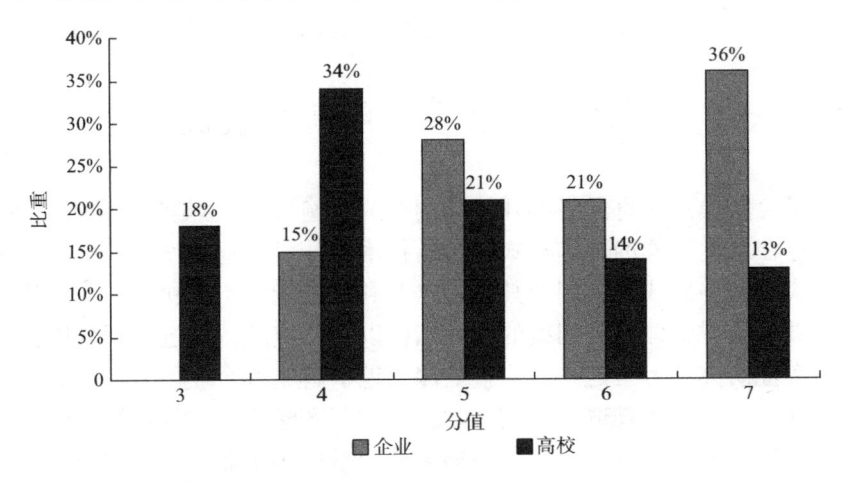

图 5-1　Q1 的调查结果比较（企业 vs 高校）

Q2：全面详细的合同对校企合作的成效有多大影响？

图 5-2 对比了企业和高校对问题 2 的问卷调查结果。结果表明，在合同全面性对校企合作成效的重要性认知上，双方也有着大致近似的意见。约三分之一的调查对象认为合同全面对校企合作有点重要（学校 30%，企业 29%）。然而，仍有约三分之一（32%）的高校教授认为合同的重要性一般，但却有 41%的企业调查对象认为合同对最终成效发挥重要作用。该结果意味着，尽管高校和企业都认为合同对校企合作很重要，但其对合同的理解可能有所不同。

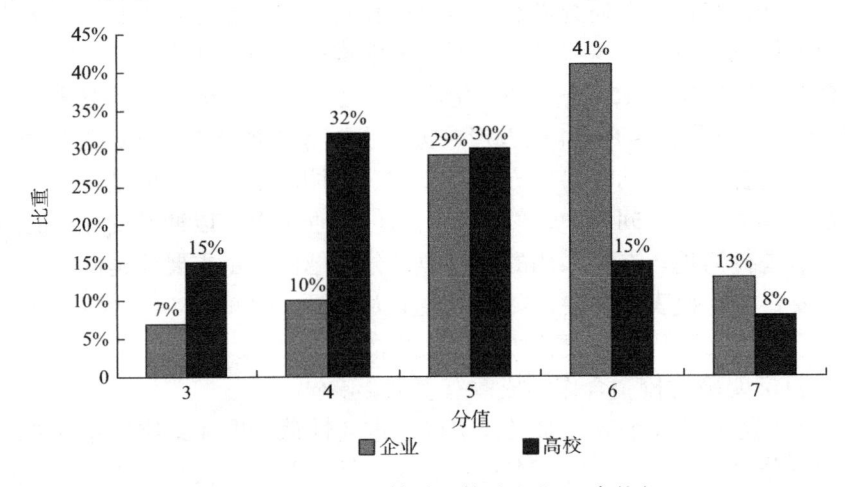

图 5-2　Q2 的调查结果比较（企业 vs 高校）

## 第 5 章　集群创新的网络治理

**Q3：良好、有效的沟通渠道对校企合作的成效有多大影响？**

如图 5-3 所示，绝大部分调查对象认为良好的沟通渠道对校企合作有重要作用。尤其是 34% 的企业调查对象认为，沟通是校企合作成效最为重要的因素，接近二分之一给分在 6~7 分的高校教授认为，沟通渠道对校企合作项目最终取得成功有着重大影响。

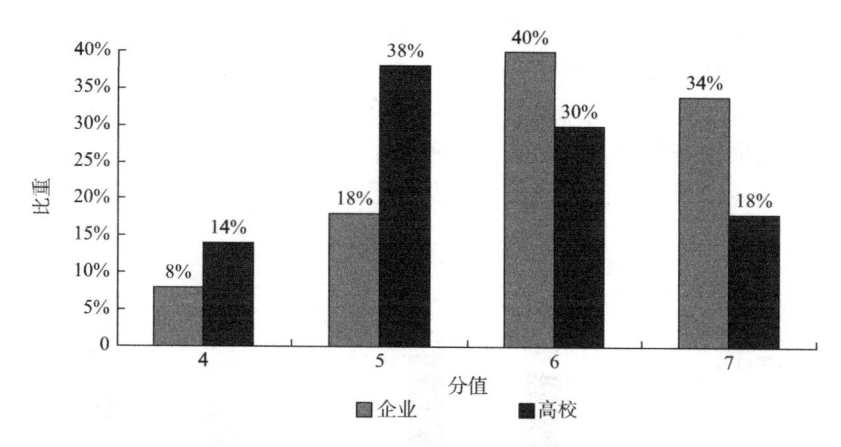

图 5-3　Q3 的调查结果比较（企业 vs 高校）

**Q4：阶段性目标清晰、明确对校企合作的成效有多大影响？**

如图 5-4 所示，绝大多数企业调查对象认为阶段性目标对校企合作成效起积极作用，仅 10% 的回答认为一般，共计 80% 的企业负责人认为很重要（41%的 6 分和 39%的 7 分）。同时，在高校的问卷回答中，尽管超过半数人认为阶段性目标对校企合作的成效有较大影响，然而，仍有 11% 的教授认为阶段性目标对校企合作成效的影响并不太大。超过三分之一（36%）的高校调查对象认为影响一般。

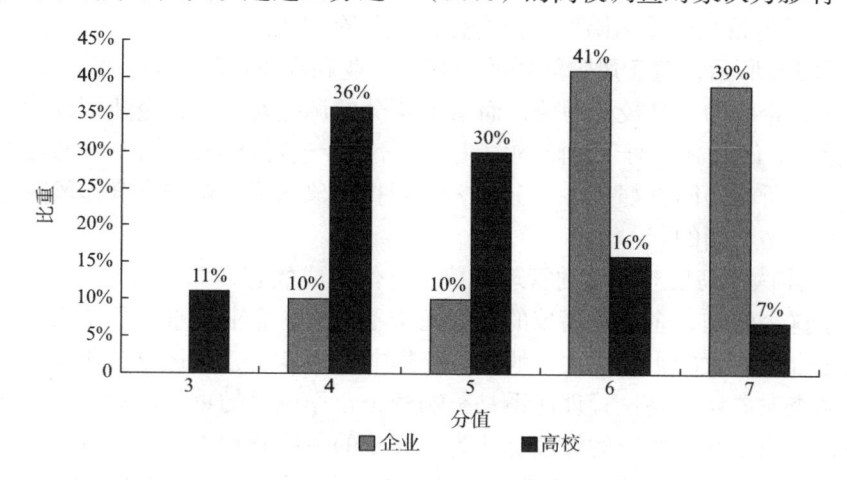

图 5-4　Q4 的调查结果比较（企业 vs 高校）

Q5：按时履约对校企合作的成效有多大影响？

如图 5-5 所示，对于按时履约企业和学校的观点明显不同。企业调查对象都认为按时履约十分重要（给分在 5~7 分），反映了他们对待校企合作按时履约问题的态度严肃。特别是，将近一半（52%）的企业调查对象认为按时履约对项目最终获得成功至关重要。高校调查对象的回答则显示他们对待按时履约的态度截然不同。他们给分在 2~6 分，且大多集中在 3 分和 4 分（分别占 38% 和 41%），这意味着大多数教授认为按时完成产品并不是一件很重要的事。他们可能会找各种理由拖延，或者认为拖延一些时间也是不可避免的事情，毕竟研发过程存在很多不可控因素。这项调查结果从一个方面反映出企业和高校在校企合作项目上的主要分歧。造成这一结果的原因多种多样，如运作方式与评估标准的完全不同。

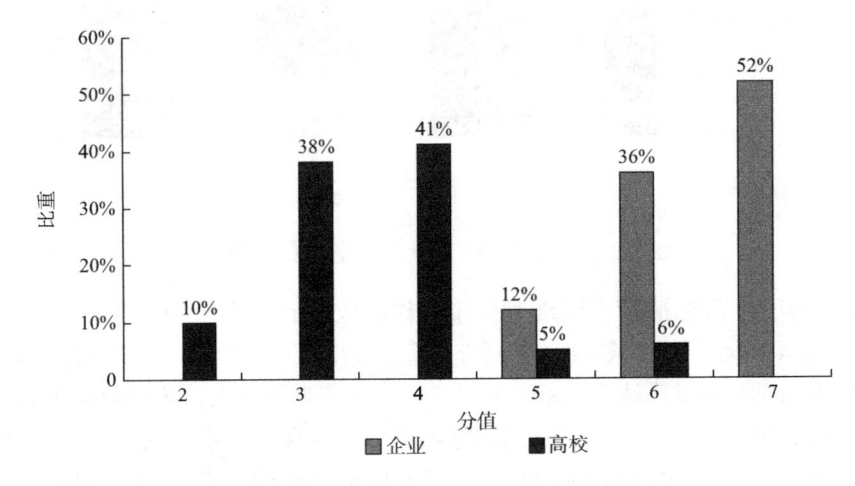

图 5-5　Q5 的调查结果比较（企业 vs 高校）

Q6：了解校企合作风险对校企合作的成效有多大影响？

如图 5-6 所示，对于风险问题的回答，企业和高校比较相似。给出 7 分的调查对象中，企业约是高校的两倍；而给出 4 分的调查对象中，企业则仅约为高校的三分之一，说明高校对于风险的关注度并不高，这可能与目前合作的方式有关。总体而言，所有的回答都在 4~7 分，表明调查对象认为了解校企合作风险对合作成效的影响是正面的。

Q7：你认为高校对师生的管理对校企合作的成效有多大影响？

对于这个问题，企业和高校的看法完全不一样。企业调查对象认为，管理体系对校企合作成效的影响巨大，他们给分集中在 4~7 分。如图 5-7 所示，几乎所有企业调查对象认为高校管理体系是影响校企合作成效的重要因素。调查结果十分集中，反映出几乎所有的经理都认为，高校的一些管理方式是导致校企合作失败的重要原因之一。仅有 13% 的经理认为高校管理对合作成效的影响一般。由

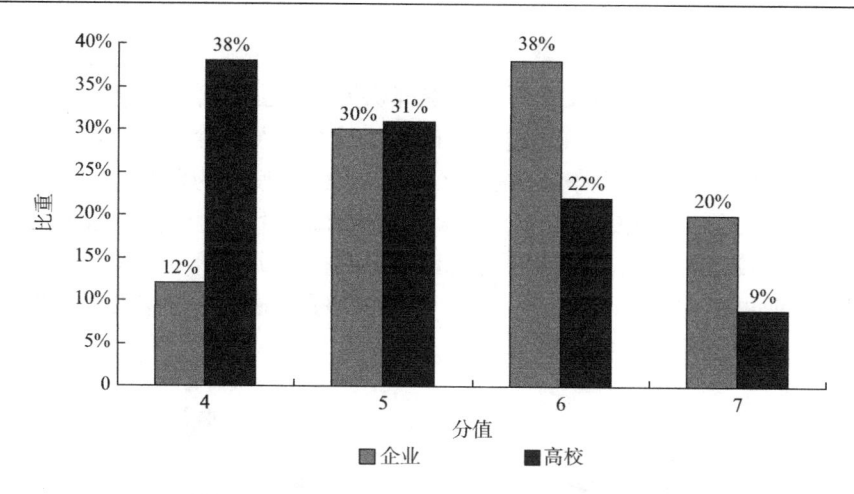

图 5-6　Q6 的调查结果比较（企业 vs 高校）

于教授、学生和经理的行为都受到其所处环境的影响，理解高校和公司运作方式的不同之处，改进项目沟通渠道和完善项目评估，对于合作创新的结果尤为重要。

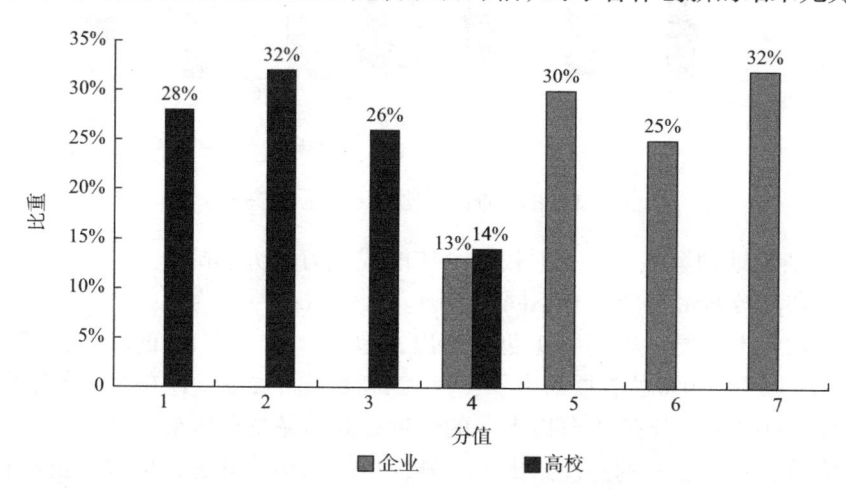

图 5-7　Q7 的调查结果比较（企业 vs 高校）

与企业调查对象相反，教授们认为高校对师生的管理并不是影响校企合作成效的重要因素，分数全部集中在 1~4 分，这一巨大差异反映出教授和经理看待这一问题的角度完全不同。事实上，由于中国的高校都受教育部统一管理，所有高校的组织结构几乎完全一致，其管理体系也几乎相同，高校教授可能认为以高等教育为导向的现行管理系统理所当然。然而，从市场的角度出发，企业经理可能认为高校的管理机制并不是特别适合校企合作。

Q8：你认为以往校企合作的成效会对将来的校企合作决策造成多大的影响？

图 5-8 给出了问题 8 的结果。几乎所有企业经理都认为以往合作经历对将来的合作会造成较大影响，而几乎所有教授都认为，过去的合作和将来的合作没有直接关系。不管是成功或失败，这些教授们仍然会参与校企合作。66%（给分在 1~2 分）的教授对产学研合作有信心，仅有 14%的教授认为他们可能会考虑此前的经历。相比之下，企业的给分则更高，高达 87%（给分在 5~7 分）的经理表示，在决定未来的校企合作之前，他们会认真考虑以往经历。该结果反映出在校企合作期间，企业可能比高校承担更大风险，因此经理们对校企合作投资更为谨慎。

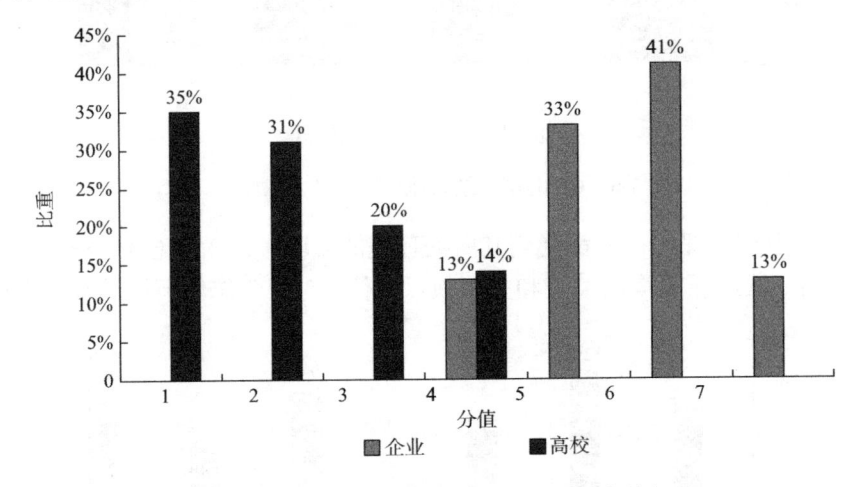

图 5-8　Q8 的调查结果比较（企业 vs 高校）

Q9：清楚地理解最终产品对校企合作的成效有多大影响？

企业和高校对最终产品有不同的理解。大多数教授认为最终产品对校企合作的最终成功并不重要。从图 5-9 可以看出，超过半数（57%）的教授将其影响程度评为 4 分以下，30% 的教授给出了 3 分，21% 给出了 2 分，还有 6% 给出了 1 分。与之相反，60%（给分在 4 分以上）的经理认为清楚地理解最终产品会影响校企合作的成效，其中 27%的经理给出了 5 分，18% 给出了 6 分，反映了企业和高校之间存在的差异。同时，还有 15%的经理给出了 7 分，认为清楚地理解最终产品非常重要。

Q10：你认为校企合作的成效如何？

如图 5-10 所示，企业和高校对成效的评价结果相差很大。总体上看，高校对成效的评价要远远好于企业对成效的评价。所有高校调查对象给出的评分都分布在 4~7 分。然而，企业经理几乎都对校企合作的成效不满意。有 21%的经理甚至认为他们的校企合作完全失败。超过 70%（给分在 4 分以上）的教授认为合作成功，其中有 22%的教授认为非常成功。该结果令人感到意外，反映出校企合作双方可能有不同的评价标准。

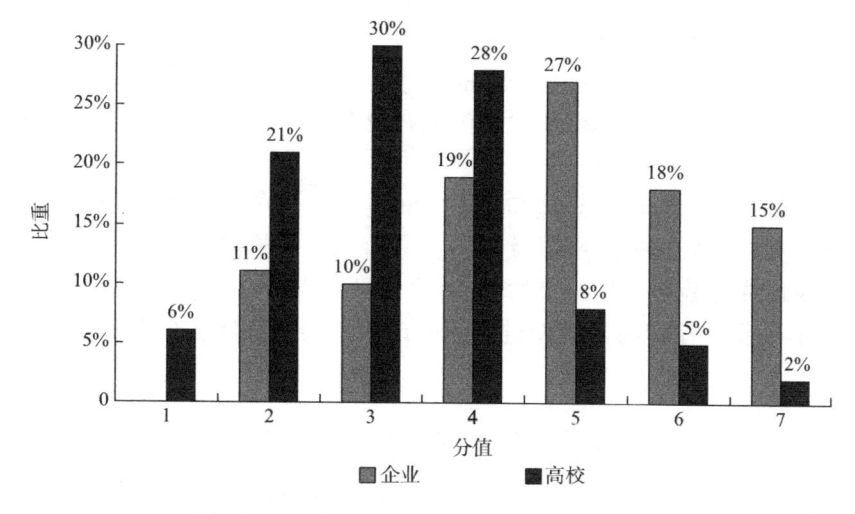

图 5-9　Q9 的调查结果比较（企业 vs 高校）

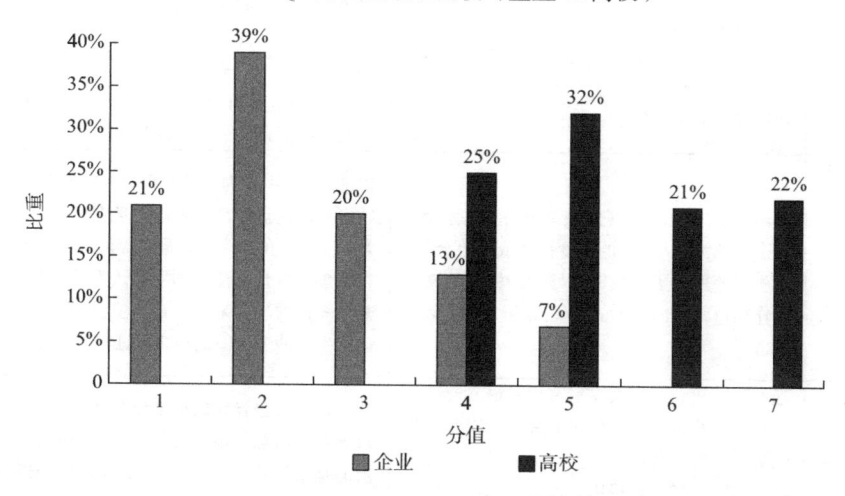

图 5-10　Q10 的调查结果比较（企业 vs 高校）

### 5.2.2　产学研合作创新存在的问题

对于软件产业集群中的企业而言，其资源有限，特别是大部分中小软件企业资金等冗余资源不足，不具备抵抗市场动荡的能力。尽管中小企业可以捕捉到市场需求，但其缺乏研发能力，在面对快速变化的需求时，需要寻找外部资源以生产适应市场的产品或服务。因此产学研合作也就成为众多企业的选择。第 4 章的实证研究结果表明，集群环境的确有助于企业开展创新活动，集群具有较强的创新溢出效应，在相关研发信息、政策优惠、人力资源的获取等方面都有相当的优势，因此可以通过与科研能力很强的高校等研究机构合作来实现所需的创新。

高校丰富的人力资本正是这些企业所缺乏的,加上政府对这类合作的大力扶持,由此产学研合作创新就成了集群企业的首选。虽然从理论上讲产学研合作应该是很好的资源互补,但在实际操作中,仍然有很多实际问题导致了校企合作的高失败率。

从问卷调查可以看出,高校和企业之间还是存在许多理解和认知上的差异。这些差异尤其在 Q5、Q7、Q9 以及 Q10 上表现明显,包括时间问题、校企合作成效评估以及以往经验对未来决策的影响。为了进一步考察问卷调查中的这些结果,我们还对小企业经理和高校教授进行了采访。其中一些比较典型的回答如表 5-2 所示。

表 5-2 校企合作访谈的典型回答

| 问题 | 学校教授典型回答 | 企业项目经理典型回答 |
| --- | --- | --- |
| Q5:按时履约对校企合作的成效有多大影响? | 本该遵守合同规定。但事实上,由于各种各样的事情,如考试、不可预测的困难或者学生突然离开,产品往往无法按时完成。不管怎么说,当好老师和学生才是我们的本分,我们不是公司的员工 | 有一次我们和一位外国客户签订了合同。我们本以为高校在合同规定的时间内可以完成研发,交付产品。然后我们就开始拓展市场,甚至和客户签订了合同。但事实上,高校并没有按时将产品交付给我们。我们不得不违约,并接受违约处罚。因此,我们丧失了合作方对我们的信任 |
| Q7:你认为高校对师生的管理对校企合作的成效有多大影响? | 当然,每个学校都有它自己的师生管理体系。我个人认为,从学术的角度评估成效更合理,而不应该用赚了多少钱来评价。就算是校企合作项目,我们也不能仅关注经济收入 | 以前,我们不认为高校和企业之间有多大的差异,特别是就评估标准而言。但现在,我认为这确实是校企合作的一个大问题。就我个人的经验而言,很多参与校企合作的师生都认为他们的学术目标是第一位的。如果校企合作项目与他们的学术活动产生了冲突,他们很难保证产品质量 |
| Q9 和 Q10:清晰理解最终产品以及合作绩效 | 老实说,我们并不太在乎客户对最终产品是否满意。我认为这是公司的义务。因此,我们更看重的是公司对我们的资金投入。公司是否按时支付研发费用,才是我们衡量校企合作成效的标准。确实,有很多希望与我们合作的公司,它们无法支付全部的研发费用。不论如何,高校还是有很多可以免费使用的仪器设备 | 我们评价校企合作的标准就是研发出来的产品是否令客户满意。很多时候,高校只能交付功能有限的基础产品,而且,他们不愿意根据客户的需求,不断地改进产品。有些时候,高校甚至不能按合同约定时间交付产品,我们还不能向他们索赔。但是,吃一堑长一智,下次我们会更谨慎地选择我们的合作伙伴 |

结合前面的问卷结果,我们可以发现,由于每个参与者都有各自的环境和视角,关于产学研合作,参与方出现了一些分歧,甚至出现对立的观点和看法,主要体现在以下四个方面。

1. 沟通机制不完善

这里的沟通机制主要指沟通渠道和沟通的内容。没有良好的沟通渠道,校企合作的成功是无法实现的。明确地制定沟通程序和渠道至关重要。然而现实中由于双方观念或人情问题，很多情况都没有明确说明，以至于问题产生后对企业和科研机构都形成负面影响。一方面，学校认为企业应该很了解学校的情况，包括学生的流动性、老师的工作性质；另一方面，企业认为既然签订了合同，就应该形成一种硬约束。在合作过程中，企业也无法清楚地了解产品的进程，仅仅通过校方负责人与企业的交流，而这种交流又受限于校方负责人往往很忙，不太可能有比较频繁的接触。因此沟通的效果通常不太理想。

2. 时间观念不一致

在产品研发过程中，公司已习惯于严格守时，而对于那些硕士研究生或是博士研究生而言，他们时间观念淡薄，不顾最后期限，和公司员工不同，他们只做导师分配的任务。他们更关心如何完成毕业论文和通过毕业答辩。因此他们并不在意是否能按时交付产品，也不在乎产品能否达到企业标准。企业常常会催促研发团队按时完成产品，但是研发团队又经常不能按时完成，他们通常会推迟相当长的时间才提交最终产品，导致企业丧失打入市场的最佳时机，甚至向客户赔偿损失。有时候，企业已经完成所有售前工作，只等着高校拿出最终产品。这种现象十分普遍。更坏的情形是产品研发推迟，导致企业的合作伙伴无法按时生产产品。

3. 对最终产品的理解不同

校企合作期间很容易出现对最终产品的不同理解。由于企业对市场需求的敏感度远大于高校，它们可能会更关注客户满意度，客户满意度不仅取决于一款产品的实际功能，还取决于它的外形或界面是否友好、是否具有吸引力，而且是否操作简单，等等。所有这些因素都会影响新产品的成功与否。相反，高校研究人员更关注产品的实际功能，实现产品性能，或尽可能地提供更多附加功能。他们可能对提升产品外观不屑一顾，因为在他们眼里，这些工作没有任何技术挑战性。因此，最终产品，特别是电子产品，通常过于简单，在外形和颜色等方面都无法满足市场上消费者的需求。高校的老师和学生往往只关注功能上的要求，不管产品对客户是否具有吸引力。在校企合作合同上，关于最终产品实际功能的指标各种各样。因此，只要产品达到了各项技术指标，他们就认为研发合同履行完毕，不管企业是否满意该产品。对于最终产品的不同理解，让中小企业很难要求高校不断改进产品外观。也许对于内部资源丰富的大公司而言，它们有足够的研发和生产能力，可以自行改进外观，但对于中小企业而言，靠它们自己打磨产品不切实际。中小企业往往通过外包生产产品。因此，它们可能会要求高校不断更改最终产品的颜色或外观，高校则很不愿意做这些工作。

4. 难以持续改进

尽管高校有大量的人力资源，它们还是会在合作中与企业产生矛盾。所有学生包括研究生和本科生在内，学制均在 3~5 年，研发期间去向极不稳定。很多高校交付的新产品必须不断改进，但研发这些产品的学生已经毕业离校。于是售后服务成了产学研合作中企业的一大难题。此外，研发期间，由于产量有限，高校仅能提供几个产品样本，无法批量测试产品质量和稳定性。最终产品很有可能无法满足商业批量生产的要求。除此之外，高校研发团队没有节约产品开发成本的意识。由于很难提前预测产品成本和外观，这些方面的要求很难在合同中体现。实际上，一些不可预知的问题常常会给双方带来很多麻烦和障碍，从而影响双方进一步合作的信心。

鉴于以上在产学研合作过程中存在的问题，在集群产学研合作的网络治理中应当考虑如何解决这些问题，提高目标的明确程度，强化沟通效果。信息和知识的分享对合作的成功十分关键，因此，成功合作也需要高效地分享这些资源，而且有效的沟通渠道不仅可以防止相关信息未经许可落入他人之手，还能提升产学研活动的协调性，让分享的信息和知识更丰富、更有价值。企业可以对高校研发阶段产生的原型和其他产品进行监控。双方相互沟通，有利于提升合作形象，还能帮助双方建立互信。

以上我们对样本集群的创新活动进行了比较深入的研究，主要包括对集群环境作用的实证研究、集群创新网络仿真研究、集群产学研开放式创新调研。以下我们将在前面研究的基础上，从集群创新的网络治理角度进行探讨，主要包括集群涌现式创新环境的培育和集群创新服务平台的构建。其中创新环境主要是探讨集群不同网络结构下企业组织学习的动力和特点；集群创新服务平台的构建主要是针对现有集群创新网络存在的问题，如结构洞现象，研究如何通过增加和吸引集群内部创新服务类企业来改善集群创新网络的拓扑结构，从而构建更加有效的创新网络，提高集群整体的创新绩效。

## 5.3 集群创新环境的网络治理：涌现式创新环境的培育

根据复杂理论中神经网络的思想，创新是一个不断尝试、反馈、再创造的循环过程，没有人能够预知创新出现的时间和地点，良好的学习氛围对于企业来说是创新的前提和不可缺少的组成部分，因此对创新的网络治理先是营造一个浓厚的学习氛围。所以这里我们先研究集群环境如何激发企业学习的问题。

### 5.3.1 复杂理论与组织学习

对于集群这样一个复杂适应性系统，组织学习是其自组织机制的重要体现，是与集群竞争力、企业战略紧密相联的。本书针对集群系统的不同状态及其学习方式，探讨集群企业组织学习的决策和传导机制，并在此基础上提出内外部环境压力会促使集群内各组织做出适应性的战略决策，推动集群从有序态进入混沌边缘态并进行涌现式学习，然后通过构建集群组织学习决策的理论模型，采用仿真研究方法对集群演进过程进行模拟，仿真结果和相应的敏感性测试验证所提出的命题。

运用复杂理论研究产业集聚已成为当前集群研究领域的前沿课题。Carbonara 等（2010）总结了复杂理论在集群领域的相关研究成果，并指出一些关键概念为集群研究所赋予的新思路，如远离平衡点、耗散结构和非线性特征等，这些正逐步被运用来深入揭示集群内在演进机理。从复杂理论角度，集群作为一个复杂适应性系统，会通过自组织来实现和保持其竞争优势，如弹性专精和知识外溢等都是集群自组织的具体体现，而这些特征又都需要通过集群内各种类型企业的组织学习和交流来加以维系和实现，所以组织学习是集群自组织机制的重要体现（Prigogine and Stengers, 1984; Kauffman, 1993; Krugman, 1996）。目前这方面的研究才刚刚起步，还停留在概念分析层面（Lloria and Moreno-Luzon, 2014; Santos-Vijande et al., 2012）。本书结合组织行为学和复杂理论，将微观组织学习与集群发展环境相联系，提出集群内部企业的组织学习不是一个孤立行为，而是与集群自身所处的状态和宏观外部环境紧密相联的。由于组织学习是一个复杂而困难的过程，需要同时兼顾新知识的获取和现有知识的改变，需要企业付出相当的成本，包括时间成本和经济成本，所以理性企业决策者会权衡学习压力、预期绩效和学习成本，来决定是否进行组织调整，甚至根据需要主动产生学习压力来促进学习行为的发生，这就涉及内外部环境与组织学习的关系问题。

自 Argyris 和 Schon（1978）提出组织学习概念，众多学者对其进行了丰富和扩展，相关研究主要包括组织学习的内涵特征、类型、过程和方式等。关于组织学习目前还没有一致的界定，特别是如何测度组织学习存在很大分歧，比较典型的观点是采用 R&D 部门的联系数量（Santos-Vijande et al., 2012），团队导向、系统导向、学习导向及记忆导向四个因素（Chang et al., 2012），学习承诺、分享愿景和开放心智等三变量（Argyris and Schon, 1978），EPCETVLS 模型（Powell et al., 1996）来衡量组织学习。很多学者对组织学习的具体过程进行了探讨，提出了各种模型，如直线模型（Lloria and Moreno-Luzon, 2014）、循环模型（Hult and Ferrell, 1997）、知识螺旋模型（Baker and Sinkula, 1999）、四因素（罗慧等，2004）、五因素（Dodgson, 1993）、六因素（Nonaka and Takeeuchi, 1995）、八因素（Jerez-Gómez et al., 2005）、6P-1B 模型（Tippins and Sohi, 2003）。此外，国外学者早已关注到社会网络结构与组织学习的关系，根据其研究方法可分为静态和动态两大类。其中静态研究是指网络拓扑结构对组织学习绩效的影响。例如，Carley（1992）对团队结构和层级结构学习速度的比较；Lazer 和 Friedman（2007）

分析了不同网络拓扑结构对组织学习方式的影响。而动态研究主要运用仿真研究网络上学习扩散过程（Carley，1992；陈国权，2008），以及学习过程对网络形成的作用方式（Lazer and Friedman，2007；Carley，1991）。总之，现有组织学习文献主要从单个企业组织行为学层面进行研究，针对学习过程、能力、层次、方式等问题进行探讨。

### 5.3.2 集群系统的不同状态及其学习方式

根据复杂理论，任何动态系统在特定时间始终会处于有序到完全无序连续渐变中的某个状态。Thietart 和 Forgues（1995）指出一个组织会处于以下三种状态之一，即稳定均衡态、周期均衡态和混沌态；McKelvey（1998）提出组织的三种复杂类型，即牛顿态、涌现态和随机态。本书按照 Kauffman（1993）所提出的概念将集群系统分成有序（order）、混沌边缘（edge of chaos）及混沌（chaos）三种状态（图 5-11）。其中有序态是指相对稳定的平衡状态，在此阶段，集群总体处于比较平稳的态势，各组织间的联系包括联系对象、数量和强度变化不大；与之相对应的混沌态则是另一种比较极端的情形，系统处于完全无序状态，各组织间关联是完全随机的；介于以上两种状态就是混沌边缘态，Kauffman（1993）认为富有创造力行为是不太可能发生在有序态和混沌态的，而混沌边缘态是系统内创新活动最频繁的阶段。一方面，该阶段系统内原有的结构可以为信息的交流提供支持；另一方面，系统整体又具备相当的灵活性或柔性来促进各主体对外界环境压力进行有效适应。在混沌边缘态系统会通过自组织来逐步调整，向新的均衡态逼近。

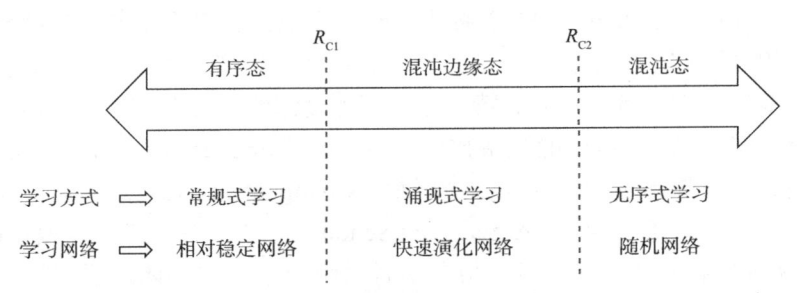

图 5-11 集群系统的不同状态及其学习方式

其中 $R_{C1}$、$R_{C2}$ 分别为阈值

在以上三种状态中，受制于企业内部的层级结构，混沌态在企业内部或集群系统出现的概率极小，集群作为复杂适应性系统，其内部各主体包括企业和政府都具有足够的理性和控制力来避免陷入混沌态。鉴于现实集群混沌态发生的可能性很小，本书对此状态不作深入讨论，而将重点放在对集群混沌边缘态的分析，

## 第 5 章　集群创新的网络治理

并与有序态进行对比研究。以下我们先对本书涉及的重要概念进行说明。

（1）学习动力。根据复杂理论，集群系统从有序态到混沌边缘态演进过程中会存在一个阈值 $R_{C1}$，McKelvey（1998）将 $R_{C1}$ 称为临界压力，即当外界压力积累到足够大时就会推动系统越过有序态而进入混沌边缘态。临界压力主要源于宏观环境因素，如由金融危机导致的国际市场需求减少、汇率波动、我国新劳动法实施、劳动力短缺等，这些因素将直接作用于集群系统，对集群内企业的生存和发展产生影响，当临界压力累积到一定程度时，集群就将做出适应性反应，通过自组织来尝试应对或寻找解决途径。因此我们可以将临界压力视为学习动力，它将推动集群系统从有序态向混沌边缘态演进（Waldrop，1993）。此外，集群内部关联组织的学习情况也会成为组织学习的动力来源，集群内同类企业会存在竞合关系，无论是竞争还是合作，其中一个企业的变化都会对其他企业形成示范效应，而地理位置的集中更是会强化这种效应，从而通过关联网络来形成学习压力。

（2）学习成本。集群组织学习是通过组织的互相交流而导致知识在组织间转移和碰撞的复杂过程。相对于个体学习，组织学习是更高层面的企业理性行为，通过组织学习来实现预期目标。但组织学习是有成本的，其学习成本主要包括时间成本和经济成本。目前对于学习成本的研究主要是根据不同技术的性质和复杂程度来展开的。例如，吴贵生等（2007）研究了不同技术的学习成本及其对光缆技术路径的影响，分析了学习成本对成功的技术学习的重要性。本书提出可以从学习行为本身来研究学习成本，任何学习行为表现出来的都是主体间直接（面对面）或间接（通过网络、电话等媒介）的作用过程，无论这种交流是双向互动型还是单向接受型，都涉及交流对象的数量以及交流的强度（如频率、单次交流的时间）等因素。由此从网络角度，学习成本可视为不断建立网络和维系网络而付出时间和经济成本总和。

（3）学习环境。根据交易成本理论，企业的存在基于企业内部科层结构能够具备比市场更低的交易成本，由此企业就成为市场的一种替代形式（Coase，1937）。这种科层结构将如何影响组织学习就成为值得深入探讨的问题。Eisenhardt 和 Brown（1998）指出在有序态时，组织内部的层级结构及其各类制度井然有序，缺乏相应的柔性，从而会在一定程度上妨碍学习活动，特别是针对没有出现过的外部环境变化，常规式的学习将无法满足组织适应性需求；相比而言，混沌边缘态将会为组织学习提供更适宜的环境，此时系统既有相应的结构来供给学习所需的资源，同时其结构又具备相当的柔性和松弛度，能够给予学习一个相对宽松的环境。在混沌边缘态组织能够兼容不同的学习方式，具有较强的容错能力和鼓励创新的激励机制，以及更加平等民主的文化氛围等，这是组织最具活力和创新精神的阶段，集群整体则在混沌边缘阶段呈现出对环境变化的高度自适应性，本书将此状态下的组织学习称为涌现式学习方式，其中涌现是指具备正负反馈交织、初值敏感性等自组织特征。

### 5.3.3 集群组织涌现式学习特性分析

根据前面对混沌边缘态及涌现式学习特性的分析，本节从集群微观即企业战略层面进一步分析集群组织学习的具体传导机制（图 5-12）。

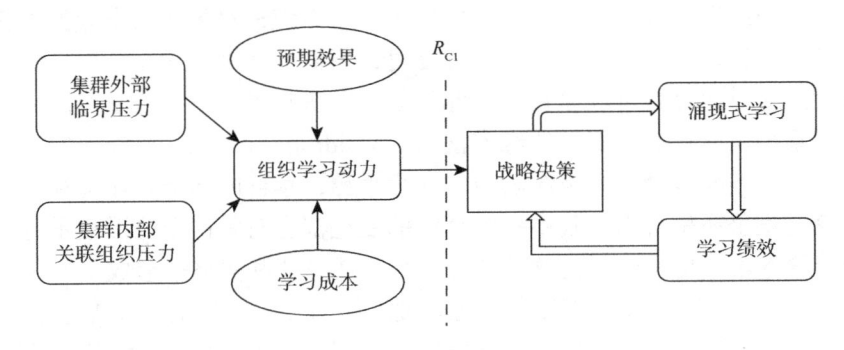

图 5-12　集群企业组织学习的决策和传导机制

图 5-12 描述了集群企业组织学习的决策和传导机制。集群面临的压力可以是多方面的。例如，外部市场需求的大幅度波动，2008 年金融危机给我国珠三角地区很多出口导向型集群带来了巨大影响；国家层面的宏观调控包括汇率变动和新的法律法规的实施；劳动力供给的短缺对劳动密集型产业集群的影响是长远的；相关产业技术的发展和创新对集群也会产生重要影响。总之，这些压力一般都比较大且作用持久，当压力超越一定的阈值时，就会使集群内部各组织产生变革压力，而组织学习是实现变革的关键途径和方法。企业会在充分评估学习成本和学习绩效的基础上，做出相应的决策。而一旦做出相应的战略调整，就会激活组织中的变革单元，推动组织整体进入混沌边缘态。根据图 5-11 所展示的理论，只有在混沌边缘态，组织才具有最大的活力，以快速调整来适应外部条件，寻求新的均衡点。结合图 5-11 和图 5-12 所示的集群不同状态分类以及临界压力诱导组织学习的机理分析，我们提出以下相应的命题：

当外界环境压力达到相当程度时，集群内各组织会做出适应性的战略决策，推动集群从有序态进入混沌边缘态，集群在混沌边缘态会通过营造相对宽松的学习环境来诱导组织出现涌现式学习，学习成本是企业决策的重要影响因素。

### 5.3.4 仿真模型及测度指标

仿真模拟方法特别适用于新兴理论问题的试探性研究（Davis et al., 2007），尤其是对于集群这种复杂系统，其中各类组织高度融合，企业数量庞大，关系错综复杂，相关实证数据采集难度很大，而且涉及较长时期的动态数据。因此这里我们尝试通过仿真模拟方法来对以上命题进行探索性验证。

1. 仿真模型和参数确定

根据以上对集群组织学习传导机制的研究，本书给出如下集群组织学习决策仿真模型：

$$D_{i,t} = I_i + a_i L_{i,t-1} + b_i P_{i,t-1} - M_i + \varepsilon_{i,t-1} \quad (5\text{-}2)$$

其中，$D_{i,t}$ 表示第 $i$ 个企业是否进行组织学习的战略决策；$I_i$ 表示第 $i$ 个企业对组织学习的预期效果估计；$a_i L_{i,t-1}$ 表示在第 $t-1$ 个周期后集群内部网络中关联企业对组织学习决策的影响力，这里 $L_{i,t-1}$ 表示第 $t-1$ 个周期后关联企业对组织学习形成的流行性压力，而 $a_i$ 表示企业 $i$ 对待集群内部流行性压力的态度即企业决策对流行性压力所赋权重；$b_i P_{i,t-1}$ 表示在第 $t-1$ 个周期后集群外部临界压力对组织学习决策的影响力，这里 $P_{i,t-1}$ 表示第 $t-1$ 个周期后集群外部临界压力对组织产生的学习推动力，而 $b_i$ 表示企业 $i$ 对待外部临界压力的态度即企业决策对临界压力所赋权重；$M_i$ 表示企业 $i$ 的学习成本；$\varepsilon_{i,t-1}$ 表示企业战略决策所受到的其他随机因素影响（何铮和张晓军，2008）。根据式（5-2）所给出的组织学习决策仿真模型，我们进一步对相应的参数进行确定。

（1）$I$：企业对组织学习预期效果 $I$ 是一个随机变量，根据中心极限定理，我们可认为 $I$ 服从正态分布 $I \sim N(\mu, \sigma^2)$。其中，$\mu$ 表示所有企业对组织学习平均绩效估计，这种估计可以来自企业以往的经验；$\sigma^2$ 表示企业对组织学习绩效估计的差异化程度。由于集群在没有外界较大压力之前是处于均衡状态，我们可以认为企业处于有序状态，出现涌现式学习的概率很低，即 $P\{I > 0\}$ 很小，再根据 $P\{I > 0\} = \Phi\left(\dfrac{\mu}{\sigma}\right) = \alpha$ 来得出参数 $\mu$ 的大致范围。基于以上考虑，这里我们选取 $\mu = -6, \sigma = 4$。

（2）$L$：集群内部网络中关联企业对组织学习决策的影响力。这种流行性压力的大小取决于所处的网络结构及其在网络中的位置，并且每个企业受到的影响力均来自与其直接相连的已进行涌现式学习的企业。为此我们有

$$L_i = \sum_{j \in N} \delta_j A(j,i) \varpi_{j,i}$$

其中，$N$ 表示集群所有企业，考虑到集群一般的规模，我们取 $N = 1500$；$\delta_j$ 表示节点 $j$ 是否进行了组织学习：

$$\delta_j = \begin{cases} 1, & \text{节点 } j \text{ 进行了涌现式学习} \\ 0, & \text{节点 } j \text{ 没有进行涌现式学习} \end{cases}$$

$A(j,i)$ 表示节点 $j$ 与 $i$ 是否直接相连：

$$A(j,i) = \begin{cases} 1, & j 与 i 直接相连 \\ 0, & j 与 i 没有直接相连 \end{cases}$$

$\varpi_{j,i}$ 表示节点 $j$ 对 $i$ 的影响程度，一般情况下，$\varpi_{j,i}$ 的大小与节点 $i$ 的度 $k(i)$ 有关。本书我们采用以下度量 $L_i$ 的方法：$L_i = \sum_{j \in N} \delta_j A(j,i) \frac{1}{k(i)}$，即每个已进行学习企业对直接相连的没有进行涌现式学习企业 $i$ 的影响力为 $\frac{1}{k(i)}$。

（3）$P$：由于本书所研究的集群外部临界压力具有突发性、累积性和持久性，在仿真中我们是逐步给出这种外部冲击的，在演化的第1、2、3阶段我们分别选取 $P=1$、2、4。

（4）$M$：考虑到集群内企业同属一个产业，其核心企业和相关配套企业具有很多相似性，集群整体技术和生产组织方式极易相互模仿，人力资源状况也大致处于一种水平，虽然各企业相互独立，其进行组织学习成本的差异不可能太大。由此本书我们设定 $M$ 服从正态分布，即 $M \sim N(2, 0.5)$。

（5）$\varepsilon$：随机因素 $\varepsilon$ 是白噪声，服从正态分布且是 $E[\varepsilon_{i,t-1}]=0$ 的随机数。

### 2. 仿真过程及测度指标

以上我们对仿真模型和相关参数设定进行了说明，本书我们给定集群网络规模为1 500个节点，由集群实证研究可以发现，集群网络一般会呈现小世界或无标度特征（池仁勇，2005）。本书我们分别对小世界和无标度两种网络结构集群的组织学习方式进行仿真模拟。这里企业决策准则 $D_{i,t} > 0$，而且一旦企业进入学习状态，在以后的仿真周期内一直保持该状态。

本书我们主要采用了对集群网络结构以及集群自组织非常重要的五个测度指标，即聚类系数、平均度、最短路径、网络的时效和质量，通过观察其变化来分析集群组织涌现式学习的情况。表5-3给出了这些测度指标的基本定义及其在集群中的经济含义（谭劲松和何铮，2009）。

**表5-3 集群组织涌现式学习的测度指标**

| 测度指标 | 定义公式（网络共 $N$ 个节点，节点 $i$ 的度为 $k_i$） | 对集群的经济含义 |
|---|---|---|
| 聚类系数 $C$ | $C = \frac{1}{N} \sum_i \frac{2E_i}{k_i(k_i-1)}$，$k_i$ 为 $E_i$ 个节点之间相互联系边数总数 | 集群内部小团体程度<br>团体内部联系紧密程度 |
| 平均度 $<k>$ | $<k> = \frac{1}{N} \sum_i k_i$ | 集群内部弹性专精程度<br>集群知识外溢程度 |
| 最短路径 $L$ | $L = \frac{1}{N(N-1)} \sum_i \sum_j d_{ij}$，$d_{ij}$ 为连接两点最短路径的边数 | 集群组织整合资源程度 |

| 测度指标 | 定义公式（网络共 $N$ 个节点，节点 $i$ 的度为 $k_i$） | 对集群的经济含义 |
| --- | --- | --- |
| 网络时效 $r_1$ | $r_1 = 1 - \dfrac{\sum_i\sum_j\left(-\dfrac{d_{ij}}{\sum_i\sum_j d_{ij}}\log\dfrac{d_{ij}}{\sum_i\sum_j d_{ij}}\right)}{\log\sum_i\sum_j d_{ij}}$ | 集群内部信息传递速度，体现信息传导的有序性 |
| 网络质量 $r_2$ | $r_2 = 1 - \dfrac{\sum_i\left(-\dfrac{k_i}{\sum_i k_i}\log\dfrac{k_i}{\sum_i k_i}\right)}{\log\sum_i k_i}$ | 集群组织间信息流通的准确性 |

### 5.3.5 仿真结果及分析

#### 1. 小世界网络结构：小世界网络模型

我们根据 Watts 和 Strogatz（1998）给出的算法，构造了一个 1 500 个节点的小世界网络作为集群初始网络，然后按照式（5-2）所提出的集群组织学习决策模型及相应的参数，通过 Matlab 13.1 进行编程计算，每个指标都是仿真 100 次之后的平均结果。受限于篇幅，我们仅在这里呈现两种情况：$a=5$，$b=13$ 和 $a=9$，$b=7$。为便于观察，我们将五个指标进行归一化处理，放在一个图中（为便于观察各指标的变化趋势，图 5-13 和图 5-14 的纵坐标取值范围有所不同）。

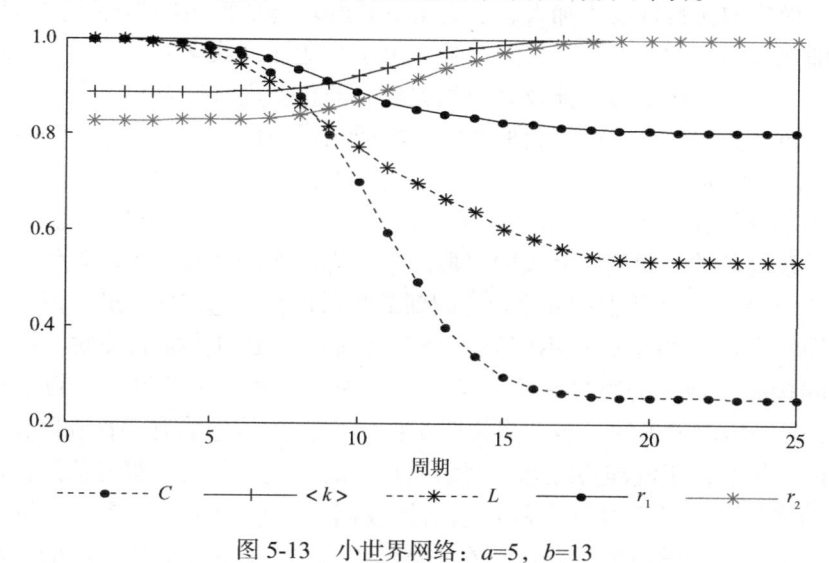

图 5-13　小世界网络：$a=5$，$b=13$

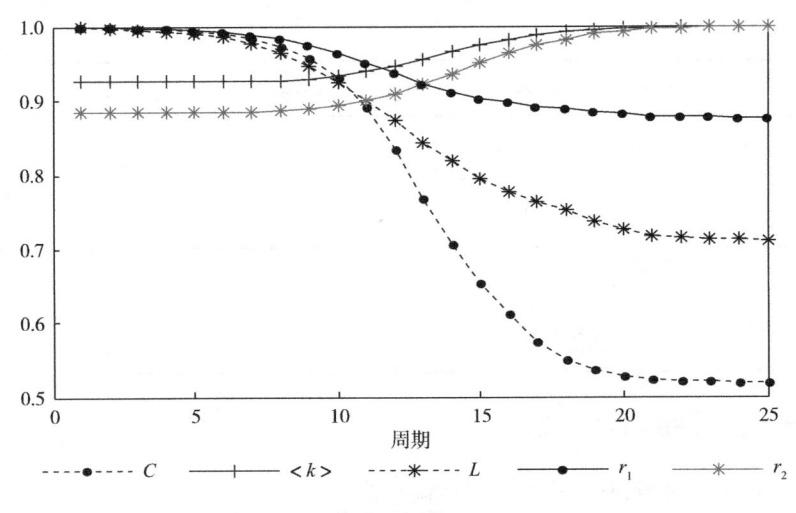

图 5-14  小世界网络：$a=9$，$b=7$

从图 5-13 和图 5-14 中可以看出，总体五个指标都呈现出先变化不大，随后又发生很大的变化，最后进入相对平稳的动态过程。在图 5-13 中，$a=5$，$b=13$ 分别表示企业对集群内部流行性压力和集群外部环境压力的决策权重。在第 6 个周期以前，5 个指标都比较稳定，集群网络整体处于有序状态，没有进入混沌边缘态。从第 6 周期开始，集群内部采用涌现式学习的企业数量开始逐渐增加，由此通过网络传导形成的流行性压力加大，加之集群外部环境所产生的临界压力，集群内部出现涌现式学习的企业数量快速增长。由于企业涌现式学习是为了适应集群外部环境的变迁，这种学习会涉及企业相关战略的重新定位以及相关资源的重新调配，包括建立新的外部关联以获取所需支持或拓展新的市场，终止部分原有企业间的联系以节约成本或调整资源分配。这些活动都会影响到集群整体的网络结构，导致 7~16 个周期内各测度指标的显著变化。

聚类系数 $C$ 的大幅度下降表明集群内部原有的小团体正在逐步解体；平均度 $<k>$ 的逐渐上升说明集群内部企业之间新的联系正在快速建立；最短路径 $L$ 大幅缩短表明集群以前很多联系不密切的企业之间有了更加快捷的关联，相当部分企业从间接关系转变为直接联系，从而大大缩短了集群内部网络任意节点的最短路径；而网络时效 $r_1$ 的逐步下降说明集群内部信息传导的有序性在降低，这也部分印证了集群处于混沌边缘态；网络质量 $r_2$ 的渐进增加说明集群信息传递的准确性开始增加，集群总体联系的快速增加提高了信息的交流频率和质量，也显示了集群企业组织学习的活跃性。在 16 个周期后，集群逐渐达到新的均衡，网络联系逐步稳定，各种指标进入相对平稳阶段，说明集群又进入一个比较有序的新阶段。

相比图 5-13 的指标变化，我们可以看出虽然图 5-14 中企业决策对流行性压力和外界环境压力的权重 $a$、$b$ 都发生了变化，但整体指标趋势与图 5-13 保持一致，说明集群作为复杂适应性系统面对外部压力会做出适应性调整，而组织学习正是集群实现转变的方式之一。需要注意的是，图 5-14 中由于对流行性压力的权重增幅较大（从 5 到 9，增长 80%），而对于集群外部环境压力改变较小（从 13 到 7，减少 46%），所以总体而言，集群指标开始变化的周期从 6 推迟到了 9，这说明诱导集群企业进行组织学习的关键因素是集群外部环境变化所产生的临界压力，只有当临界压力超过一定阈值时，集群企业才会启动组织学习，从而说明图 5-12 中集群组织学习传导机制的合理性。这也从一个侧面说明组织涌现式学习是具有很高的成本的，所以在一般情况下，企业只会进行微调，保持其原有的有序状态，而不会轻易让组织进入混沌边缘态，并采用涌现式学习方式。

2. 无标度网络结构：无标度网络模型

我们根据 Barabási 和 Albert（1999）给出的算法，构造了一个 1 500 个节点的无标度网络作为集群的网络结构。后续的仿真方法与小世界网络完全相同（为便于观察各指标的变化趋势，图 5-15 和图 5-16 的纵坐标取值范围有所不同）。

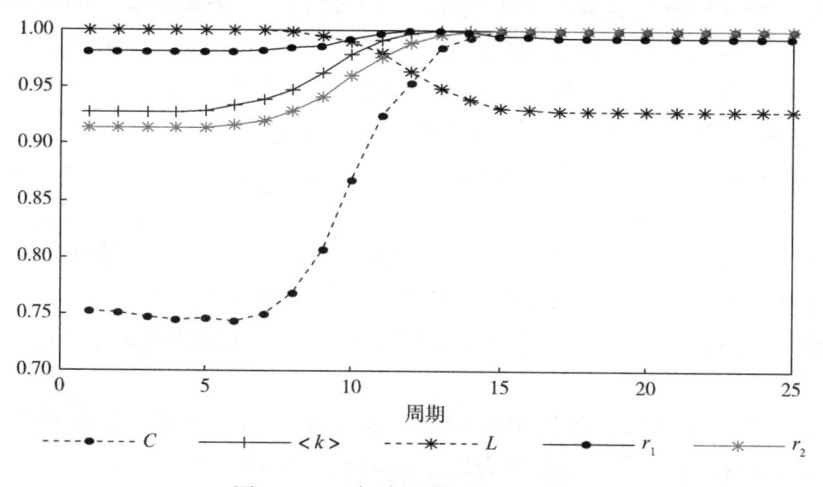

图 5-15　无标度网络：$a=5$，$b=13$

图 5-15 和图 5-16 给出了两种不同权重情况下，集群五个指标的变化情况，总体而言，这些指标会先表现平稳，然后呈现不同幅度的变化，进而再进入新的稳定状态，说明集群组织会经历一个涌现式学习过程，这里就不再针对每个指标进行逐一赘述。但是无标度网络结构呈现出与小世界网络结构的明显不同。图 5-15 与图 5-13 相比，虽然它们的权重都相同，但无标度网络结构的指标变化程度明显低于图 5-14（注意两个图的纵坐标不同）；图 5-15 与图 5-16 也具有相同的情形，这

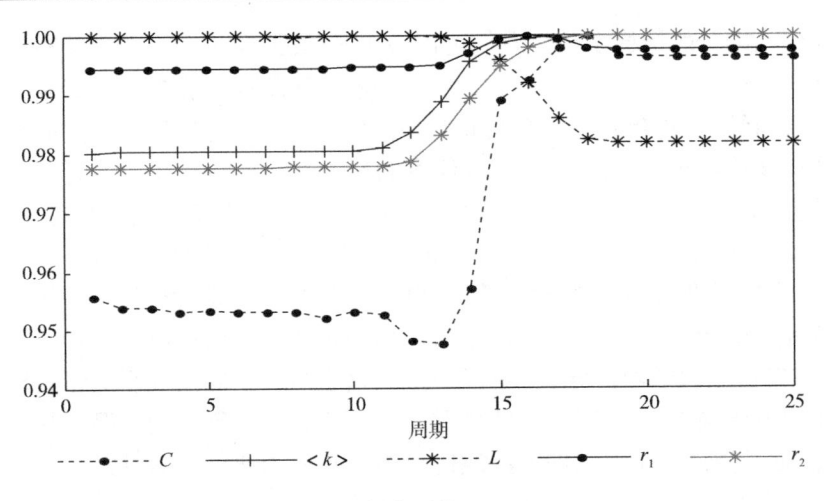

图 5-16　无标度网络：$a=9$，$b=7$

说明集群无标度网络结构对外部环境临界压力的适应方式不同于小世界网络结构。

由于无标度网络结构的度分布是服从幂律分布，存在度非常大的节点，所以在无标度网络结构集群中存在核心企业，这些企业在集群中发挥主导作用，其他很多企业围绕这些核心企业，提供其所需的配套服务或外包业务。因此集群外部环境变化的临界压力对无标度网络结构集群而言，先是对核心企业发生影响，主要是由核心企业来承受，促使核心企业进行涌现式学习。核心企业对其战略和资源的相应调整会导致集群整个网络结构的变化。而小世界网络的特点是具有很高的聚类系数和较短的最短路径，所以小世界网络结构度分布相对均匀，不存在度很大的节点。外界临界压力几乎对每个企业都会直接产生影响，从而诱导集群企业进入涌现式学习，表现为集群网络结构的剧烈变化。相比较而言，由于无标度网络中存在一个核心企业的缓冲作用，其集群网络结构的变化没有小世界网络结构剧烈。这也从一个侧面说明集群网络结构对其内部组织学习具有一定的影响力。

综合以上仿真结果，我们可以看出在面临压力的情况下，集群企业会根据压力大小做出相应的反应，当压力较小的时候，集群组织会依赖其组织内部的微调来适应变化，从而集群整体的网络结构变化很小；然而当压力超过一定阈值时，少数集群组织会先进行涌现式学习，采用新的战略，改变原有的资源调配方式，对内对外进行资源的重新分配，如构建新的联系、开拓新的市场等，此时集群整体会逐步进入混沌边缘态，从而在集群网络压力下，越来越多的企业会进行涌现式学习，导致集群网络的快速演变，由此 5.3.3 小节所提出的命题得到验证。

### 5.3.6 敏感性测试

仿真研究的一个重要环节就是参数敏感性测度。针对不同企业对待流行性压力和集群外部压力的权重不同,本书分别对小世界和无标度两种网络结构下 $a$、$b$ 参数的不同取值进行了敏感性分析。图 5-17~图 5-21 分别给出了五个指标的敏感性测试结果,结果显示,模型(5-2)表现出了较好的稳定性。以图 5-17(a)为例,虽然不同参数下 $C$ 的绝对数值不同,但呈现出了相当一致的变化趋势和变化点,而这正是我们所关注的地方,因此可以认为本书所构建的模型对集群内部组织学习行为具有良好的解释力。

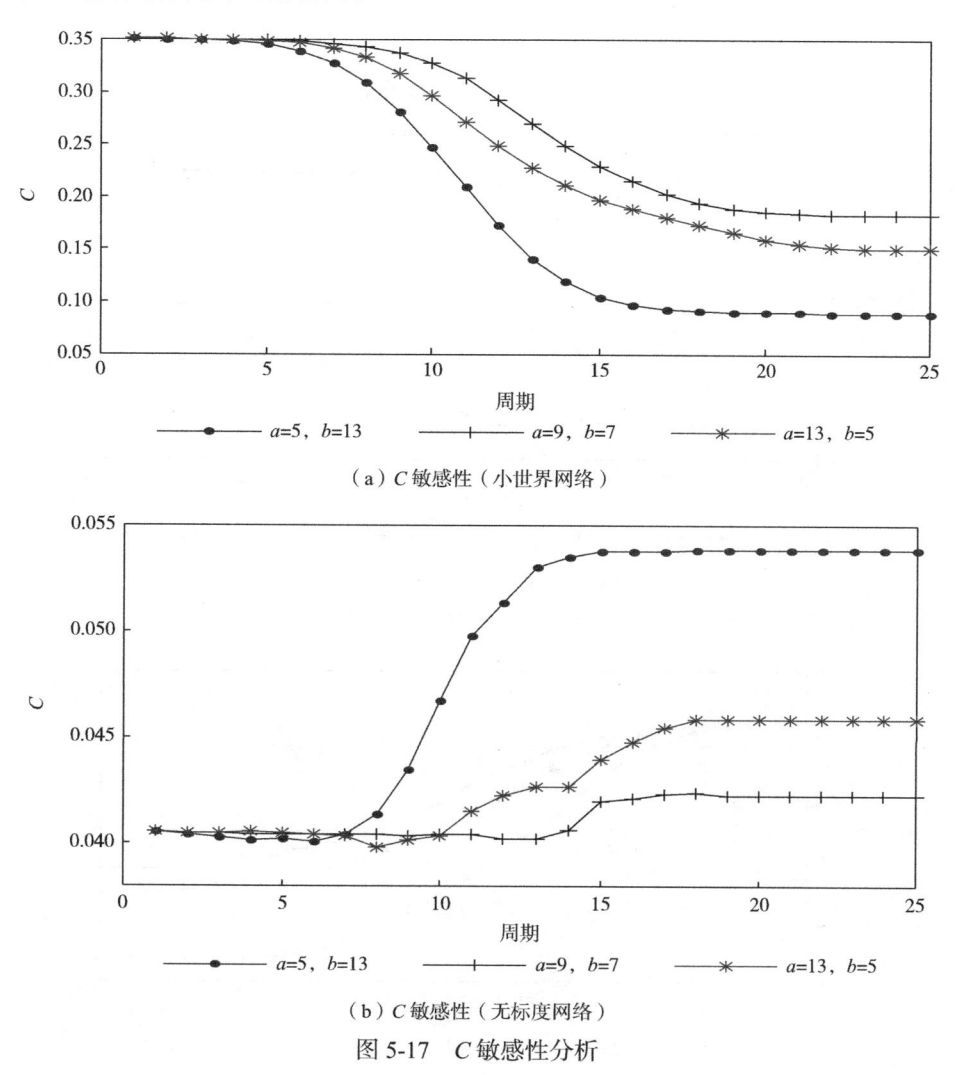

(a)$C$ 敏感性(小世界网络)

(b)$C$ 敏感性(无标度网络)

图 5-17 $C$ 敏感性分析

（a）<$k$>敏感性（小世界网络）

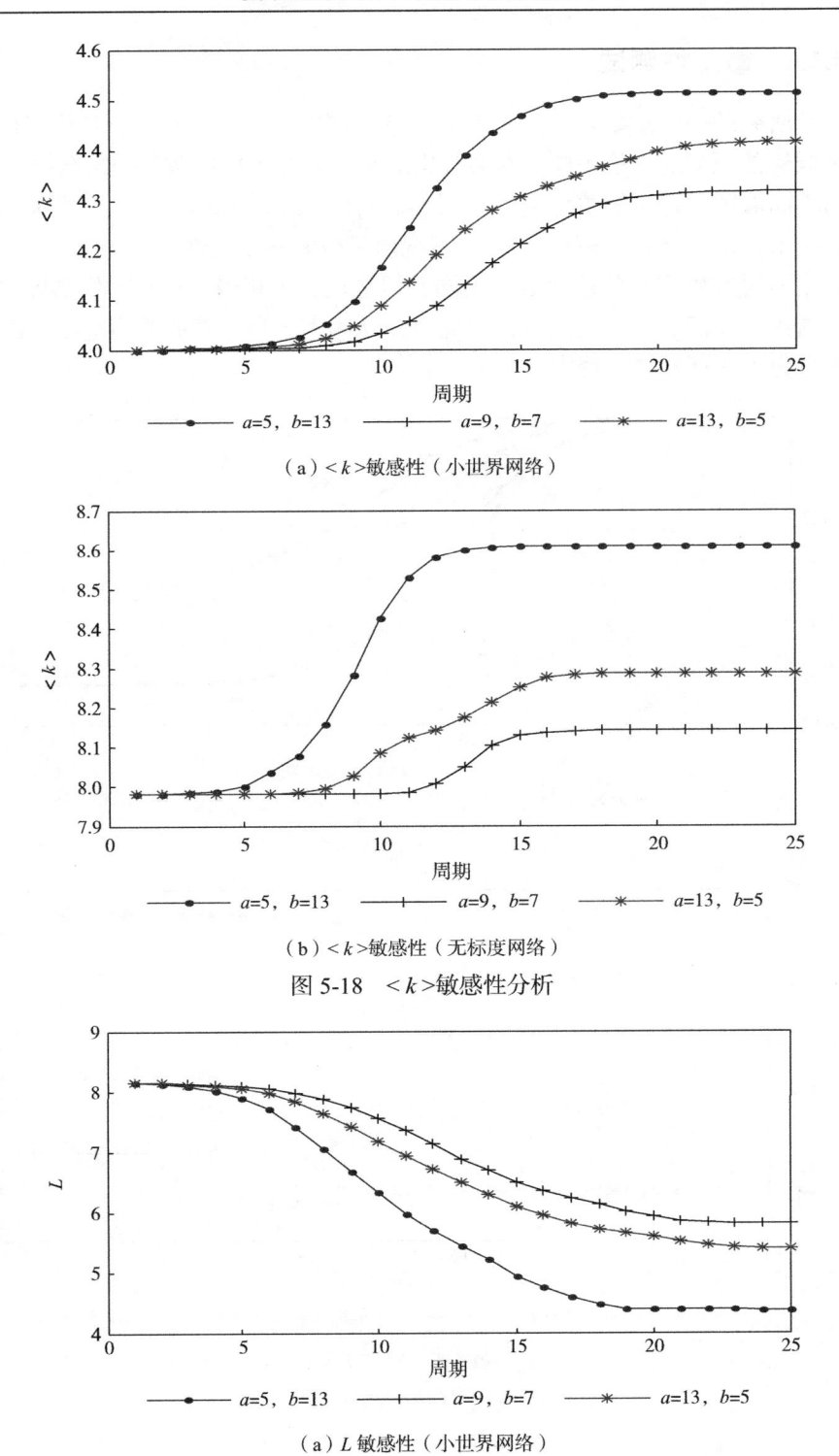

（b）<$k$>敏感性（无标度网络）

图 5-18　<$k$>敏感性分析

（a）$L$敏感性（小世界网络）

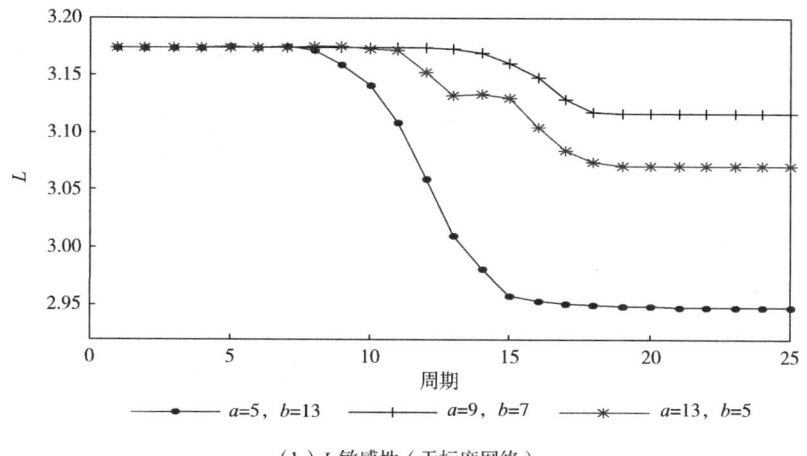

（b）$L$ 敏感性（无标度网络）

图 5-19 $L$ 敏感性分析

（a）$r_1$ 敏感性（小世界网络）

（b）$r_1$ 敏感性（无标度网络）

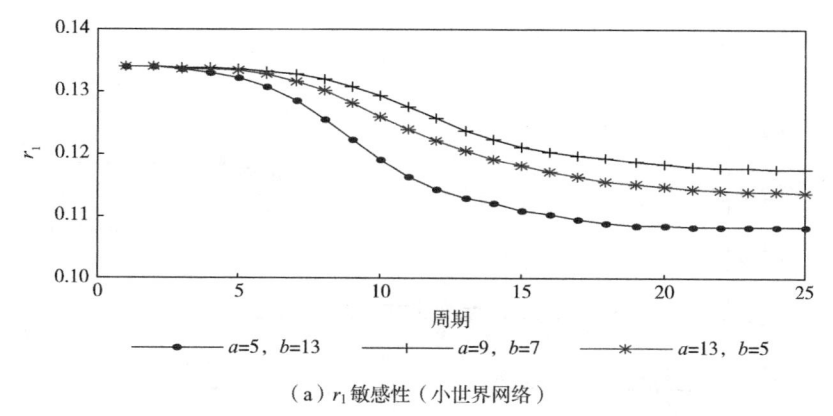

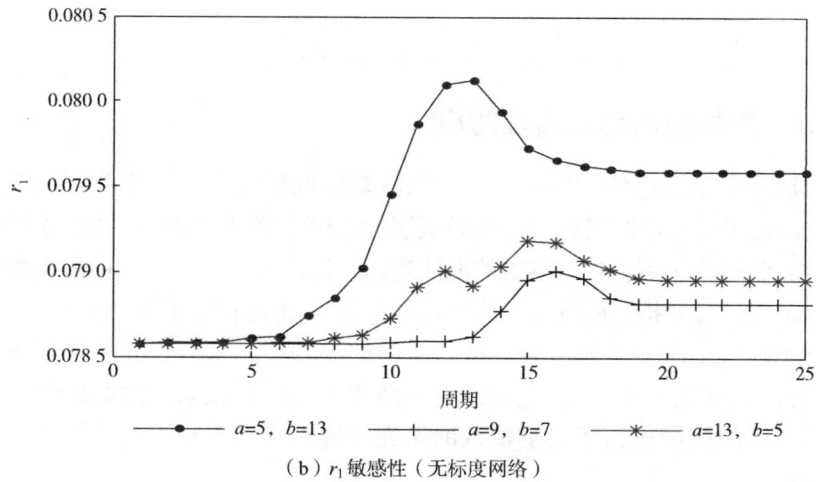

图 5-20 $r_1$ 敏感性分析

(a) $r_2$ 敏感性（小世界网络）

(b) $r_2$ 敏感性（无标度网络）

图 5-21　$r_2$ 敏感性分析

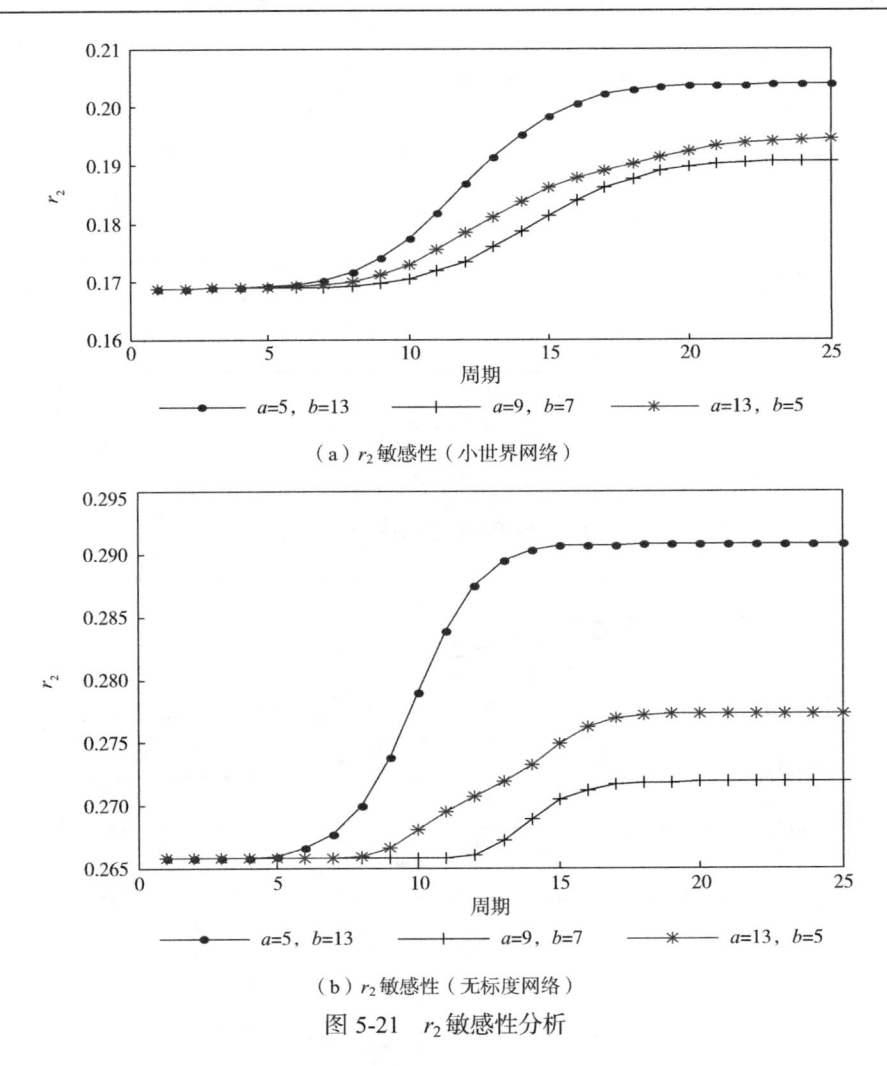

### 5.3.7　集群创新环境治理的启示

本节运用复杂理论的方法和思路，从战略层面研究了集群企业组织学习的机理，通过构建相应的集群组织学习传导机制理论模型和数值模型，探讨了集群混沌边缘态企业涌现式学习特性，本书从混沌边缘理论出发，将组织学习放在集群复杂适应性系统内进行分析，通过对组织学习环境和学习成本的分析，研究了集群不同状态、学习环境、学习成本、企业战略之间的关联性，从而建立起外部环境（宏观）、集群内部环境（中观）、企业战略（微观）之间的联系，由此从组织学习角度对集群自组织机制进行了更加深入的研究，进一步完善和丰富了集群复杂适应性系统理论。

本节的主要贡献体现在以下三个方面：①运用复杂理论，区分了集群演进的三种不同状态，并相应提出了常规式、涌现式和无序式不同的组织学习方式；②探讨了组织学习成本这个长期被忽略的问题，提出了"学习动力—学习成本—学习环境"传导机理；③分析了集群混沌边缘态组织涌现式学习的具体方式，并运用仿真方法对所给出的命题进行了验证。表 5-4 归纳总结了集群内部企业常规式学习与涌现式学习的特点。

表 5-4  集群不同状态下学习方式及其特征比较

| 项目 | 常规式学习方式 | 涌现式学习方式 |
| --- | --- | --- |
| 学习动力 | 相对稳定的外部环境，集群缺乏压力 | 变化的外部环境冲击对集群竞争优势或可持续性形成足够大的临界压力 |
| 学习主动性 | 绝大部分企业是被动学习或常规学习 | 企业主动学习 |
| 学习成本大小 | 成本较小且确定 | 学习成本较大且不确定 |
| 网络特征 | 相对稳定的网络结构 | 快速演化的网络 |
| 学习特点 | 方式相对固定 | 多层次、正负反馈交织、自适应 |

由此我们可以发现，集群创新的网络治理需要营造一个涌现式学习的环境，这种环境将为集群各组织之间开放式创新提供更多的机会，从而增强企业与学校、企业与企业之间的合作创新活动。从图 5-12 集群企业组织学习的决策和传导机制可以看出，适当的集群外部和内部关联压力可以促使集群各组织之间建立和保持持续创新的状态。

## 5.4  集群开放式创新的服务平台治理模式

### 5.4.1  网络治理的常见类型

产学研合作创新的显著特点就是各参与主体的自组织性质，其中企业与科研机构之间存在互补和相互依赖的关系。一种是企业根据对市场的预期提出需求，再寻找具有较强研发能力的高校或科研院所进行合作；另一种是研发机构将已有的技术或实验室产品通过企业进行产业化。无论哪种方式，其合作的关键都是双方或多方建立有效的过程控制，以降低合作失败的风险。

不同形式的治理机制之间存在着明显差异。对于产业集群而言，常见的治理模式主要包括行政治理和市场治理。行政治理是基于法律和政策的治理，在这种治理中，有权力的一方将控制业务或组织活动的过程，从而容易导致缺乏灵活性的僵化官僚形式。市场治理是以合同为基础的。这就是市场的力量，如供求关系决定了这种治理机制的绩效。产品和服务的价格是关键的指标。由于这种形式的治理是以合同为基础的，未被接受的补救措施是通过法律进行处理的。这个过程相当的烦琐和昂贵。更重要的是合作不可能是完美的，无法预知各种可能性。

网络治理以不同的独特方法来促进创新网络的治理，包括参与者治理或共同治理，领导者治理和第三方治理（Adler and Kwon，2002；Uzzi，1997）。每种治理类型都拥有独特的协调过程与机制。参与者治理是网络治理形式的一种，是指网络中的参与者参与到治理过程。在这种类型的网络治理中，特定网络的参与者对业务活动的管理发挥着重要的作用。此外，决策和实施需要网络内参与者的集体努力，当然这些决策和实施可以由不同的参与者执行，以达到消除冲突、降低风险的目的，同时增加和调节参与者之间的信心和信任。为了保证网络上的共同规范和治理绩效，所有参与者在治理过程中都需要对其他参与者产生信任。此外，这种形式的治理促进了集体目标的实现（Uzzi，1997；Powell，1990）。尽管这种形式的治理具有一定的灵活性，但是也有一些不足之处。由于这是一种参与者与参与者之间的治理机制，在网络的宏观环境中就可能存在资源过度开发，如为了获得政府资金和优惠政策，企业或组织需要与其他公司结盟，参与者就有可能提供虚假信息，如对联盟项目资金的使用提供误导性信息。因此，虽然这种形式的治理促进了分权，促使决策和实施过程更加依赖相互的信任和协商，但也提高了交易成本。

相比而言，领导者治理机制能够更加有效地促进协调过程。在产业集群中，往往存在一些龙头企业，它们在特定行业中拥有比较大的权限，在创新方面一直处于领先地位，是高度专业化的重要组成部分，拥有大量的资源和社会资本。这些企业往往比集群中规模较小的企业更为有实力成为网络治理中的领导者（Uzzi，1997）。在特定的网络中，龙头企业会影响整个网络的绩效。然而其对其他小规模企业的关注度较低也会导致权力过分集中或权力滥用，对网络绩效有负面影响。此外，领导者企业可能为自己和同伙提供有利的政策和战略，而不是满足网络中全体成员的集体需求，因此这种形式的治理机制似乎也是冲突的根源。在进行决策时，这种形式的治理面临着来自网络中的其他参与者的不同障碍，其原因在于这种治理结构下对于决策的非兼容性。

当然也可以考虑通过引入专门的机构或组织来进行创新网络治理，以消除特定参与者的权力集中。这些实体组织负责管辖特定的网络及其相关活动，代理充当特定网络中参与者之间的媒介，起到促进和监督的作用。作为促进者，它确保进行各种方案和活动时参与者之间的协调和互动。在监管方面，它的制约和平衡促使参与者之间的信息和技术传播与交易顺利进行，并保证参与者遵守网络规则和准则，以维持特定网络的发展和绩效。评估这种治理形式的有效性可以看出，它有利于网络初级阶段的形成并管理复杂的网络。这些机构或组织也可以称作网络管理组织，是由特定网络中某些参与者组成的，在某些情况下，网络管理机构完全由特定网络中与网络成员没有任何关系的新成员组成（Jones et al.，1997；McEvily and Zaheer，1999）。

虽然这种形式的治理有一些优点，但是对于网络的生存依然存在新的挑战。在特定的网络治理中，网络管理机构的地位和作用限制了参与者社会互动的频率，影响了协调活动。研究表明，信任是对网络的生存和可持续发展的一个最重要的因素（Powell，1990），参与者之间的沟通限制将会导致无效信息和知识的共享。为了取得特定网络的集体目标，有必要在参与者之间建立高效顺畅的沟通机制（Ackah et al.，2016）。这也是本书提出创新服务平台治理模式最重要的考量。

### 5.4.2 集群开放式创新服务平台构建

根据前面所提出的网络治理的技术路径，通过前面的研究，我们发现在集群开放式创新中，包括企业之间的合作和企业与研究机构之间的合作，或者是多方混合模式的合作中，由于彼此之间缺乏相互的了解以及合作的经验，创新效率和绩效低下，在此过程中，项目参与方都不愿意付出更多的精力和成本来妥善解决各种冲突和矛盾。

鉴于此情形，本书提出构建创新服务平台的思路，这种思路是与 5.3 节中创新环境相结合来促进集群开放式创新活动,增强合作的频率和吸引更多的参与者，而且最重要的是构建一个创新需求和供给信息平台。如图 5-22 所示，需要构建一个服务平台来提高开放式创新的过程管理效率。这个服务平台可以由各种类型的创新服务类企业构成。

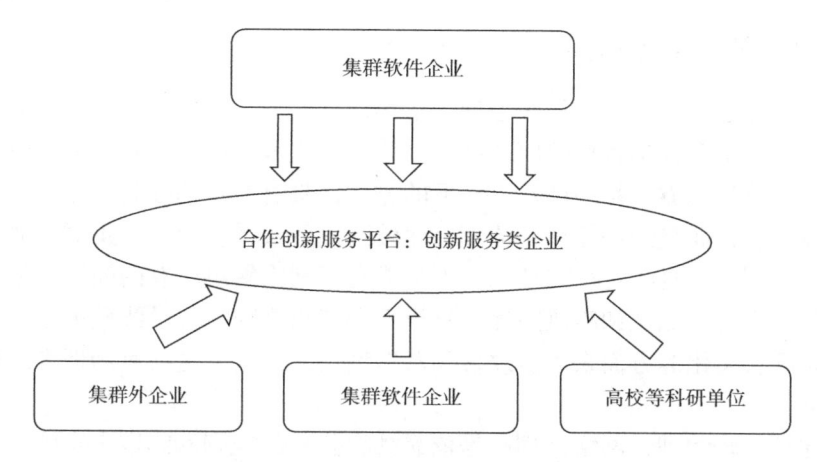

图 5-22 集群创新服务平台的构建

通过这个平台,集群内有创新意愿的企业可以与技术的研发和提供方相对接，更为重要的是，创新服务企业将深度参与合作的全过程，并为合作各方提供所需的各种服务，包括搭建沟通渠道，参与沟通和协调各方的利益和冲突，监督产品研发进度，搭建起企业和研究机构之间的桥梁，形成高效的沟通渠道和机制，以提高产学研合作创新的绩效。其主要的作用和价值体现在以下几个方面：

（1）创新服务平台将积累企业和研发机构双方的需求信息。一方面，促进创新产品能够在相对较短的时间内与相关企业对接合作，帮助促进信息流动以及知识与技术的快速扩散和产业化；另一方面，收集高校研发信息，帮助有需求的企业寻找研发团队，实现合作创新。

（2）在资源流动方面，基于网络的互动性，鼓励集群内企业之间的社会互动，促进双方的相互信任和理解，集中集群资源并进行合理分配，避免资源浪费，同时还能帮助集群内的企业获得以较低的成本和风险获取外部资源的机会，保障产业集群良好的发展态势。

（3）在监管方面，平台负责监督集群网络中参与者个人和集体行为，促使参与者之间的信息和技术传播与交易顺利进行，并保证参与者遵守网络规则和准则，以维持特定网络的发展和绩效，确保进行各种方案和活动时参与者之间的协调和互动。

（4）当集群环境中出现不信任和不合作的状况时，平台机构要负责重新建立信任关系，具体来说，扮演调解角色，缓解双方不合作的僵局关系，促使信任与合作的新的机会出现，此外还要负责帮助那些信任水平低的企业重建信任能力和信誉，促使集群整体信任水平的提升，这不仅仅有利于提升集群企业间的信任水平，促进集群整体的发展，还有利于区域经济的综合发展。

### 5.4.3　创新平台的实施

网络治理是一个不同于行政治理和市场治理的方式，对于集群创新而言，现实的行政治理主要包括各种政府的优惠政策，如土地政策、税收政策、研发政策等，这种行政治理方式是一种自上而下的方式，具有一定的强制性，虽然实施成本是比较低的，而且短期往往会体现出比较明显的效果，但对于集群开放式创新问题，由于创新自身的规律和特点，不可能在短期内解决所有的问题，创新活动本身就具有不可预测性和高风险性，其投入和产出之间并非是线性关系，需要从环境、制度、文化等方面来逐步改善和营造创新的沃土，这就对治理方式提出了新的要求。

不同于行政治理，网络治理则是依靠社会公共的规则和约定来实施，这里的创新平台治理模式正是根据集群复杂适应性系统特征提出的，我们尝试通过增加集群组织多样性来提高集群的适应能力。复杂理论认为，系统对环境适应性的前提是系统组织的多样性以及选择标准的多元化。由此我们提出，对于集群而言，在具体的实施过程中，首先当地政府不仅应该鼓励产品创新类企业，也应该鼓励创新服务类企业进驻集群，从而增加集群系统组织的多样性。由于我国的企业进入集群是由政府审批的，创新平台的实施需要政府观念的转变，需要大力发展创新活动相关的服务型企业，对创新服务型企业同样给予一定的优惠政策，从而为集群开放式创新网络创造丰富的条件。

其次需要建立相应的保密制度及监督制度，以防止由于企业间人员流动而引起的校企双方研发产品及经费等信息的流失和外泄。这就需要创新服务类企业具备较高的保密意识和采取防范措施，从而真正发挥这些企业在网络中的桥梁作用。由于涉及过程监督，企业需要较高的管理能力，这种服务型企业也需要建立一个行业保密标准，以规范企业的运作。

根据我们的实证调研，现有创新服务类企业在集群内部还非常少，即使是现有的科技服务类企业，也都不是真正为企业合作过程提供服务的企业，这就说明集群内部服务业的发育还远远不够，地方政府在集群引进企业中具有很大的决策权，因此应该出台政策鼓励这类服务企业的入驻，以此改变集群现有创新网络的拓扑结构，重建更加高效的创新网络，使得集群创新活动更加内生化、机制化，而不是单纯依赖外生因素的推动。

## 5.5 小　　结

本章运用 Matlab 软件对集群创新网络进行了仿真研究，主要是从网络构建角度，分析了目前集群创新网络拓扑结构存在的结构洞，通过建立创新服务平台，提出了集群开放式创新服务平台的网络治理模式，搭建一个企业与高校之间的桥梁，从而更好地实现企业需求与高校技术之间的对接，提高产学研合作各方之间的沟通效率。这种创新服务平台的组成企业可以是专门的科技服务公司，以达到提高合作创新绩效的目的。作为产业集群中特殊的主体，地方政府在集群治理中发挥着非常重要的作用，虽然政府的作用可以突出体现在集群行政治理上，但对于网络治理，政府依然是重要的参与者，不过其作用是进行一定的环境培育，而不是直接干预集群各组织之间的各种关系的构建和活动。通过本章的研究，我们可以对集群不同层面提出相应的建议，具体如下：

（1）从政府层面：首先需要重视集群内部组织多样化问题，不能只重视同类企业，特别是在供应链上同一环节企业的引进和孵化工作，应该重点鼓励各类服务型企业，尤其是集群开放式创新的创新服务类机构和企业，促进集群内专业化发展，充分利用产业集群的外溢效应和弹性专精的特点。其次需要引进相应的人才培养机构、各类风险投资企业。为创新型人才生活方面所提供的服务包括子女教育环境等都应该是集群政府需要考虑的问题。政府在提供各种优惠条件吸引企业的同时，更需要创新各种机制以适应不同人才的需求。最后政府还有必要在集群宣传方面更加客观，营造一种比较宽松的氛围，包括不能只宣传成功的企业，而应该传递出对于创新成败更加宽容的态度，这种态度和支持可以提高企业参与创新的程度，激发其不断尝试的勇气。从复杂理论角度讲，这种具有涌现式特征的环境对于企业学习和创新具有决定性意义，可以大大降低企业和个人创新的心理成本和社会成本，有利于转变完全以成败论英雄的观念。

（2）从集群行业层面：集群整体相对于企业或其他组织而言，是一个中观环境系统，这是集群网络治理的关键所在，因为网络治理主要是通过构建和维系一个比单个企业更高层次的系统，通过系统所提供的共识、约束、激励和惩罚机制来实现对每个参与者行为的引导和监督，最终的目的是实现个体与集体的双赢。行业层面是网络治理的关键层面，对于集群整体行业而言，如何促使和监督服务创新网络中各参与者之间的权利和义务的履行，建立比较权威的仲裁和协调机制，成立相应的机构来保证创新网络的正常运作，减少网络运营成本，这些都需要从行业整体角度去思考和构架。对于集群而言，需要行业协会与政府、企业保持充分的信息交流，同时行业协会也需要加强与外部相关行业或组织的联系，积极采集各种与行业发展相关的信息，可以定期发布对行业未来的预期和创新成果，以及宣传政府的各项政策，从而真正形成独立的、对企业具有吸引力的平台型组织，成为网络治理最重要的支持者和承载体。

（3）从企业层面：单个企业是集群治理的最终落脚点，网络治理是一个需要企业积极参与的过程。单个企业与网络治理系统之间是共生关系。对于集群而言，每个参与主体都会对网络治理的成败产生影响。虽然目前政府提供了极其优惠的条件来扶持企业创新，但是这种优惠也会使得企业产生对政府的过分依赖，从而制约企业按照市场机制来决策和实施战略的能力和锻炼机会，因此集群内部单个企业需要对此有充分的了解和认识，未雨绸缪，更多地采用市场化的标准来进行企业创新的决策，以形成可持续创新的动力机制和创新管理能力，特别是创新中的风险控制能力。企业是网络治理的主体，网络治理需要所有参与者具有较高的素质和一定的协商谈判能力，企业也应该逐步拓展视野，不断学习和提高合作技巧和方法，学习更加理性地解决网络治理中出现的问题，提高对集群整体与局部关系的认知水平。企业本身需要不断保持在混沌边缘态，即保持组织的变化和柔性，这常常需要企业高层管理者有充分的自信心来对待不断变化的内外部环境，尤其是在创新过程中，需要通过各种方式，无论是主动创造还是被动形成必要的压力来加快学习速度，保持比较开放的状态，从而提高企业自身对创新本身及创新产品的吸收能力。

# 第6章 集群企业社会责任问题的网络治理

对于企业社会责任的理解和认识在全世界范围有很大差别。对企业社会责任的研究也从早期的概念逐渐向影响可持续发展的社会公平、环境保护、利益相关者诉求等问题深入（Matten and Moon，2008；Moon and Shen，2010；Prieto-Carron et al.，2006）。本书认为企业社会责任主要包括产品安全、环境保护、劳动者权益及企业家慈善等行为。这里我们以四川夹江陶瓷产业集群为样本，实证研究我国集群系统内企业社会责任的认知和实施现状，并针对所研究集群企业社会责任存在的问题，采用复杂理论中牵引控制的思路提出相应的网络治理方式。

## 6.1 企业社会责任与利益相关者网络之间的关系

Friedman（2007）提出从利益相关者或自由市场中地位角度研究企业社会责任。他认为企业社会责任主要体现在为企业利益相关者创造财富，为政府纳税以及生产安全合格的产品上，由此社会责任对于企业而言会增加其生产和运营成本。Jenkins（2009）和 Quayle（2003）对中小企业的社会责任的研究支持了 Friedman（2007）的观点。相比而言，Freeman（1984）提出企业可以被认为是商业与社会之间的一种契约形式，企业需履行对社会中各团体的相关责任（Donaldson and Dunfee，1994），而不仅仅局限于企业直接利益相关者。正如 Clarkson（1991）所认为的那样，企业是在一个更大的社会系统中运行的，它的利益相关者也是一个子系统，利益相关者的影响可以被视为驱动企业认知和行动的重要因素，能够提高企业内部运营以及外部对社会和环境的行为道德水平（Fernández-Feijóo，2007），激励企业履行社会责任的意识和实践。

无论企业是否了解利益关系网络的结构，它事实上都是嵌入其中的。利益关系网反映了企业运营全过程所涉及的关系和结构（Coe et al.，2008），这些关系不是简单的链式线性关系，而是相互交织并具有正负反馈效应的复杂关系，网络中的各主体之间往往是一种弱连带关系，这种关系一般比较持久而且可能会随着时间逐渐强化（Williams and Durrance，2008）。网络关系不仅有利于信息和观点的交流和分享，还有利于各类观念和意识形态的融合和创新。Hughes等（2008）就发现在全球生产网络中会形成比较类似的有关道德等社会责任方面的共识。

商业领导者可以通过在社会网络上的投入和付出来获得主要利益相关者的认同（Mitchell et al.，1997），从而建立必要的社会资本，并通过战略意图来显示出企业独特的存在价值（Ullmann，1985）。因此这类网络所形成的关系对企业非常重要，可以成为企业获取竞争优势和谋求社会支持的重要资源（Sen，2011）。这种认识与中国的"关系"概念类似，社会网络关系建立双向约束的同时也为双方提供了便利。但是需要注意的是，利益相关者网络的作用也可能被过分高估，正如O'Shaughnessy等（2007）所指出的那样，需要采取新的思路和度量方式来判断网络联系的强度，从而探究不同的利益相关者是否影响了企业的社会责任认识和实践，以及是如何作用和影响企业社会责任的形成和实施的。因此需要运用实证研究来对特定集群企业社会责任的实施现状进行分析。

众多的文献都涉及不同的行业特点分析，以及不同行业对企业社会责任的不同认知（Sheth and Babiak，2010）。从大类来讲，社会对营利行业与非营利行业的道德要求是不同的（Mally and Agarwal，2010）。Jamali等（2010）发现公立医院相对于私立医院而言具有更高的社会责任水平，由此也会带来行业道德环境的差异。即使一个行业内部，社会对不同企业的道德水平要求也是不尽相同的，企业自身对社会责任的实施标准也可能不同。Jones等（2006）以英国前十名酒店为样本，发现企业经营者对于社会责任的履行有着很不相同的方法，在对社会责任的报告中这种差异性就体现得更加明显。Boutilier（2007）指出企业社会责任是因企业、行业甚至利益相关者而异的，一些企业关注污水排放，另一些企业则关注雇佣平等问题。

当然，一些商业也将企业社会责任视为市场竞争的工具和方式。Decker（2004）研究了日益增加的企业社会责任在形成竞争优势方面的影响，以英国零售业为研究对象，发现企业社会责任正逐渐被利用为企业战略，同时也影响了行业结构。对于不同行业，基于其特点的不同，企业社会责任对企业财务绩效的影响也是很不相同的。Hoepner等（2010）指出企业财务绩效是受企业对利益相关者的依赖程度、对社会和环境的潜在破坏程度、产品或服务的差异化程度以及与最终用户的亲近程度等因素影响的。

通常行业内的参与者会共同分享对战略等问题的认识和看法，从而逐步形成一种战略族群（Huff，1982）。与这种逻辑相一致，产业集群作为复杂适应性系统（Rullani，2002），具有自组织特点和能力，从而在集群内部容易产生集体思维的亚文化（Abrahamson and Fombrum，1994；Pouder and St John，1996；Porac and Tomas, 1994）。而集群不是封闭的系统，它是一个耗散结构，不断与外界进行能量交换。集群内部组成是相互独立的企业和组织，但它们又可能被相似的观念指导来进行相应的实践活动。因此集群提供了一个独特的机会来研究企业社会责任。

## 6.2 四川夹江陶瓷产业集群实证研究

### 6.2.1 调研目的和内容设计

本章主要目的是了解集群企业社会责任的实施情况，鉴于企业社会责任的实施依赖于企业特别是企业家和企业高管对企业社会责任的认知，实证研究的具体目的包括：①了解集群企业对企业社会责任的认知情况（Caprara et al., 2010）；②了解集群企业在企业社会责任方面的实施情况。

作为一个世界范围内普遍的经济地理现象，集群的独特性主要体现在它对信息与资源的共享上，系统内各主体，如企业、各类团体、中介机构、高校、政府等共同努力为集群创造出属于集群特有的公共资源，从而使系统主体都能享受到集群整体的各类公共服务，增强企业个体的生存可能性和竞争优势。在此过程中由地理位置接近所带来的频繁交往或相互关注，使得集群内个人、企业、非正式组织之间形成各种网络，通过网络关系相互影响，从而形成比较接近的观点。本章内容主要是发现这些网络关系对企业社会责任认知的影响和作用方式，以及这些企业对相关社会责任的实施情况。

本次调研内容主要包括三个部分：①企业的基本情况，包括成立时间、产值、员工人数、主要产品等；②企业对社会责任的认知情况及影响因素；③企业社会责任实施情况及其影响因素。

问卷中关于企业社会责任的选项设计均根据 Carroll（1979）的分类和定义。该问卷的设计思路如下：首先通过问卷了解企业领导者对企业社会责任的认知情况；其次通过对企业主或总经理的访谈，对当地政府主管领导的访谈，以及对政府相关文件的查阅来观察企业社会责任实施情况；最后收集企业社会责任相关二手数据来估计各利益相关者是如何影响企业的社会责任认知和实施的。

### 6.2.2 数据采集方法

本章选择四川夹江陶瓷产业集群作为样本。陶瓷产业是一个典型的高耗能产业，其生产过程对环境存在各种潜在的破坏。由于该行业对环境的影响较大，现在该行业已经逐步向相对不发达的地区转移，如我国的西南和其他相对偏远的地区。本章设计是基于 Carroll（1979）对企业社会责任的金字塔分类，从下至上包括四个部分：经济责任、法律责任、伦理责任和慈善责任。尽管对企业社会责任的理解还没有一致的见解，但 Carroll 的分类和解释是目前被学术界以及企业和社会广泛引用的（Huniche and Pedersen, 2006），所以我们沿用 Carroll 的定义和界定来进行相关的实证研究，包括问卷和访谈问题的设计。此外，我们采用复杂网络特别是有向加权网络方法来评价各利益相关者对企业社会责任的影响程度，这里根据四川夹江陶瓷产业集群的特点，我们重点从以下三个方面的社会责任进行研究：对当地自然环境的影响、企业员工的薪酬和工作环境、企业的慈善行为等公益活动。

我们尝试通过关注企业间的相互作用和影响，以及其他利益相关者之间的关系来发现企业社会责任的实施情况。当然，利益相关者理论本身在运用过程中也需要注意区分单个企业的利益相关者和一个小团体的利益相关者。这里我们重点探讨利益相关者之间的关系而非他们本身的特点（Wellman et al., 2002; Granovetter, 2005）。

虽然从理论上讲，有向加权网络方法可以很好地刻画利益相关者对企业社会责任的影响程度，但在实证层面却很难收集到充分的数据来构造整个复杂利益相关网络，主要是因为集群内部庞大的企业数量以及错综复杂的各种联系甚至包括一些极其隐蔽的私人关系信息很难获取。我们尝试更加关注网络整体的集体行为，而非单个企业的行为，从而在一定程度上反映集群的涌现行为。这种研究策略基于复杂网络方法本身的特点和复杂系统的不可精确测定性。复杂网络为我们提供了一个连接个体行为和整体效益的桥梁，表现为个体行为的整体反应。从复杂系统角度，集群是一个相对完整和较小的系统，其中所有的企业都在一定的地理区域，这就为收集相关实证数据提供了一定程度上的可能性和便利性（He and Rayman-Bacchus, 2010）。本章限定在陶瓷行业，从而避免了行业差异所引起的偏差，保证了样本企业之间的可比性。我们可以通过调查陶瓷产业集群内部网络来分析企业对社会责任的认知和实施情况。

我们采用样本分组，每组内随机抽样方法进行样本采集（Ghauri and Gronhaug, 2002）。利用当地政府的统计数据，根据企业的产品将陶瓷集群内的企业分成两大类：陶瓷制造企业和配套辅料企业。其中陶瓷制造企业几乎都是大中型企业，具有较高的附加价值和一定的技术含量；而配套辅料企业主要是大量的小企业，附加价值较低。从我们的预调研发现，企业社会责任的相关问题一般只有企业主或总经理很熟悉，因此我们将调查对象定位在企业主或总经理，如果他们不在，就由他们指定一位高管来完成问卷或访谈。当然此次调研活动得到了当地政府的大力支持。我们共发放了 155 份问卷，其中 42 份是陶瓷制造企业，113 份是配套辅料企业，最终收回有效问卷 104 份，回收率达到 67%。考虑到问卷大都是企业主或总经理所填,这个回收率比较令人满意。

## 6.3 调研结果分析

### 6.3.1 集群背景

目前我国的陶瓷产业集群前五位包括：佛山陶瓷产业集群、淄博陶瓷产业集群、晋江陶瓷产业集群、高安陶瓷产业集群和夹江陶瓷产业集群，可见在我国最大规模的陶瓷产业集群中，夹江集群是唯一地处西部的陶瓷产业集群。夹江集群源于 20 世纪 80 年代，主要经历了以下几个阶段。

阶段一：起步阶段。

1987 年第一家集体所有的夹江建筑瓷厂建成，凭借夹江地区特有的地理位置和丰富的自然资源，特别是 20 世纪 90 年代我国房地产业的爆发式增长，夹江的陶瓷行业迅速发展。其产品主要定位在中低端市场，特别是在低端市场占有较大份额。

阶段二：发展阶段。

1995 年，夹江在四川成立首家民营企业管理局和县级玻璃陶瓷协会，并成立企业投诉中心、投资服务中心和行政服务中心，政府也给出了系列优惠政策。2001 年 6 月，首届国际陶瓷节成功举办。2004 年 9 月 23 日，中国建筑材料工业协会和中国建筑卫生陶瓷协会联合授予夹江"中国西部瓷都"称号。2007 年，夹江 4 家中小企业进入全国陶瓷行业销售收入前 30 强。

阶段三：转型阶段。

2008 年汶川大地震后的重建工作使得夹江陶瓷企业又得到了快速扩张，虽然伴随灾后重建的结束，夹江陶瓷产业一度收缩，但经过调整已逐步回归正常状态。2015 年在全国市场份额大约占 7%，在西部约占 30%，在四川约占 77%。

陶瓷制造是高耗能行业，传统的是用煤作为主要燃料，由此会带来严重的环境污染问题。2000 年以后，当地政府鼓励企业用天然气替代煤来减少污染，并提高陶瓷产品的质量。2001 年举办的"国际陶瓷节"更是将夹江陶瓷的整体品牌推向了全国。许多沿海地区，如广东和山东纷纷将其陶瓷制造中高耗能、高污染、低附加值的部分实施产业转移，夹江正好作为一个承接地。同时产业转移也带来了先进的技术和管理，由此夹江陶瓷产业集群汇集了全国各地的企业，它们与当地企业相互配合，这种企业来源的多样性也为我们研究集群企业对社会责任的认知和实践影响提供了很好的样本。

### 6.3.2 对企业社会责任的认知

对企业社会责任的认知是实施的前提。本书希望了解夹江陶瓷产业集群企业对企业社会责任的认识程度。所以我们在没有提供任何提示的情况下,直接询问对企业社会责任内涵的界定。

问题 1:一提到企业社会责任,你首先想到什么?

从表 6-1 可以看出,企业对社会责任的第一反应是很分散的,涵盖了 Carroll 的四种类型。其中约 39.3% 的企业认为社会责任主要是指经济责任,如提供合格的产品和盈利;约 42.5% 的企业认为社会责任是一个伦理道德问题;只有约 18.2% 的企业认为社会责任是法律或慈善活动。所以从最直观的理解上看,企业对社会责任的认识主要停留在经济责任和伦理责任两个层面,对经济责任的高度重视也从一个侧面反映了当前夹江陶瓷产业集群现有的发展程度,即由于市场竞争加剧和需求的下滑,集群企业如何生存和保持盈利仍然是企业面临的最大挑战。

表 6-1 对问题 1 的回答

| 对企业社会责任的第一反应 | Carroll 分类 | 所占比例 |
| --- | --- | --- |
| 提供合格的产品* | 经济责任 | 22.0% |
| 解决就业问题 | 伦理责任 | 18.1% |
| 赚取利润 | 经济责任 | 17.3% |
| 保护环境 | 伦理责任 | 13.4% |
| 对待员工好一些 | 伦理责任 | 11.0% |
| 遵纪守法 | 法律责任 | 8.8% |
| 为工厂所在地提供一些服务 | 慈善责任 | 5.5% |
| 为教育等提供慈善捐款 | 慈善责任 | 3.9% |

*所有产品陶瓷都必须符合政府制定的《产品质量监督抽查实施规范》(CCGF310—2008)

为进一步了解企业对社会责任的认知,我们采用选择回答的方式来观察企业对社会责任的理解程度(问题 2)。

问题 2:以下哪些内容你认为属于企业社会责任?(多重选择)

与我们所预想的结果一致,所有企业都认为参与慈善活动和保护环境属于企业社会责任的范畴。如表 6-2 所示,相比而言,关于经济和法律方面是否属于企业社会责任还存在一定的争议。例如,75.3%的企业认为盈利也属于企业社会责任。综合问题 1 和问题 2 的回答,我们可以发现两个问题的结果差异性是很大的。当给出相应的选择后,所有的回答者都同意慈善属于企业社会责任的一部分,但在问题 1 中，如果不给任何选择，大部分企业还是将企业社会责任与经济责任和伦理责任紧密地联系起来。虽然这说明给予选择后的确会影响受访者的回答，但至少也反映出目前大多数企业日常并没有充分关注慈善问题，或者平时也较少从事慈善方面的活动，所以在不给提示的情况下较少提及慈善活动，只有当特别事件，如大地震发生后，企业才特别关注如慈善捐款等问题。从这个结果我们也可以看出，对于慈善活动还有很大的提高空间，特别是慈善观念的普及和慈善活动的实施还亟待提高。

表 6-2 对问题 2 的回答

| 企业社会责任所包含的内容 | Carroll 分类 | 所占比例 |
| --- | --- | --- |
| 盈利 | 经济责任 | 75.3% |
| 提供合格产品 | 经济责任 | 40.5% |
| 诚实经营 | 法律责任 | 31.2% |
| 按规定纳税 | 法律责任 | 60.7% |
| 公平竞争，遵守行业规则 | 法律责任 | 45.2% |
| 公平地对待所有员工 | 伦理责任 | 84.2% |
| 保护环境 | 伦理责任 | 100% |
| 对非营利组织捐款 | 慈善责任 | 100% |
| 其他慈善活动 | 慈善责任 | 100% |
| 支持社会公共事宜 | 慈善责任 | 100% |

从表 6-2 还可以看出，很大比例的企业主或总经理还认为他们对社会贡献了很多，包括按规定纳税（60.7%）和公平地对待所有员工（84.2%）。相比之下，生产好的合格产品似乎对于企业社会责任而言并不是特别重要的问题，虽然他们都很关注产品质量和控制生产成本。其他诸如诚实经营（31.2%）和公平竞争，遵守行业规则（45.2%）都不是企业社会责任的最核心内容或其日常所关注的问题。

### 6.3.3 社会责任对企业经济绩效的影响

我们还调查了企业对于履行社会责任与其经济绩效关系的认识情况（问题 3）。

问题 3：你认为从事社会责任方面的活动对企业的经济效益有何影响？

从图 6-1 可以看出，履行社会责任对企业短期而言，会增加运营成本同时并不能带来相应的收益；长期而言，会增加企业的收益但同时也会增加企业的成本。这说明市场对于企业社会责任的履行需要一定的接受期和传导期，存在一定的滞后反应，而且即使企业实施了社会责任，市场也不一定能够有效地传导到最终消费者那里，以促使消费者为其支付成本，这就大大制约了企业实施社会责任的商业动力。既然短期可能减少利润，长期利润也不确定，采用市场治理的方式来提高企业社会水平就很困难，这就需要寻找新的治理方式来促使企业提高社会责任水平。

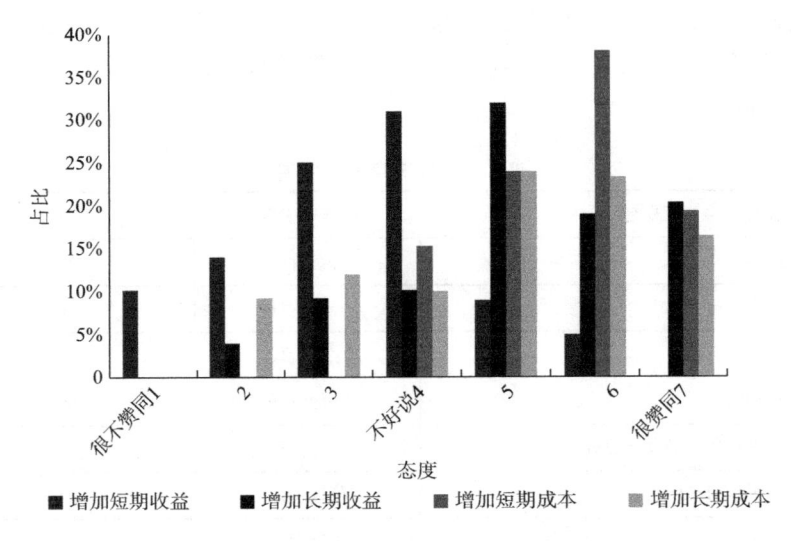

图 6-1　企业社会责任对经济绩效的影响

### 6.3.4　企业社会责任对企业可持续发展的影响

为了解集群企业对于社会责任的重视程度，特别是相对于其他因素而言对企业长期可持续发展的影响力，我们在问卷中加入了诸如宏观经济环境、政府政策、融资渠道等因素以便与社会责任因素相比较。问卷中我们仍然采用 7 分制进行测度。

问题 4：以下因素对企业可持续发展的影响程度如何？

表 6-3 报告了影响企业可持续发展因素的统计结果及其相关系数。很显然产品质量和政府政策具有最高的影响均值，分别为 5.51 和 5.02，这意味着集群企业认为好的产品和政策是影响企业长期发展的最重要因素。同时政府政策还与企业可持续发展具有显著的相关性，其 Pearson 相关系数为 0.670。此外，员工工作条件、环境保护都与企业可持续发展显著相关，说明企业履行社会责任已经逐步成为共识。特别是在新的中国劳动力供给环境下，鉴于我国从劳动力过剩已经转变为劳动力稀缺，一方面是劳动力成本大幅度上升，另一方面是劳动力供给数量大幅度减少，目前很多企业不得不考虑产业转移的问题。加上我国 30 多年高速发展所带来的环境压力，特别是社会及政府对高耗能、高污染行业的管制日益加强，在劳动力和环境的双重压力下，很多夹江陶瓷企业面临很困

难的选择。该实证研究结果也反映了现实夹江企业的处境以及在该环境下的战略和忧虑。

表 6-3　描述性统计结果和 Pearson 相关系数（问题 4）：$N=104$

| 变量 | Mean | SD | 1 | 2 | 3 | 4 | 5 | 6 | 7 |
|---|---|---|---|---|---|---|---|---|---|
| 企业可持续发展 | 4.03 | 0.973 | | | | | | | |
| 宏观经济 | 3.82 | 0.979 | 0.049** | | | | | | |
| 产品质量 | 5.51 | 0.779 | 0.268** | 0.117 | | | | | |
| 员工工作条件 | 4.54 | 0.778 | 0.212** | 0.015 | 0.022 | | | | |
| 环境保护 | 4.34 | 0.675 | 0.333** | 0.028 | 0.205* | 0.244* | | | |
| 社区关系 | 3.44 | 0.763 | 0.192 | 0.034 | 0.022 | 0.052 | 0.189 | | |
| 政府政策 | 5.02 | 0.750 | 0.670** | 0.052 | 0.025* | 0.070 | 0.480** | 0.129 | |
| 融资能力 | 4.21 | 0.763 | 0.160 | 0.063 | 0.125 | 0.110 | 0.097 | 0.074 | 0.048 |

*$P\leq0.05$；**$P\leq0.01$（双尾）

### 6.3.5　利益相关者对企业社会责任的影响

这里我们采用了有向加权网络方法来测度利益相关者对企业社会责任日常实施的影响程度，通过被调研者自己的判定来评估不同主体的影响大小。采用 Carroll 的分类方法，我们列出了企业社会责任相关的五个题项：提高产品质量、减少污染、增加员工薪水和福利、改善工作条件、提供社区服务。

问题 5：以下利益相关者是如何影响以下企业日常的活动的？

表 6-4 给出了重要的利益相关者对企业社会责任的作用程度和方式，这些作用既有单向的也有双向的。可以看出，尽管所有的企业都认为环境保护是很重要的社会责任体现（表 6-2 和表 6-3），但在实际运营中，这些企业并不会主动积极地去降低排污。类似地，尽管企业主在前面的调研问题中声称产品的质量和员工的工作环境也是很重要的社会责任（表 6-1 和表 6-2），但在日常实施中较少考虑这些问题。同样的情况也适用于社区服务，在实践中企业显然没有其宣称的那样积极主动。相比之下，对于员工薪水问题，企业在认知和实践中却保持一致。

表 6-4　问题 5 的统计结果

| 企业社会责任(按照 Carroll 的分类) | 均值（在实施中的重要性） | 主要的利益相关者：作用方向，平均权重（0~1） |
|---|---|---|
| 提高产品质量<br>（经济责任） | 5.3（一般） | 政府质量检查：单向，0.88<br>媒体监督：单向，0.33 |

续表

| 企业社会责任（按照 Carroll 的分类） | 均值（在实施中的重要性） | 主要的利益相关者：作用方向，平均权重（0~1） |
|---|---|---|
| 减少污染（如对空气和水资源）（法律责任） | 4.0（一般） | 政府环境局的监管<br>中型企业：双向<br>　政府对企业 0.90<br>　企业对政府 0.35<br>小企业：单向，0.95<br>媒体监督：单向，0.73 |
| 增加员工薪水和福利（伦理责任） | 6.0（重要） | 同类企业：双向，0.88 |
| 改善工作条件（伦理责任） | 4.9（一般） | 行业协会：单向，0.67<br>同类企业：双向，0.23 |
| 提供社区服务（慈善责任） | 3.4（不重要） | 朋友圈：双向，0.87<br>政府鼓励：单向，0.20 |

从表 6-4 还可以看出，政府和媒体是两个重要的利益相关者，共同促使企业减少废气和废水的排放。其中政府和企业之间在环境保护方面是双向互动关系，而媒体对企业是单向的监督作用。政府对企业的影响权重平均为 0.925，说明政府的管制是企业进行环境保护的最重要动力。表 6-4 给出了各主要的利益相关者对企业履行增加员工薪水和福利、改善工作条件、提供社区服务等社会责任的影响方式和程度。以下我们进一步从网络角度来分析企业社会责任活动所受的影响。

实证研究结果表明：

（1）供应链上企业虽然规模和网络地位都千差万别，但对企业社会责任的认知却存在明显的趋同性，在实施中与其认知的方式很不一致，企业之间对企业社会责任实施也存在明显差异性。

（2）经济因素和利益相关网络是导致企业社会责任认知和实践上严重偏差的最主要原因。

## 6.4　集群环境保护问题的网络治理

### 6.4.1　现有环境问题的治理方式

从调研可以看出，虽然所有的企业都认为环境保护对企业可持续发展至关重要，但在实践中它们并不积极。目前夹江的陶瓷制造污染问题已经引起了社会的广泛关注。陶瓷业的环境污染主要表现在煤烧窑生产向空气中排放大量的二氧化硫，未经处理的废水排放，大量陶瓷原材料开采造成严重的植被破坏等方面。目前夹江产区还有近 1/3 的企业以传统的生产方式为主，其生产设备陈旧，根本无法对"三

"废",即废水、废气、废渣进行有效的处理。尽管当地政府鼓励采用新的工艺技术,但受限于生产成本,企业并不积极地去实施相应的措施。

从调研结果也可以看出,大部分企业主或总经理都认为环境保护是一件花费较高的事情,特别是对于短期企业的经济效应会产生很大的影响,尽管他们认同环境对生活质量以及地域和持续性发展的重要意义,但他们也认为政府有责任和义务来解决环境保护问题。根据实证研究,我们发现目前夹江陶瓷产业集群环境问题的解决主要是依赖政府的监督。如图 6-2 和图 6-3 所示,政府是环保问题的核心,无论是大中型企业(图中用 M 表示)还是小企业(图中用 S 表示),政府与其形成了一个星形网络,通过政府的努力和相关法律来管制集群内所有企业。

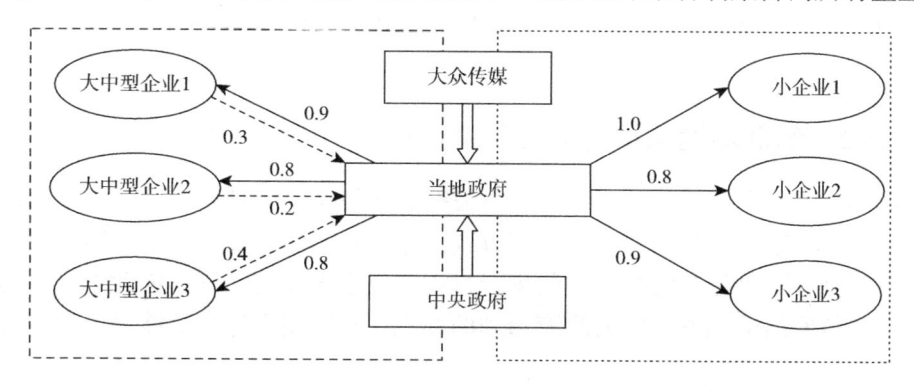

图 6-2 利益相关者网络对企业环境保护影响方式和程度的示意图
实线代表较大影响,虚线代表较小影响,线上的数字是影响权重

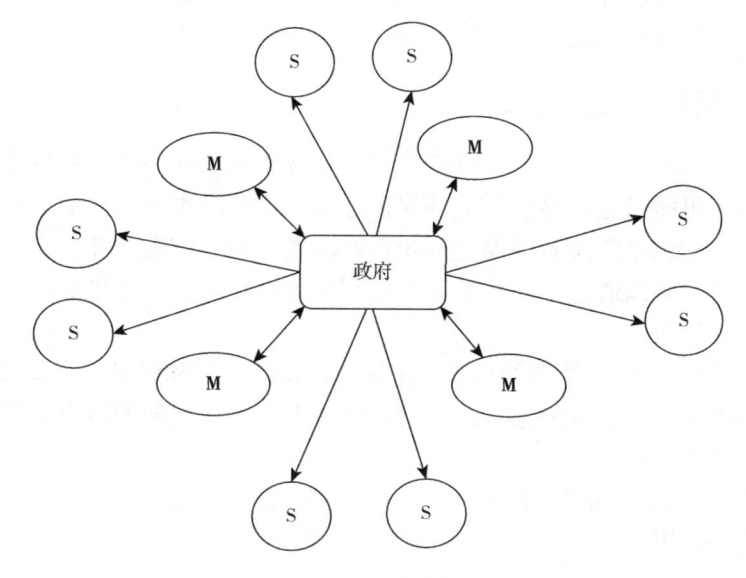

图 6-3 夹江陶瓷产业集群环境保护行政治理的拓扑结构示意图

这样的行政治理方式具有强制性，见效迅速，但其对于企业和集群而言是一种外在的强约束，而政府也必须承担很高的监督成本，一旦这种外部约束减弱，集群就有可能反弹到初始状态。目前的问题是每年政府都投入巨额的环境治理费用，但并没有取得应有的成果。根据实证结果，我们认为目前夹江陶瓷产业集群严重的环境污染问题比较难解决的主要原因如下：①大部分企业在环境保护方面的认知与实践相差较大；②很难平衡当地经济发展与环境保护；③集群企业数量庞大，特别是小企业众多；④政府对企业生产过程监管困难；⑤媒体监督不够。

所以需要就目前的行政治理模式进行反思和改进。在行政治理的基础上，网络治理方式可以作为一种补充形式来帮助集群更好地实施环境保护，从而实现集群可持续发展。

### 6.4.2 集群环境保护的网络治理目标

图 6-3 显示了一个星形网络，其中关键的利益相关者是当地政府，现有的环境保护实质上采用的是政府行政治理方式。这种方式的主要问题是政府行政的管理成本很高，不可能对每个企业的生产过程进行全天候的监管，因此本书认为，可以尝试将网络治理方式作为政府治理的补充，来实现更好地节能减排和环境保护的目标。

在对夹江陶瓷产业集群企业环境保护实证研究的基础上，我们提出如下对环境污染的网络治理目标：提高集群企业环境保护的实施自觉性；培育集群内部环境保护的良好氛围；构建企业、NGO 和大众对环境污染监督的全方位网络。

### 6.4.3 网络治理的思路

陶瓷产品的消费性质使得最终消费者不会像食品那样关注产品的生产和制作过程，也不太可能通过最终产品的环保标志来区别产品本身，从而可以通过提高消费者的环保意识来实现对环保达标企业的激励。对于陶瓷产业，市场治理并非最有效的方法，可以通过控制产品生产过程污染排放来实现环境保护。本书提出如下网络治理思路：

（1）多管齐下形成外围的压力，包括增加媒体监督和曝光，以及政府相关法律的执行力度等，从而促使集群进入混沌边缘态，企业之间通过自组织构建新的网络关系来实现目标。

（2）改变以政府为核心的治理方式，逐步培育以企业和行业协会为核心的环境保护和治理意识。

## 6.4.4 复杂理论的牵制控制模型

本书根据集群企业之间的上下游产品关系,建立了一个层级网络,运用复杂网络牵制控制模型(汪小帆等,2006),从产业链角度,通过控制部分核心企业来实现对其他小企业的监控。

设定一个网络的状态方程为

$$\dot{x} = f(x_i) + \sum_{\substack{j=1 \\ j \neq i}}^{N} c_{ij} a_{ij} \Gamma(x_j - x_i), \quad i = 1, 2, \cdots, N \quad (6\text{-}1)$$

其中,$x_i = (x_{i1}, x_{i2}, \cdots, x_{in})$ 为集群中企业 $i$ 的状态变量;$c_{ij} > 0$ 为集群企业 $i$ 与企业 $j$ 之间的耦合强度;$\Gamma = \text{diag}(r_1, r_2, \cdots, r_n)$ 为一个对角矩阵,用来表示集群两个耦合企业之间具体的连接关系,如果 $r_i = 1$, $r_j = 0 (i \neq j)$,则表示两个企业之间是通过第 $i$ 个状态变量来相互耦合的;$A = (a_{ij})$ 为耦合矩阵,按照有向加权网络的性质,若两个不同企业 $i$ 与企业 $j$ 之间有联系,则可以用一个矩阵来表示,如果以列表示联系的出发点,以行来表示终点,则对于有向加权网络,$A = (a_{ij})$ 不是一个对称矩阵。这里我们定义 $A$ 的对角线元素满足:

$$a_{ij} = -\sum_{\substack{j=1 \\ j \neq i}}^{N} a_{ij} = -\sum_{\substack{j=1 \\ j \neq i}}^{N} a_{ji} = -k, \quad i = 1, 2, \cdots, N \quad (6\text{-}2)$$

其中,$k$ 为企业 $i$ 的度。

对于式(6-1)所描述的动态网络,如果我们尝试将其控制在一个希望达到的均衡状态,如:

$$x_1 = x_2 = \cdots = x_N = \overline{x}, \quad f(\overline{x}) = 0 \quad (6\text{-}3)$$

如果选择集群内一定比例 $\delta$ 的企业作为控制对象,即牵制密度为 $\delta$,设需要控制的集群内企业为 $i_1, i_2, \cdots, i_l$,则被牵制控制的网络状态方程就可以写成:

$$\begin{cases} \dot{x}_{i_k} = f(x_{i_k}) + \sum_{j=l_k}^{N} c_{i_k} a_{i_k j} \Gamma(x_j - x_{i_k}) - c_{i_k j_k} d_{i_k} \Gamma(x_{i_k} - \overline{x}), & k = 1, 2, \cdots, l \\ \dot{x}_{i_k} = f(x_{i_k}) + c \sum_{j=l_k}^{N} a_{i_k} \Gamma x_j, & k = l+1, l+2, \cdots, N \end{cases} \quad (6\text{-}4)$$

式(6-4)中对集群企业所施加的是一般的线性控制,并且 $d > 0$,说明是反馈增益。

对于大企业而言,应该更加理性,其享受了更多的集群公共资源,从集群整体利益出发,应承担更多企业社会责任,否则会导致集群环境的急剧恶化,进而加速集群的衰落。因此我们需要对集群大中型企业进行更好的监管。

### 6.4.5 网络治理模式之一：层级网络模式

图 6-4 展示了层级网络的构建方式。不同于行政治理，网络治理的核心思想是通过企业之间的联系来将集群所有企业分成两大类：陶瓷制造企业，其余的辅料、各类服务支持性企业。通过现有的夹江陶瓷协会将陶瓷制造企业即核心企业组成一个团体，这种团体主要是进行节能减排方面的交流和学习，协会可以对核心团体进行培训，组织外出参观学习，逐步提高核心企业对环保实施方面的认识，特别是自我约束能力，促使环境保护落实到企业日常的生产经营管理中。

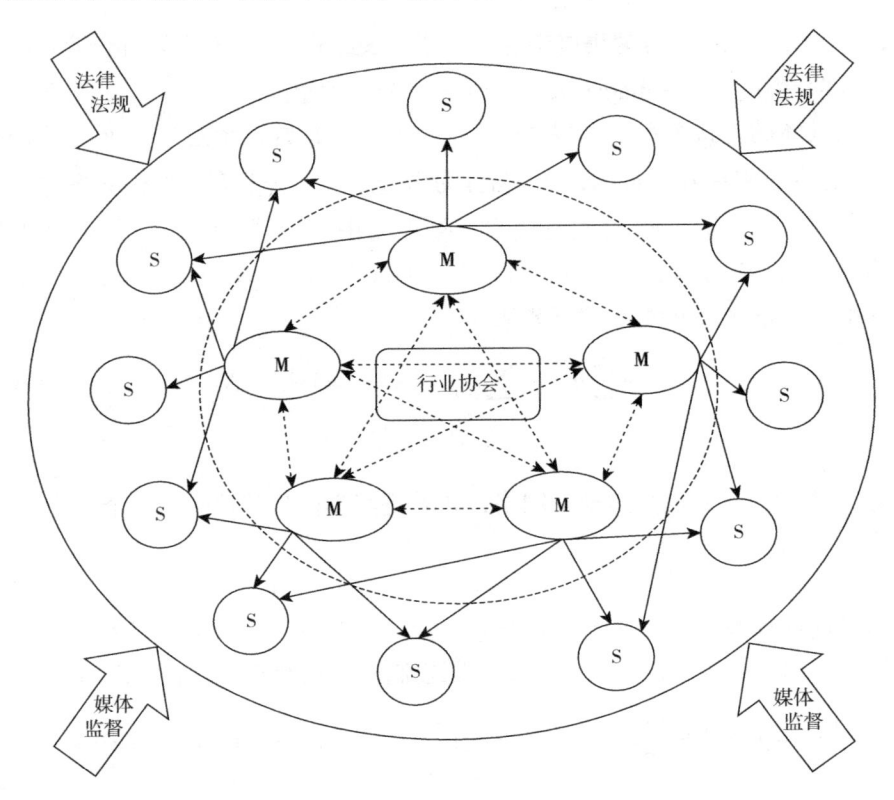

图 6-4 夹江陶瓷产业集群环境问题网络治理：构建层级网络

在集群网络治理中，可以依靠每个核心企业与其支持性企业之间的上下游产品关系对这些企业进行牵制控制，由核心企业对支持性企业的环境保护程度进行评估和监督。支持性企业之间存在一定的竞争关系，因此核心企业在相似的条件下可以选择更加环保的企业进行合作。如果每个核心企业都能够逐渐将环保水平作为一个选择标准，那就可以在集群内部培育出一个对小企业实施环境保护活动的正反馈激励过程。

与此同时，行业协会也可以与政府合作，逐步制定一些奖励方式来激励核心企业对小企业的牵制控制行为，而行业协会更可以组建一个独立的评定机构，制定相应的监督机制，对核心企业进行监督和管理，可以将政府的环保投入作为行业协会的奖励基金，对环境保护好的企业进行适当的奖励。这样政府也可以将更多的精力放在对严重违反环保法律法规企业的调查和处理上，通过严格执法来切断企业投机的心理。

需要注意的是，核心层内部企业之间的联系是一种相关信息的交流，具有一定的实效性，即可能是时空网络，网络内企业之间的联系是随时间和空间而变化的。它们之间可以是强连带关系，也可以是弱连带关系。对于集群环境问题，可能更多的是相关交流选择标准，以及相互监督和支持。

### 6.4.6 网络治理模式之二：分类网络模式

根据企业污染源产生的原因将集群所有企业进行分类，由行业协会出面，将相同工艺的企业组成一个小团体，根据工艺技术特点，分别制定相应的改进措施。这种治理方式的特点是从技术入手，如可以将制陶燃料为煤的企业组成一个团体，团体内共同讨论如何实现政府设定的目标。图 6-5 给出了分类网络治理模式的示意图。

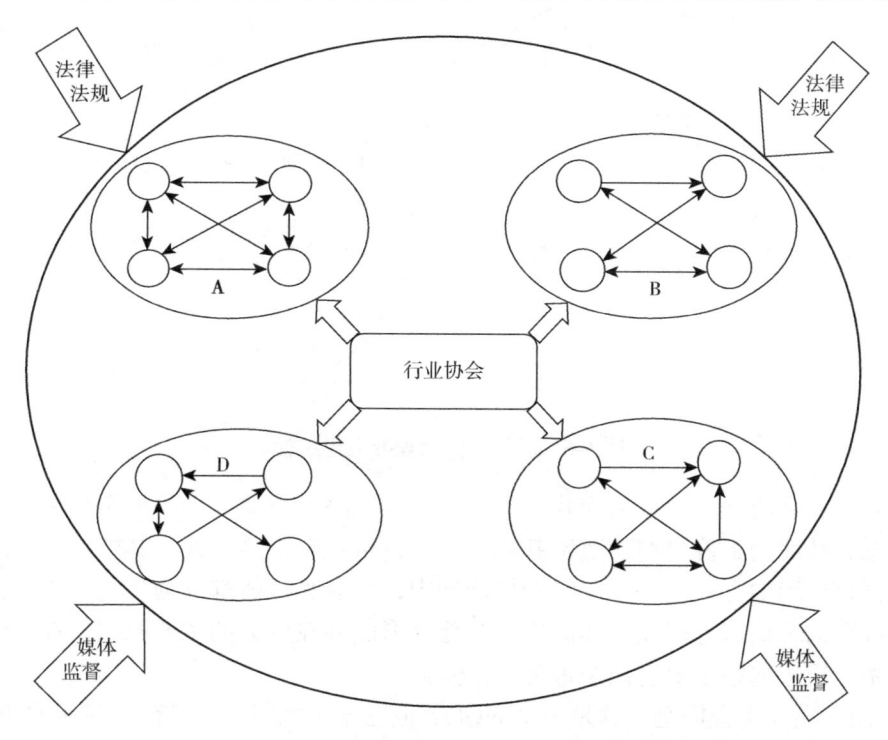

图 6-5 夹江陶瓷产业集群环境问题的分类网络治理模式
图中圆圈代表不同企业

## 6.5 网络治理模式的环境条件

### 6.5.1 层级网络治理模式的实施

根据复杂网络相关概念的基本含义,我们在这里将层级网络的鲁棒性定义为:网络中任意一个核心企业如果在选择配套支持性企业的时候不考虑环境保护因素,是否会导致整个治理方式的失灵,如果不是,则认为该治理方式的鲁棒性很强;如果是,则认为该治理方式的鲁棒性不强。

这里我们所说的治理方式失灵是指该治理方式无法达到其预期目的,根据前面我们给出的集群网络治理的三个目的来判断。

如图 6-6 所示,层级网络治理的运作机制运用了复杂理论中的自组织和牵制控制思想,主要是刺激集群内部组织对环境保护产生正反馈过程,以正向激励为主导,负向惩罚为强约束,来逐渐引导集群企业自觉将环境保护嵌入日常的生产和经营活动。

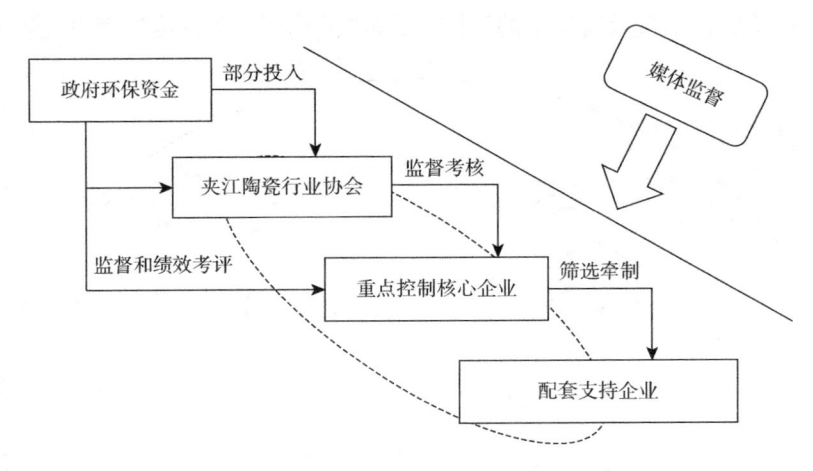

图 6-6 层级网络治理的运作过程

对于网络治理,根据前面我们提出的分析思路,需要驱使集群系统进入混沌边缘态,从而为集群自组织奠定基础。集群自组织有很多方式,其中网络治理也是集群自组织的方式之一。层级网络治理中,政府和媒体都作为环境因素存在,而且政府的环保指标以及媒体的广泛监督是形成外在压力的主要原因,在自组织过程中,层级网络主要有两个重要的主体:

(1)夹江陶瓷协会。这是一个 NGO,成立于 1995 年,已有 20 多年的历史。作为夹江陶瓷企业自组织的结果,协会主要负责上传下达,但在治理污染方面,协会目前主要是辅助政府进行环保政策宣传,而环保治理的主体还是政府和企业。

然而，在层级网络中，行业协会将成为环境问题的重要主体，它的主要作用将表现在以下方面：组织集群内的大中型陶瓷企业，建立集群的核心网络，将层级治理的思路与核心企业沟通交流，组织讨论，听取核心企业的意见；与政府协调，争取将政府的部分环保资金作为环保绩效的奖励基金来维护层级治理；建立独立的监督部门，用于对核心企业与配套企业的监督；建立通报渠道，与政府实时交换环保信息，协助政府执法；作为企业与政府之间的沟通桥梁；组织各类活动和培训，提高核心企业的环保意识。

（2）核心企业。环境保护的主体是企业，夹江陶瓷产业集群中的核心企业不仅为集群创造了巨大的物质财富，同时也是集聚效益的最大受益者，从这个角度，集群核心企业应当承担更多的社会责任，无论对当地环境，还是其他社会责任。在我们给出的层级网络中，企业作为市场的主体，虽然利润最大化是其目标，但保持夹江集群长期可持续发展也是其应承担的责任。核心企业的层级网络中需要承担的责任如下：提高自身对环境保护的认识和理解，特别是对如何处理短期与长期利益冲突的认识；将环境保护评估纳入选择配套支持性企业的标准当中，能够主动选择环保水平较高的企业作为产业链上的伙伴企业，努力通过市场的行为来为小企业提高环保的努力创造正向的激励机制；努力将环境保护的活动融入企业的日常生产和经营活动中；积极参与和支持行业协会的工作。

对于层级治理而言，结合图6-4和图6-5，我们可以看出这种治理方式从网络拓扑结构来说，具有较好的鲁棒性，但是现实中这种网络也具有脆弱性，体现在集群企业地理位置的接近，导致观察和模仿成本很低，如果一个核心企业不按照设想的方式牵制控制其他配套企业，就很有可能获得高于集群企业平均水平的收益。由此单个企业具备较大的违约倾向，说明层级网络维系风险是较大的。因此如何防止少数企业的违约行为是有效网络治理的重要问题，它需要一定的外在因素的帮助，如政府的法律法规的强制约束以及媒体的监督，甚至包括核心企业之间的相互监督，来保持层级网络的稳定性。这就涉及网络治理中的网络维系问题。一般而言，网络维系成本取决于网络谈判难度和网络联系强度。因此该模式的维系是值得深入探讨的问题。

## 6.5.2 分类网络治理模式的实施

不同于层级网络治理方式，分类网络治理的思路比较简单。如图6-5所示，这种分类网络治理需要先将集群企业按照生产工艺进行分类，然后再对不同类型企业根据其具体的污染来源制定有针对性的措施。这种网络治理方式的关键是如何进行相关的技术突破及技术扩散，特别是面临比较困难的市场环境，如何解决相关技术扩散的高额成本问题。图6-7给出了分类网络治理的运作过程。

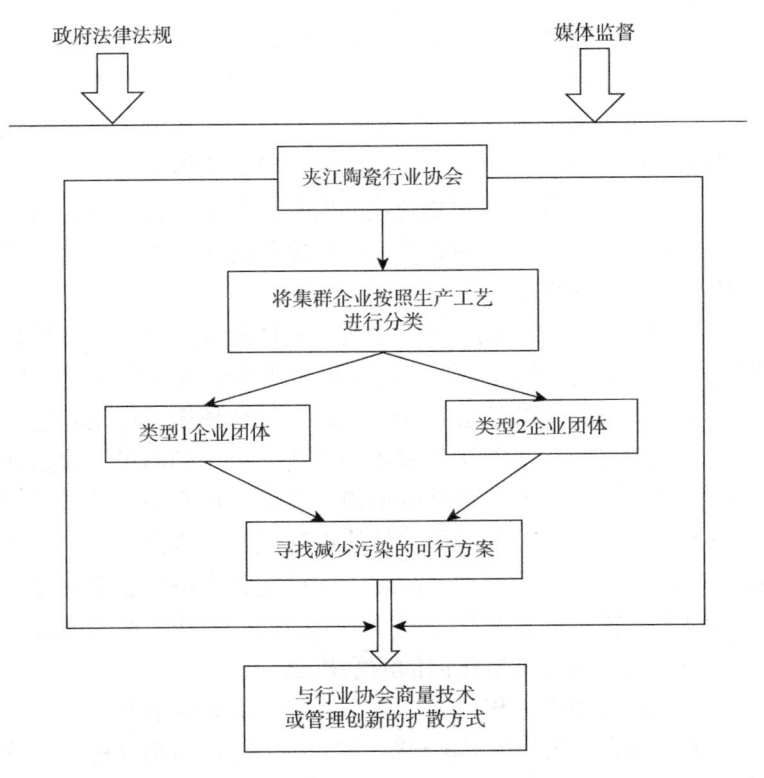

```
                    政府法律法规                           媒体监督
                        ↓                                   ↓
┌─────────────────────────────────────────────────────────────┐
│                                                             │
│                    ┌──────────────────┐                     │
│                    │ 夹江陶瓷行业协会 │                     │
│                    └────────┬─────────┘                     │
│                             ↓                               │
│                  ┌──────────────────────┐                   │
│                  │ 将集群企业按照生产工艺 │                   │
│                  │      进行分类        │                   │
│                  └──────────┬───────────┘                   │
│                    ↙               ↘                        │
│         ┌──────────────┐      ┌──────────────┐              │
│         │ 类型1企业团体 │      │ 类型2企业团体 │              │
│         └──────┬───────┘      └──────┬───────┘              │
│                    ↘               ↙                        │
│                  ┌──────────────────────┐                   │
│                  │ 寻找减少污染的可行方案 │                   │
│                  └──────────┬───────────┘                   │
│                             ↓                               │
│                  ┌──────────────────────┐                   │
│                  │ 与行业协会商量技术    │                   │
│                  │ 或管理创新的扩散方式  │                   │
│                  └──────────────────────┘                   │
└─────────────────────────────────────────────────────────────┘
```

图 6-7　分类网络治理的运作过程

### 6.5.3　两种网络治理模式的比较

网络治理由于其自身的特点，往往需要网络中各主体之间的合作才可能成功。这就对网络治理参与者的素质和理性程度提出了一定的要求。从复杂理论角度，我们需要进一步分析不同网络治理方式的鲁棒性和脆弱性。针对以上提出的层级网络和分类网络的两种治理方式，我们分别比较其在具体实施过程中的特点，如表 6-5 所示。

表 6-5　层级网络与分类网络的特点比较

| 性质 | 层级网络 | 分类网络 |
| --- | --- | --- |
| 治理环境要求 | ◆严格完善的法律法规<br>◆开放的媒体监督 | ◆严格执行法律法规<br>◆开放的媒体监督 |
| 关联强度要求 | 核心层企业与支持性企业之间有很强的联系 | 不要求企业之间有很强的关联性 |
| 对企业理性要求 | 对核心企业理性要求较高 | 对企业的理性要求一般 |
| 网络维系成本 | 较低 | 较高 |
| 网络的鲁棒性 | 较好 | 较差 |
| 网络的脆弱性 | 脆弱性高 | 脆弱性低 |

## 6.6 集群企业慈善等公益行为的网络治理

### 6.6.1 企业慈善的内涵和动机

早期企业理论认为股东至上,即企业的存在就是为了利润最大化,以实现股东收益最大化。而后随着企业与各种社会关系的日益密切和复杂化,人们对传统股东至上的观点产生了广泛怀疑,从而对企业与社会的关系进行了重新定位。Freeman(1984)提出了利益相关者理论,认为企业的战略和经营活动不是企业单独的行为,除了股东之外,还受到包括政府、企业员工、供应商、用户等的影响,由此修正了传统的企业理论,为企业社会责任的研究提供了新的思路。对于企业社会责任研究,具有代表性的是 Carroll(1991)的分类,其中将企业慈善行为界定为企业除了经济、法律和伦理之外,为增加社会福利提供的并可以自由裁量的责任;认为其中企业公益行为的重要体现方式就是捐款给社会或者慈善组织,以帮助需要的人或弱势群体(Godfrey,2005)。所以慈善行为具有捐赠自愿性、无偿性和公益性的特点。

对于企业从事慈善活动的动机,众多的文献进行了研究,表 6-6 列出了一些重要的观点。从表 6-6 可以看出,对于慈善活动,现有的研究说明企业慈善可以从两个层面加以解释:对个体微观的影响和对企业整体的影响。一方面,企业慈善可以成为企业主或高管谋求其个人声誉的方式;另一方面,慈善活动也可以为企业谋求更好的发展环境,甚至直接成为企业竞争优势的一种体现,通过影响消费者选择行为或者整个社会对其的印象来为企业创造较为宽松和良好的社会地位(眭文娟,2015)。

表 6-6 关于慈善动机的相关研究

| 研究视角 | 慈善动机 | 相关文献 |
| --- | --- | --- |
| 利益相关者 | ●以满足自身效用<br>●提高其知名度<br>●谋取社会名声 | Boatsman 和 Gupta(1996);<br>Brown 等(2006);<br>Williamson(1965) |
| 企业竞争优势 | ●有助于实现企业经济目标 | Wood 和 Cochran(1992);<br>Logsdon 等(1990) |
| | ●改善竞争环境<br>●提升竞争优势<br>●提高集群整体竞争力 | Porter 和 Kramer(2002) |
| | ●帮助建立企业与社会的战略性关系 | Burke 和 Logsdon(1996) |
| | ●改善企业的市场声誉和市场地位,最终增加产品销量和实现企业利润 | Stendardi(1992);<br>Smith(1994);<br>McWilliams 和 Siegel(2001) |
| | ●降低企业的竞争压力 | 易开刚(2007);<br>胡浩(2003) |
| | ●影响消费者行为 | 樊建锋和田志龙(2010) |

续表

| 研究视角 | 慈善动机 | 相关文献 |
| --- | --- | --- |
| 保险理论 | ●抵御或者消除负面因素带给企业的影响<br>●事后的危机策略<br>●分散社会对企业负面新闻的关注<br>●用以挽回企业的声誉和市场地位 | Godfrey（2005） |
| | ●获取利益相关者的积极评价<br>●构建良好的道德资本<br>●危机公关<br>●降低企业遭受严厉制裁措施的概率 | 钟宏武（2007） |
| | ●提升企业声誉<br>●将慈善捐赠当作遮盖布，掩盖社会对企业不当行为的关注 | 高勇强等（2012） |

资料来源：眭文娟. 转型期私营企业慈善捐赠的驱动机制及绩效机理研究[D]. 电子科技大学博士学位论文，2015

### 6.6.2 企业慈善等公益行为的网络治理

行业协会每年发布报告来表扬参与慈善等公益活动的优秀企业，期望这些企业能够成为网络中的标杆，来带动其他企业从事慈善事业。需要注意的是，在我们的访谈研究中，大多数企业都不愿意过多地讲自己所做过的公益活动，特别是慈善捐款。一般来说，慈善活动的网络关系比较隐蔽，这说明目前夹江地域的慈善环境不够友好，企业主对于捐款之类的慈善活动不愿意公开。

目前夹江陶瓷产业集群公益活动的组织主要是依靠企业本身，这样就会带来以下问题：企业不容易准确了解社区及社会的相关需求；企业从事公益活动还需要花费自身的很多资源；企业公益活动没有为社会所了解，并发挥相应的作用。

针对以上的问题，我们提出将公益活动网络化的思路，即从点到网，建立一个 NGO。它可以隶属于夹江陶瓷行业协会，专门负责组织陶瓷企业的公益活动，由散点逐步形成一个星形网络。如图 6-8 所示，这个 NGO 将成为整合网络的核心。通过 NGO 来提高企业从事公益活动的效率和效果，使其能够真正满足社区或社会的需求，这种网络化的优点在于：实现社会需求与企业公益活动的真正对接；提高企业参与公益活动的效率，节省企业时间和精力投入；利用 NGO 与媒体之间合作关系，可以将企业的公益活动告知社会，从而为企业营造更加有利的外部环境；减少运动式现象，将公益活动常态化，逐步提高企业和个人的社会公民意识；通过 NGO 的定期评选活动，促使更多的企业关注公益活动。

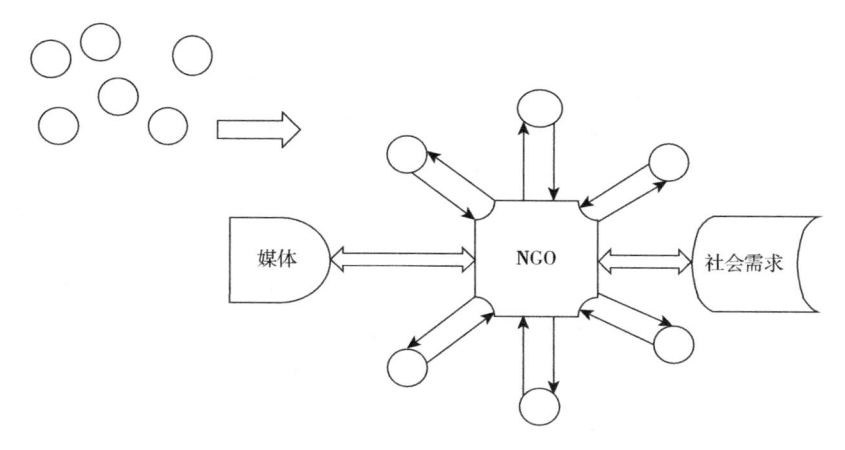

图 6-8　夹江陶瓷产业集群公益活动的网络治理

图中圆圈代表企业

图 6-8 所示的公益活动网实际上是一个星形网络，NGO 是网络治理的核心和关键，网络的运行和维护也主要依靠 NGO。因此对于夹江集群企业公益活动网，我们认为能否建立一个独立的 NGO 直接关系到网络治理的成败。从复杂理论角度，这样星形结构的治理方式是很脆弱的。这里就存在几个问题：①如何树立 NGO 的声誉，从而使集群内企业能够愿意通过该组织来从事公益活动？②如何维护 NGO 的高效运作？③如何监督 NGO 的日常活动？④如何评价 NGO 的绩效？

对于 NGO 的成立，可以在协会下面设立一个专门的组织，采用会费制，即用集群内愿意从事公益活动的企业每年缴纳的会费来支付极少数全职或兼职工作人员的薪水，而每位会员在从事公益活动时就可以提供免费服务。NGO 的活动采取透明的财务管理方式，每年随机选择从事过公益活动的协会会员来考评 NGO 的工作效率，由公益活动的受益方来评价 NGO 的绩效，并将结果通报给集群所有企业，以起到监督作用。

我们的访谈结果也发现，夹江集群的企业规模差异性很大，而且很多企业主所受的教育程度并不是很高，因此在从事公益活动的时候，他们提出往往不知道社会需要什么，也没有这方面的信息或能力来组织类似的活动。由此可见，建立一个专门的 NGO 作为平台来支持企业的公益活动非常必要，政府和企业都可以对 NGO 的活动进行监督，从而提高企业公益活动的绩效和积极性。

## 6.7　小　　结

本章对集群企业社会责任的现状进行了实证研究，以四川夹江陶瓷产业集群为样本，采用问卷和访谈方式，收集了一手数据，调研了企业对社会责任的认知情况以及企业社会责任的履行对企业经济绩效的短期和长期影响；并从利益相关者角度，分析了企业可持续发展的影响因素及其相应的影响程度。其中影响程度的度量主要从网络视角，考虑有向加权网络，从而能够对各利益相关者进行更加深入的了解和研究。研究表明企业在社会责任认知和实践上存在较大差异，说明了集群企业社会责任的实践还亟待加强。本书运用复杂网络中的牵制控制理论，针对集群环境保护问题的环境治理问题提出了层级治理模式，牵制控制理论是复杂网络动力学中的内容，它充分利用网络中各节点之间的连接关系，包括其连接强度和方向的不同，通过对部分节点的控制来实现对网络的控制。

在此基础上，本章提出了集群环境问题治理的层级网络和分类网络两种治理模式。其中层级网络主要借鉴了复杂网络的牵制控制模型，通过对集群中的核心企业，如大中型企业的监督和管制，来实现对其他小企业的尽量引导和控制，这样可以大大降低政府的监督成本，这种思想是通过供应链上的纵向产品网络关系来实施治理的。与此相比较，分类网络治理模式则是根据陶瓷产品产业链中同一环节进行分组，从而按照各环节的生产特点和污染形成方式采取不同的节能减排措施。本书对比了两种网络治理模式的特点，讨论了各自的实施条件和风险。此外，还提出了通过建立星形网络来提高目前集群慈善等公益活动绩效的网络治理模式（图6-8）。该星形网络的核心组织可以是一个NGO，该模式从集群整体出发，将集群公益活动网络化，充分发挥NGO的特点和优势，从而建立高效低成本的公益活动组织方式。本章还具体分析了NGO模式的优点和可能存在的问题。

在此过程中，不同的参与主体可以发挥各自的作用。政府可根据当地的实际情况，在集群所在地环境保护方面特别是空气、水和土壤等方面制定比较严格稳定的法律法规，并严格执法。这样可以形成一种导向，从而给集群内各类企业形成必要的压力，促使企业产生不断提高环保水平的动力。政府可以将部分环保投资下放给行业协会，通过环境治理方式的多渠道多途径，鼓励采用网络治理的方式来作为行政治理补充，并逐步减少行政治理频率，将重心放在少数企业突出的环保问题上，充分保证环保法的威严、执行力度和效率，从而改善目前由于政府财力和人力的限制而产生的有法不依、执法不严的问题。

对于节能减排问题，行业协会可以与政府合作，通过行业层面组织集群核心企业提高环保意识，通过各种学习和外出参观交流的方式，来让这些核心企业能够从集群长远可持续发展角度认识环保问题，从而树立起更强的环保意识，通过对集群核心企业的监督考核，来促使核心企业主动对集群其他配套和支持性企业提出环保要求，从而达到对配套企业的牵制和控制作用。行业协会也可以发挥其自发组织性质，利用其来自企业的优势，更好地为企业服务，特别是针对集群不同类型企业各自的特点，分别采用不同的方法进行环境保护，协会可以提供相应的信息服务，以及组织同种类型企业相互学习，共同探讨环保改进标准以及具体的实施步骤和方式；与当地政府充分沟通，以保护企业的合理诉求，在环保与经济效益之间寻找合适的平衡点。行业协会还可以建立一个下属的 NGO 来提高集群慈善等公益活动的针对性，这种治理方式可以更好地服务于社会和企业，而 NGO 的运作也有必要透明和高效，接受集群全体企业或会员的监督，从而更好地体现慈善等各种公益活动的利他性质。

对于环境保护，集群内企业需要与同类的企业加强交流和沟通，变被动为主动，从企业长远利益出发，制订相应的方案来逐步提高企业生产能力和产品的环保水平；更多地依托行业协会等组织，关注该行业的发展动态，通过主动改变来避免环境污染导致的被关停并转的结果。因此，集群企业迫切需要调整自身产品结构，特别是对于高耗能产品，这与企业创新能力密切相关。从仅仅关注短期转变为具有可持续发展意识，这需要企业的高层管理者具备一定的素质和能力，因此企业需要保持不断学习的状态。集群企业可以通过自组织的方式来提高公益活动的绩效，也可以更加主动地尝试以网络治理方式提高履行社会责任的绩效。这种方式也可以培养企业的社会公民意识。例如，关系比较好的企业共同形成一个小规模的组织来共享公益活动，使其更加具有针对性，能够真正帮助那些需要帮助的人，而不是将慈善等公益活动变成纯粹的形象宣传。

# 第7章　集群企业间信任问题的网络治理

　　对于信任，不同的学者从不同的角度进行了诠释。诺贝尔经济学奖获得者Arrow（1974）认为信任是经济交易的润滑剂，能够有效降低交易和合作过程中的摩擦阻力。Kramer（1999）认为组织间的信任机制可以减少交易成本，增加成员间的自发交际力（spontaneous sociability），促进不同形式的组织授权（organizational authorities）。Alvarez等（2003）提出集群内企业间良好的信任关系可以降低交易成本，减少不确定性和风险，促进产业集群的成长与发展。信任是组织中的重要资源，能够有效促进竞争优势的建立和维护。

　　产业集群作为分工合作所形成的一种空间经济组织形式，需要企业间的共同合作，完成企业资金、人才、客户、技术等资源有效配置，从而在经济运行体系中展现出卓越的竞争优势和创新力。而信任作为产业集群内的特殊社会关系对企业的发展起着越来越重要的作用。首先，信任机制对于产业集群来讲代表的是一种社会形象，信任程度越高其社会形象越好，企业越能够吸收外部资源，从而形成区位品牌（李星和范如国，2011）。其次，Davis等（2000）认为信任在建立和维持密切、合作、富有成效的关系中发挥着关键性的作用，信任作为一种社会关系，是促进企业之间合作的润滑剂和黏合剂，集群企业在这种以信任为基础的合作关系中可以以较高的速度和相对低的成本保持快速发展的状态；同时，如果集群内信任程度高，企业之间或者企业与个人之间就能够更好地进行沟通和协调，从而有助于企业之间信息和知识的共享。最后，Sabel（1993）认为产业集群内信任程度高的环境有利于双方交易在较长时间内保持稳定的状态。而企业在稳定的社会环境中更加趋向于产品研发和技术创新，这也推动了集群的共同创新。从实践来看，我国浙江省、广东省等产业集群的兴起与发展同这些区域中较高的信任程度是密不可分的。

　　一旦遭遇信任危机，将会给集群整体的声誉及企业品牌带来致命的打击。随着经济的发展以及信息的透明化，企业越来越注重信任对于其生存与发展所发挥的重要作用。构建良好的信任关系，营造开放和诚信的氛围，可以促进企业之间高效率合作，从而生产出令客户满意的产品，赢得消费者信任。对企业而言，良好的信任关系也有利于企业降低交易成本，构建品牌生态系统，实现更高的利润，并由此形成企业与企业之间、企业与客户之间相互信任的良性循环。然而，近年来屡次发生的重大信用危机事件使得人们对企业及集群的信用水平有了新的认识。

自 2010 年 1 月起，丰田公司连续发生多次大规模全球性召回事件，曾经"车到山前必有路，有路必有丰田车"这句广告词家喻户晓，但在 2015 年油门踏板及脚垫等零部件的缺陷造成了严重的质量问题，这家备受尊崇的汽车制造商遇到前所未有的挑战。丰田在北美、欧洲、中国等地区和国家大规模召回汽车，导致丰田公司股价持续下跌，评级降低，销量下降，经济损失巨大，最终演化成丰田汽车近年来最大的危机。除了支付召回费用、停止生产带来的损失外，丰田公司品牌受损、声誉下降，影响了消费者对丰田公司的信心，丰田公司面临着前所未有的信任危机。丰田"刹车门"事件的原因看起来是一个零部件故障，丰田公司认为是其零部件供应商 CTS 提供的油门踏板存在机械故障，但是 CTS 却否认了这一说法，其认为"制造的产品是经过丰田公司认可的"，双方对此问题各执一词，但归根结底还是这两家企业之间的合作环节不能实现统一，最终导致生产的产品出现严重的质量问题，从而引发了震惊全球的"刹车门"事件。

2015 年 9 月，大众汽车公司发生了席卷全球的"排放门"，美国国家环境保护局指控大众汽车所售部分柴油车安装了专门应对尾气排放检测的软件，当汽车处于被检测状态时，此软件可以自动识别继而秘密启动，以确保汽车在车检时达到"高环保标准"，巧妙地掩盖了这些汽车大量排放污染物的事实。国际与大众集团内部就柴油车型安装作弊软件一事展开调查，在此期间对发动机研发负责人 Falko Rudolph 进行停职处理。后对集团进行巨额罚款，导致德国大众股价暴跌。随着排放丑闻的发酵，被消费者奉为神话的"大众"品牌光环将逐渐褪去，品牌衰退必然迎来消费终端的受损。"排放门"之所以震惊了美国和欧洲等发达国家和地区，是因为其背后所带来的信用和信誉破产。诚信对于企业经营至关重要，尤其在西方，诚信被视为比黄金还贵重的资产，诚信的丧失对企业造成的伤害是致命的。然而，一度被誉为全球制造金字塔顶端的德国制造居然蒙骗消费者，德国大众包括奥迪、斯柯达等诸多品牌在内逾 1 100 万辆车涉及此事，导致大众"排放门"事件被欧洲媒体称为"德国制造的失败"，甚至被定为德国乃至全球汽车史上最大的丑闻。

在中国，信用和信誉对于企业的可持续发展也是非常重要的，但是往往被管理者忽视，利用消费者的信任追求短期利润，将信任当成是实现利益的手段，最终的结果只能是让消费者失去信心。2008 年中国毒奶粉事件不仅是食品安全事件,更是企业诚信缺失事件。三鹿集团为谋求暴利不惜运用含有三聚氰胺的原料生产奶粉,导致食用此奶粉的婴儿患肾结石,该事件被国家质量监督检验检疫总局检测发现后,引起中国乃至世界对中国乳制产品的高度关注和担忧,随着检测范围的扩大,包括广东雅士利、内蒙古伊利和蒙牛集团等 22 个厂家 69 批次产品中检出三聚氰胺,事件不断升级恶化,调查显示民众对乳制品的信心指数跌入冰点。该事件给中国制造的商品信誉带来了极度恶劣的影响,多个国家直接禁止中国乳制品入境,调查发现,截至 2011 年仍有七成中国民众不敢买国产奶粉,很多人不敢再买国产奶制品。

2015 年初,日本的智能马桶盖突然人气大增,成为很多人赶赴日本采购清单上的首选,财经作家吴晓波以此为话题写了一篇《去日本买只马桶盖》,文中写道,到日本旅游的中国旅客带电器和马桶盖已成为一种时尚。吴晓波在评论中指出,"中国制造"的出路在于制造出打动人心的产品,让中产家庭不要去日本买马桶盖。对此还引发一场中日产品质量战,中国作为世界制造业中心,卫浴市场也有多家智能马桶知名企业,相对日本马桶有过之而无不及。但消费者还是更倾向于海外购物,究其主要原因,则是中国市场环境鱼龙混杂,难以让消费者买得安心、买得舒心。对此董明珠曾无奈表示:我们中国存在一些能够提供优质产品的领袖企业,然而也有一些投机取巧的企业破坏了我们整个行业。此热点也受到 2015 年两会的关注,全国政协委员厉以宁在两会上表示,这种现象对中国来说是非常不利的,企业要积极适应经济新常态,创新转变思路,生产出个性化的产品,提供更人性化的服务,把顾客留在国内,让产品走向世界。

丰田"刹车门"事件以及德国大众汽车"排气门"事件给中国社会和经济的发展敲响了警钟,同时也引起了我们更多的思考。一旦遭遇信任危机,将会给企业带来致命的打击,之后要想恢复企业声誉或者重建客户对于企业的信任将更加艰难。对于集群而言,产品供应链上的每个环节都至关重要,需要各企业之间的相互信任,每个环节都是企业之间精诚合作的具体体现,任何环节的失误都将导致最终产品的质量问题。丰田公司与其零部件供应商 CTS 之间并没有形成这种合作信任关系,最终无法保证产品质量以至于生产出劣质产品。同时,大众汽车的"排放门"事件以及中国的毒奶粉事件充分说明,企业必须为自己的失信行为付出惨重的代价,这些企业不仅辜负了消费者对于整个产业中的产品的信任,更是败坏了整个民族乃至国家的信誉。从目前现状来看,中国企业的整体信任度较低,一方面体现在中国消费者对自己国家企业生产的产品不信任;另一方面也说明中国企业之间的信任水平不高,企业之间无法形成一个默契的合作关系,上下游产业链之间缺乏诚信的氛围,导致生产的产品质量低,难以获得消费者的信任。在这种低信任度的氛围中,企业之间无法形成较好的合作,不利于生产出高质量的产品,从而导致消费者对于企业产品失去信心,无法信任中国制造的产品。正是消费者的不信任，导致产品滞销。企业无法实现较好的利润，更不用说进行投资研究开发与创新，为客户带来高水准、高品质的服务和产品。

随着经济全球化，集群企业之间的信息共享、知识交流是获得和保持集群竞争优势的关键。集群企业间信任机制的建立能够有效保障企业之间的长期合作，从而降低双方的交易费用，减少不确定性，降低风险性，实现产业集群的可持续发展。在普遍追求经济利益的今天，很多企业并没有树立正确的诚信价值观念，加上诚信监督机制的缺乏，集群内部并没有形成有利于信任和诚信的氛围，对短期利益的过度追求牺牲了集群整体的品牌。可见信任对于集群企业关系的形成与维系发挥着重要作用，构建良好的信任关系对集群发展具有重要意义。由此，探讨如何提高集群和企业信任水平，避免以上的信任危机的发生就成为集群可持续发展的又一个重要课题。

总之，信任机制对于产业集群的产生、发展以及形成独特的竞争优势都有着至关重要的作用。本书将通过实证来研究我国产业集群企业间的信任水平及影响因素，然后从网络治理的角度探讨集群组织间信任机制的构建过程及维护过程，以提高我国产业集群企业间的信任水平，促进集群的可持续竞争优势的建立和维系。

集群内部的信任是指介于企业与企业的信任关系，与其他研究领域的视角有所区别。在战略管理及营销管理文献中，企业间信任主要从企业竞争优势、公司绩效、满意度以及减少冲突和机会主义等角度进行分析；在经济学中，组织间信任一般是从交易成本与交易效率这两个方面分析；社会学更注重于双方交易关系中的社会资本问题；组织学更是从组织行为学层面分析，将组织间信任作为一种治理机制发挥其作用。在产业集群环境下，由于其空间的聚集以及专业化的分工，企业间信任不仅仅是一般组织间的信任关系，更是一种网络结构间的信任，属于集体信任，所以集群企业间信任是在长期交易的基础上所产生的持续性信任关系的体现。

现有文献表明，不同学者对信任的研究角度很不一样，大部分关注的是企业内部信任或者单独研究企业与企业之间的二元信任关系，即使是关于产业集群的研究中，信任一般也是作为一种内生变量用于分析产业集群的竞争优势，较少有文献是基于网络嵌入的视角对产业集群企业间信任的影响因素进行研究。本章结合复杂网络理论，以中山燃气具产业集群为样本，研究集群企业间的信任现状。主要是从网络嵌入角度，包括关系嵌入、结构嵌入、位置嵌入三个维度，通过结构方程模型，来研究样本集群企业间的信任水平和影响因素，然后根据实证结果，提出集群信任的网络治理模式，并对集群各主体，如企业、行业协会及政府提出相应的意见和建议，以构建良好的网络环境，促进集群企业间信任水平的提高。

## 7.1 信任问题的理论基础

### 7.1.1 信任的内涵

学者们从不同的角度对信任进行了多学科、多层次的研究，包括哲学、社会学、心理学、政治学、经济学及组织行为学。学者们根据各自研究领域的不同对信任界定也有所不同，表 7-1 对信任的定义进行了归纳总结。

表 7-1 信任的定义

| 学者（年份） | 信任的定义 | 核心理念 |
| --- | --- | --- |
| Deutsch（1960 年） | 对交易方的目的及能力的信心，相信对方的表现与自己的期望一致 | 期望、风险 |
| Gambetta（1988 年） | 信任是计算型决策（calculated decision making），以信赖他人人格特点为基础进行合作 | 可靠性 |
| Moorman 等（1992 年） | 依赖合作伙伴的意愿 | 依赖 |
| Sabel（1995 年） | 相信对方不会利用自己弱点来获取利益 | 依赖 |
| Hosmer（1995 年） | 面临预期损失大于预期收益时，个体做出非理性选择 | 预期、计算 |
| Robinson（1996 年） | 信任是个人的一种期望、假设及信仰，认为他人将来的行为是有利的、有益的，至少是无害的 | 可靠性 |
| Doney 和 Cannon（1997 年） | 对合作者诚实及体谅的信念 | 信念 |
| Rousseau 等（1998 年） | 信任是一种心理状态，基于对别人意图或者行为的积极预期，愿意处于不利的位置，让自己弱点暴露、成为易受攻击的一方 | 可靠性 |
| McKnight 等（1998 年） | 面对风险，愿意让自己处于相对不利位置的意愿，相关的素质：能力、正直、仁慈 | 风险 |
| Zaheer 等（1998 年） | 在不确定性情况下，依然会保持双方的合作关系 | 可预测性，不确定性 |
| Korczynski（2000 年） | 合作过程中对方不会利用自己弱点的信心 | 信心 |
| Singh 等（2005 年） | 一方认为另一方是可信赖的，其承诺可信并预期能为自己带来利益 | 可信赖 |
| Schoorman 等（2007 年） | 在一段关系中，愿意承担风险，也就是说，处于最低等级的信任时，根本不会承担任何风险 | 风险 |

资料来源：Rousseau D M, Sitkin S B, Burt R S, et al. Not so different after all: a cross-discipline view of trust[J]. Academy of Management Review, 1998, 23（3）: 393-404; McKnight D H, Cummings L L, Chervany N L. Initial trust formation in new organizational relationships[J]. Academy of Management Review, 1998, 23（3）: 473-490

可以看出，学者们倾向于将信任与不确定性、分担风险的处境相结合，强调交易双方的相互信赖以及对于合作的积极预期，着重于信任与非机会主义之间的相关性，在产业集群组织中，企业之间的利益关系、社会关系对企业产生较大的约束力，因此机会主义行为会影响它们的经济利益和声誉。综合以上分析，我们可以从三个层面来理解信任。

（1）信任与不确定性、风险紧密联系，主要体现在由于机会主义和交易者为达到自己的目标不择手段的可能性的存在，所以必然存在各种不确定性和风险（Zaheer et al.，1998）。黄孝武（2002）认为风险是信任的核心，不存在风险的情景下，信任和控制是不必要的。

（2）信任与可靠性相关，在交易过程中如果一方认为另一方是可依赖的，并且具有正直、仁慈及能力等素质，那么即使在合作过程中存在风险，依然会保持彼此的合作关系，相信对方是诚实可信的，不会损害自己的利益（McKnight et al.，1998）。

（3）信任与对合作方的预期和信心相关，主要体现在两个方面：一方面是预期对方不会损害自己的利益；另一方面是相信对方的能力和行为会满足自己的预期（Mayer et al.，1995）。

信任可以从组织的宏观和微观两个方面进行研究。信任可以建立于"个人与个人之间""个人与组织之间""个人与社会机构之间""组织与组织之间"等不同层次（McEvily et al.，2003；Zaheer et al.，1998）。本书中产业集群企业间的信任是属于组织与组织间的信任（inter organizational trust），但是这种组织间的信任并不是一般组织间的信任，而是基于网络关系的组织间信任（刘琎瑛等，2013a）。本书从网络嵌入的视角对信任的影响因素进行研究，主要探讨网络结构中关系嵌入、结构嵌入、位置嵌入这三种网络嵌入对信任水平的影响程度。

## 7.1.2 信任的分类

信任是交易过程中一方基于自身的价值判断对另一方的预期或相信。这种预期或相信的原因和内容不尽相同，正是这种不同为研究信任的产生机制和保障机制提供了方向。学者们根据不同的标准对信任提出了不同的分类，表7-2对现有的信任分类进行了归纳总结。

表 7-2 信任的分类

| 学者（年份） | 信任的分类 | 依据基础 |
| --- | --- | --- |
| Zucker（1986年） | 基于特征的信任（characteristic-based trust） | 社会特征 |
|  | 基于过程的信任（process-based trust） | 之前的交易经验 |
|  | 基于制度的信任（institution-based trust） | 规则、制度 |
| Sako（1992年） | 契约型信任（contractual trust） | 契约、合同 |
|  | 能力型信任（competence trust） | 预期完成任务的能力 |
|  | 善意型信任（good-will trust） | 共同的信仰、友谊、情感 |
| Barney 和 Hansen（1994年） | 低度信任（weak form trust） | 弱机会主义 |
|  | 中度信任（semi-strong form trust） | 中机会主义 |
|  | 高度信任（strong form trust） | 强机会主义 |

续表

| 学者（年份） | 信任的分类 | 依据基础 |
| --- | --- | --- |
| Lewicki 和 Bunker（1995 年） | 计算型信任（calculus-based trust） | 收益与成本的衡量 |
| | 了解型信任（knowledge-based trust） | 交易双方共同思考方式 |
| | 认同型信任（identification trust） | 交易双方共同价值观 |
| McAllister（1995 年） | 认知型信任（cognitive based trust） | 充分了解他人及掌握可依赖的证据 |
| | 情感型信任（affect based trust） | 人们之间的感情 |
| Nooteboom（1996 年） | 非自利型信任（non-self-interested trust） | 伦理、道德、友谊、情感 |
| | 动机型信任（intentional trust） | 自利 |
| Rousseau 等（1998 年） | 计算型信任（calculus based trust） | 理性选择 |
| | 关系型信任（relationship based trust） | 长期反复互动 |
| | 制度型信任（institution based trust） | 制度、规则 |

　　Zucker（1986）以信任预期的经验性内容为维度，指出交易双方在合作过程中不断积累经验性内容，而这种经验性内容正是信任产生的源泉。根据信任的产生过程将信任分为三类：基于特征的信任、基于过程的信任、基于制度的信任。基于特征的信任是以具有相同或类似的社会特性，如背景、家族及宗教为基础的，其具有人们认定且不容易改变的属性；基于过程的信任以过去合作交易过程为基础，为现在或者未来的合作提供值得信赖的依据和经验；基于制度的信任以非人格化的规则、社会规范和制度为基础，强调正式的社会结构之间的联系。Sako（1992）以信任的基础为标准将信任分为三类：契约型信任、能力型信任、善意型信任。契约型信任，顾名思义，是以契约（或合同）作为基础的信任，契约越详尽，合作双方的信任水平越高；能力型信任是以合作过程中对方完成预期目标能力为基础的信任，对方能力越强，信任程度越高；善意型信任是交易过程中出于共同的信仰、友谊、情感等原因从而产生的信任。Barney 和 Hansen（1994）依据信任的程度，认为在经济交易过程中，存在三种类型的信任：低度信任、中度信任、高度信任。当竞争者投资于不必要和昂贵的治理机制时，低度信任有利于形成竞争优势；当竞争者有着与众不同的技能和能力，并且这些技能和能力难以模仿时，中度信任有利于竞争优势的形成；在交易双方的关系非常脆弱的情况下，而且企业没有意愿去利用这种机会主义，此时高度信任就会不断得到强化。

　　Lewicki 和 Bunker（1995）将信任分为三种，即计算型信任、了解型信任、认同型信任。计算型信任是指在交易过程中，作为理性人会充分考虑和比较信任所产生的收益和成本与不信任所产生的收益和成本，但是这种类型的信任通常需要双方具备足够的相关信息并且保持信息对称；了解型信任的形成需要双方在交易过程中以共同的思维方式为基础，从而更好地预测对方的未来行为；认同型信任是以双方共同的价值观作为基础,能够相互理解彼此的需要,并且愿意为对方提供产品或服务。McAllister(1995)将信任分为认知型信任和情感型信任两类。认知型信任是在充分了解对方并掌握可信赖的信息的基础上,以能力、责任感、可靠性等作为信任的基础;情感型信任的形成取决于双方在交际过程中长时间频繁接触,逐步深化彼此的信任关系,需要双方保持良好的沟通并消除交易过程中不必要的误解。Nooteboom(1996)基于企业间的合作关系提出了非自利型信任和动机型信任。非自利型信任以道德、友谊、同情、亲情等为基础愿意与另一个企业进行合作;动机型信任是企业以自利作为与其他企业合作的动机,但是必须明确的是这种自利行为并不会损害对方的利益。Rousseau 等(1998)认为信任有两个条件即风险和相互依存,并提出了计算型信任、关系型信任、制度型信任三种类型的信任。计算型信任中,交易双方需控制风险,权衡和计算每次交易的利弊得失,经过理性的思考而选择最合适的交易契约模式;关系型信任则依赖于交易双方长期频繁互动,从而产生情感依附(affective attachment);制度型信任则是与社会规则和制度相关的信任。

### 7.1.3 信任的形成过程及影响因素

不同的学者对于信任的形成过程有着不同的观点,总体来说,可以从五个维度来说明信任的形成过程,包括人际关系、制度机制、过程机制、特征机制及团队学习,如表 7-3 所示。曾忠禄(1998)在研究公司联盟时提出,构建信任关系需要双方共同努力,通过信息交流和专门性投资可以增加交易双方的相互依赖性,逐步建立企业之间的信任关系,从而产生信任感。大多数研究认为信任的发展是需要较长时间的,但也有研究表明即使没有交互史,也能表现出高水平的信任。形成这种高水平的信任的原因不尽相同,包括个人信任意向、依赖性、客观结构的信念,如在特定情况下法规法律支持某人成功的可能性,但是以暂定和假设为基础的信任是相当脆弱的。从网络治理的角度来看,信任可以直接产生于人与人不断交往过程中,也可以间接通过各种专业或制度来赋予。信任是通过增加合作行为和降低交易成本的方式来受益于经济活动的。值得重视的是,构建信任需要花费较长的时间,然而信任的消失却可以在短时间内迅速完成,而且修复信任需要相当长的时间。

表 7-3 不同维度下信任的形成过程

| 维度 | 学者(年份) | 形成过程 |
| --- | --- | --- |
| 人际关系 | Luhmann(1979 年) | 以人际的熟悉度与感情联系作为基础产生信任 |
|  | Williamson(1993 年) | 有限理性的条件下,即使契约不完全,交易双方仍然相信约定的行为会被执行(乌托邦契约) |
|  | Giddens(1994 年) | 基于血缘、地缘等传统要素可以产生人与人之间的信任 |

续表

| 维度 | 学者（年份） | 形成过程 |
|---|---|---|
| 制度机制 | Luhmann（1979年） | 制度的惩戒或预防作用能够降低社会交往的复杂性，从而产生信任 |
| | Zucker（1986年） | 正式的社会制度、规范以及非正式的制度，如协会、社区、俱乐部的规章制度产生信任 |
| | Giddens（1994年） | 陌生人在一次性互动情况下，主要依靠制度产生信任，并且人际信任中包含了制度信任 |
| 过程机制 | Zucker（1986年） | 过去重复交易过程中积累的经验是以后合作关系建立信任的基础 |
| 特征机制 | Zucker（1986年） | 社会背景与民族特性上的相似性（如地域、语言等方面）可以产生信任 |
| 团队学习 | 温承革和于凤霞（2003年） | 团体学习既包括显性知识的整合和共享过程，又包括隐性知识的融合和彼此认同的过程，前者通过偏好、兴趣产生信任，后者则是基于某种共同的规则和制度产生对其他人的信任，即信任、学习以及尊重与学习三者之间的互动模式 |

资料来源：Benndorf D, Vogt C, Jehmlich N, et al. Reflexive modernization: politics, tradition and aesthetics in the modern social order by U. Beck; A. Giddens; S. Lash[J]. Biodegradation, 2009, 20（6）: 737-750; 温承革, 于凤霞. 供应链企业信任关系的培育途径[J]. 中国软科学, 2003,（10）: 84-86

企业在建设信任关系过程中会受到各种诸多不同因素的影响，Mayer等（1995）基于自己的研究提出了影响信任的因素，本书结合其他文献，总结和归纳了信任的影响因素，如表7-4所示。

表7-4 信任的影响因素

| 学者（年份） | 影响因素 |
|---|---|
| Strickland（1958年）；Solomon（1960年） | 善意 |
| Desutsch（1960年） | 能力、行动动机 |
| Giffin和Frost（1967年） | 能力、意愿、对自身行为的主张 |
| Boyle和Bonacich（1970年） | 以往的互动 |
| Kee和Knox（1970年） | 能力、动机 |
| Farris等（1973年） | 开放、情感、新行为尝试、群体范式 |
| Jones等（1975年） | 能力、个人需求 |
| Rosen和Jerdee（1977年） | 判断力或才能、团体目标 |
| Frost等（1978年） | 开放、以往的合作 |
| Gabarro（1978年） | 专业知识、信息可信度、个人魅力、声誉 |
| Cook和Wall（1980年） | 能力、意图的可信度 |
| Larzelere和Huston（1980年） | 善意、诚实 |
| Lieberman（1981年） | 能力、正直 |
| Johnson和Swap（1982年） | 可信度 |

# 第 7 章　集群企业间信任问题的网络治理

续表

| 学者（年份） | 影响因素 |
| --- | --- |
| Hart 等（1986 年） | 专业知识、说谎动机 |
| Good（1988 年） | 开放性、一致性、共同的价值观 |
| Dasgupta（1988 年） | 面对惩罚的可信赖性、遵守承诺 |
| Butler（1991 年） | 一致性、能力、忠诚、开放、执行力、全面信任 |
| Ring 和 van de Ven（1992 年） | 正直、善意 |
| Sitkin 和 Roth（1993 年） | 能力、价值观 |
| Hovland 和 Lockett（1998 年） | 以往的经历、态度、个性、文化、背景 |
| Mishra（1996 年） | 能力、开放、同情心、可靠性 |
| Gulati 和 Singh（1998 年） | 相互作用、地区的共同性、双边关系 |
| Sako 和 Helper（1998 年） | 能力、可信度 |
| McKnight 等（1998 年） | 环境正态性 |
| Booth 等（1998 年） | 诚实、可靠、能力、名誉 |
| Young-Ybarra 和 Wiersema（1999 年） | 价值共享、沟通、经济抵押、关系不对称 |
| Friman 等（2002 年） | 沟通、双向流动 |
| Dyer 和 Chu（2003 年） | 可靠、公正、善意 |
| McEvily 等（2003 年） | 脆弱性 |
| Daryl（2003 年） | 沟通、信息公开、人际关系、共同的价值观 |
| Inkpen 和 Currall（2004 年） | 正式化控制 |
| Sohu 和 Kwon（2016 年） | 资产专用性、行为不确定性、信息分享、感知满意、荣誉 |
| 赵贵华等（2005 年） | 沟通、合作经历、环境背景 |
| Gao 等（2005 年） | 感知对方的承诺、感知对方的信任、感知对方的依赖 |
| Couchman 和 Fulop（2006 年） | 可靠性、以往的合作、交叉管理能力、沟通频率 |
| Weinhofer（2007 年） | 领导能力 |
| 邓靖松和刘小平（2008 年） | 互动、了解 |
| Jarvenpaa 和 Mao（2008 年） | 信息分享、沟通质量、企业相互适应 |

资料来源：Schoorman F D, Mayer R C, Davis J H. An integrative model of organizational trust: past, present, and future[J]. The Academy of Management Review, 1995, 20（3）: 709-734; Gao T, Sirgy M J, Bird M M. Reducing buyer decision-making uncertainty in organizational purchasing: can supplier trust, commitment, and dependence help? [J]. Journal of Business Research, 2005, 58（4）: 397-405; Sirkka L J, Mao J Y. Operational capabilities development in mediated offshore software services models[J]. Journal of Information Technology, 2008, 23（1）: 3-17; Daryl K. 信任与生意：障碍与桥梁[M]. 陆晓禾, 等译. 上海: 上海社会科学院出版社, 2003; 赵贵华, 梁冬梅, 王江. 供应链中的伙伴信任关系分析及建立[J]. 价值工程, 2005, 24（12）: 52-54; 邓靖松, 刘小平. 企业高层管理团队的信任过程与信任管理[J]. 科学学与科学技术管理, 2008, 29（3）: 174-177

从表 7-4 可以看出，大多数学者认为合作者双方共享的价值观（包括对另一方优秀品德的认可）、善意（双方之间特殊的情感或者忠诚）、能力、开放（有效的沟通和较高的信息共享）、双方合作者以往的互动经历、沟通、对对方的熟悉程度、一些特性因素，如声誉、证书、制度设计等环境因素等都可能是交易双方信任水平的关键性影响因素。总体来说，可以从三个维度来研究信任的影响因素，即特质因素、关系因素及环境因素。特质因素主要包括企业的能力（预期完成未来目标的各项指标）、企业的声誉（认可度高、良好的未来）；关系因素主要包括信息沟通与资源共享、以往合作经历、互动了解、相互依赖以及诚实、善意、可靠性等人际交往因素；环境因素主要包括共同的价值观、组织背景（企业文化、组织机构、管理制度和工作方式等）、有信用的第三方认证等因素。

### 7.1.4 产业集群内信任机制研究

孟韬（2006）指出，信任是产业集群运作机理的核心，对于形成产业集群柔性、明显的竞争优势具有十分重要的作用。李兰冰（2007）基于物流产业集群进行研究，认为信任可以降低社会复杂性，能够有效促进物流产业集群的形成和发展。孟华兴和赵瑞君（2007）认为信任能够降低集群内企业间的交易成本，增强集群的柔性制造，促进产业集群的技术创新合作，从而降低机会主义行为。徐涛和张昭华（2008）通过对高技术产业集群进行研究发现，信任关系是合作的基础并能有效提高企业创造力，推动集群的创新。李乃文（2008）认为，集群企业间相互信任能够有效地降低产业集群内企业间的交易成本，增强产业集聚的对外竞争优势。葛萍萍（2009）认为，信任除了有效促成双方的交易合作之外，更重要的是有利于双方信息共享，规避经济交易过程中与技术和市场相关的不确定性因素。产业集群中的企业与其他企业只有在保持较高程度的信任环境下，才有可能获得长期利润。张缨（2004）指出应该理解社会结构与经济行为的内在联系，对于那些低信任或违约现象，可以通过相关的制度设计（政策、法律法规等）以及道德倡导（学校教育、社会环境）改善，做到有的放矢。

Putnam 等（1995）认为信任是社会资本的重要来源，而社会资本作为一种支持性功能，能够有效保证企业在物质和人力资源方面的有形投入获得较为理想的回报。Beugelsdijk 和 Schaik（2005）认为信任是集群产业的一个重要特征，对于构建产业集群的分包网络起着重要作用。集群网络内的组织或企业以资源互补的方式有效地利用集群联盟产生的社会资本。Chen（2002）以中国台湾自行车产业集群作为样本进行实证研究发现，信任作为一种社会资本，能够保证企业之间认知资源的稳定性，促进集群企业间隐性知识的传播，有助于企业在适应外部环境过程中节约经济成本和时间成本。

企业间的信任与合作是集群整体绩效提高的关键因素（Pyke and Sengenberger，1992）。Schmitz（1995，1999）强调集群内部的联系及信任的作用，提出信任可以有效促进集体效率，特别是这种信任在企业面临国际化环境的剧烈动荡时，可能形成独特的集群优势。很多学者认为信任可以营造组织间诚信氛围，对于集群的创新有着不可忽视的作用。Saxenian（1995）对硅谷的高技术产业集群的信任进行研究，认为高度信任的环境有利于推动技术的发展，促进隐性知识的共享，有助于企业进一步创新。Danson 和 Whittam（1999）对苏格兰的产业集群进行研究分析，提出信任与协作是影响集群企业持续创新与网络优势的关键性因素。Banks 等（2000）在对曼彻斯特的文化产业集群研究中发现，信任有助于打破不同产业的边界，有利于集群产业间的合作与新技术、新产品的开发，企业之间的合作能够有效提高企业的创造力水平，推动企业创新，这对集群的竞争力及产出有着至关重要的影响。

通过对文献的整理和归纳发现，不同学者从不同的角度对信任做了大量的研究，对于产业集群而言，虽然很多文献都提到信任是集群的优势之一，但究竟这种信任的来源如何？从网络角度，集群企业是如何嵌入不同网络中的？究竟这些网络是如何影响集群企业间信任的？集群企业间整体信任水平如何？这些问题的回答将对集群竞争优势的构建和维系，以及集群可持续发展产生重要作用。以下我们将从网络嵌入视角，对产业集群内企业间信任机制的影响因素进行实证研究，然后针对存在的问题，提出集群网络治理的具体模式。

## 7.2　网络嵌入理论

网络结构可以用 $G=(V, E)$ 来表示，其中 $V$ 为节点集合，记作 $V(G)$，$E$ 为边的集合，记作 $E(G)$，网络则是由 $G$ 元素（顶点或节点）的一个非空集合以及这些元素的无序对（称之为边）组成的。其中节点代表各种类型的网络元素，如人、企业、团体、组织、城市等，本书的网络节点表示的是企业、行业协会及商会等组织结构。节点间的连线边代表网络中相连元素之间的各种关系，包括亲戚、朋友、信息往来、产品交易等联系的存在。从网络嵌入的观点来看，一切经济活动都嵌入社会网络，产业集群作为复杂适应性系统，其内部的所有组织都是嵌入特定的经济和社会网络之中的。王国红等（2011）提出在这种网络化环境下，集群之所以存在正是因为它能够产生单个企业所不具有的整体竞争优势。

### 7.2.1　网络嵌入的性质

Polanyi（1944）在《大变革》（*The Great Transformation*）中首次提出网络嵌

入概念，认为网络嵌入可以通过一定方式或机制来影响企业的绩效。Granovetter（1985）就"嵌入性"这一概念进行了拓展，认为一切的经济行为都会受到社会网络结构的影响，只是不同的经济行为的影响程度或者水平是有区别的，嵌入性作为一种社会结构不仅能够约束个体行动者的行为，还能改变行动者对自己行为的选择，他还指出人们的经济行为也是嵌入在社会网络当中的，信任是嵌入性的核心。网络嵌入可以激励交易双方进行自我监管以避免欺诈或者逃避责任，嵌入性可以促使行动者之间形成一种互利互惠和相互信任的关系，社会网络环境、网络关系及网络结构对集群企业的网络嵌入有一定的影响（He et al., 2011）。

企业通过不同类型的网络嵌入交换和寻求其成长和发展所需的资金、信息、技术等各项战略资源，因此从网络嵌入视角可以更好地认识社会网络中企业的行为。Dyer 和 Singh（1998）认为企业网络嵌入可以获得竞争优势，主要体现在以下四个方面：①通过网络嵌入的方式可以为企业创造与其他企业的关系性资产；②网络嵌入性可以促进企业与企业之间共同学习和知识交流；③通过网络嵌入的方式可以达到能力互补的目的；④网络嵌入的网络结构可以为企业降低交易成本。

也有观点认为网络嵌入作为一种社会控制可以为正式的治理机制发挥互补的作用，减少交易风险与正式的治理机制之间的关系。Coleman（1988）提出网络嵌入有助于构建企业之间的信任关系并促进相互之间合作关系的维系。企业可以通过网络嵌入的方式获取各种资源和能力，网络嵌入有利于集群中的企业进行组织间相互学习，其原因在于企业可以通过更好的方式获得信息、能量以及组织的集体认同（Adler and Kwon, 2002; Uzzi, 1996）。随后有很多的学者提到了网络嵌入与正式的治理机制二者之间的关系：有学者认为由网络嵌入产生的社会控制甚至可以取代正式的治理；也有研究表明网络嵌入产生的社会控制是正式治理机制的补充，正式合同与基于关系的治理机制相辅相成；但是也有学者提出网络嵌入可以调节交易风险与正式治理机制之间的关系（Buvik, 2002; Echols and Tsai, 2005）。本章从社会网络嵌入性的角度研究如何治理集群企业间的信任，分析产业集群企业间信任构建过程中嵌入程度和嵌入方式，从关系嵌入、结构嵌入及位置嵌入分析企业间信任的影响因素。因此，基于资源观和社会网络理论，本章将从网络角度研究集群企业之间的信任影响因素，对集群企业的成长和可持续发展有一定的实际意义。

### 7.2.2 网络嵌入的分类

Zukin 和 DiMaggio（1990）将网络嵌入的概念分为四大类：认知嵌入、文化嵌入、政治嵌入及结构嵌入。本书引用的是 Gulati 和 Gargiulo（1999）的网络嵌入分类方法，将网络嵌入划分为三个不同的类型，包括关系嵌入、结构嵌入及位置嵌入（Nahapiet and Ghoshal，2000），如表 7-5 所示。

表 7-5　企业间网络嵌入的分类、内涵、特性及在集群中的体现

| 嵌入类型 | 内涵 | 特性 | 在集群中的体现 |
| --- | --- | --- | --- |
| 关系嵌入 | 网络成员之间的二元关系 | 强调嵌入的关系强度及关系性质（社会网络人格化） | 基于双方的人际关系的关系网络 |
| 结构嵌入 | 网络成员的联结（包括地理位置联结和产品链联结） | 强调嵌入的网络联结（社会网络的非人格化） | 基于地理位置及产品链的网络 |
| 位置嵌入 | 网络成员整体网络结构中的地位和位置以及对合作企业的控制及影响力 | 强调嵌入的网络规模及企业在网络位置的信息角色 | 基于集群内部和外部的整体网络 |

1. 关系嵌入

Granovetter（1992）认为关系嵌入是指人与人或者组织与组织之间的纽带关系，强调合作双方的相互信任及信息分享程度。Gulati 等（2000）从网络嵌入的重要性方面提出关系嵌入注重的是交易双方关系联结的强弱、多样性以及联结双方所表现出的合作模式。Andersson 等（2002）指出关系嵌入是企业与周围供应商、消费者及合作者之间的一种非正式的网络结构，其通过这种社会关系的连接分享知识和信息，形成长期的合作关系。总之，关系嵌入强调的是一个企业与其周围的企业之间的关系强度和关系性质，企业之间通过交流与合作来获得社会资本，如信任与可信度、信息等（Zaheer et al.，1998），这种信任及可信度可以使企业间的治理机制发挥更好的作用（Poppo and Zenger，2010），同时由关系嵌入产生的信息可以帮助正式的交流系统解决交易中的难题。这里的关系嵌入主要是基于不同的人际关系所形成的网络嵌入于社会网络结构。

2. 结构嵌入

结构嵌入着重于企业作为网络节点在邻近网络结构中所处的位置和其所维系的企业关系，如一个企业可以通过中间商影响另外一个企业，或者两个企业都被第三方所影响（Gulati and Westphal，1999）。这一维度强调网络联系的强弱、企业网络的密度以及企业网络的规模。嵌于社会网络结构中的产业集群，其产业链上的企业之间的联系非常紧密，行动者之间通过形成信任及协作的关系来获取新的信息和资源。

3. 位置嵌入

位置嵌入关注的是企业在整体网络结构中的集中度、相对独立性以及对合作者的控制和影响力，强调网络的中心位置。大多数企业以与其他企业交易的方式来获取其核心资源并进行模仿，企业间的这种联系可以促进整个产业集群的发展

（Lin et al.，2012）。本书的位置嵌入强调的是集群内部与外部的整体网络，其中集群内部节点包括集群内的企业、行业协会、研究中心等机构，集群外部节点包括与集群内企业形成交易合作关系的集群外的企业、政府、媒体等机构。

## 7.3 中山燃气具产业集群实证研究

### 7.3.1 理论模型

1. 关系嵌入与信任水平之间的关系

基于人际关系的关系嵌入可以产生各种形式的社会资本，如信任。从社会网络的角度来看，产业集群中姻缘关系、地缘关系、血缘关系或业缘关系等可以产生信任关系，直接获得信息收益，形成互利互惠的合作关系。血缘、姻缘关系主要是指亲戚关系或者家庭关系，地缘关系主要包括朋友、同事、老乡等因为地理位置而产生的人际关系或者交易关系，业缘关系主要包括由于职业或者行业等原因结成的各种关系，包括合作与竞争等方面的关系（何铮，2013；刘琨瑛等，2013b）。这种人际关系对于我国企业而言是非常重要的，尤其是亲缘关系及家族关系。Zucker（1986）在文章《信托产品：体制经济结构的来源》中提到，过去重复交易过程中积累的经验是未来合作关系建立信任的基础。有些企业在过去交易合作过程中维持着一种较好的人际关系，也有一些企业之前从未合作过，但是可以通过社会关系网络达到合作目的，双方成功的交易会巩固两者之间的信任关系。企业可以通过现有的人际关系产生新的人际关系，或者由现在的交易合作关系产生新的交易关系。基于以上文献，本书考虑的是企业之间的信任水平多大程度上受社会关系的影响，因此提出以下假设：

$H_{7-1}$：关系嵌入对集群企业间信任水平有显著性影响。

2. 结构嵌入与信任水平之间的关系

产业集群的结构嵌入作为一种传递渠道可以获得或者分享网络中的各项战略资源，然而这种资源是非均匀地随机分布在网络结构中的，处于网络系统中不同节点的位置时，企业获得信息的多少与完整度是不同的，因此当企业处于中心位置的节点时或者具有更加密集的网络节点位置时，就会获得更多的信息和资源。产业集群中企业间信息不对称会干扰企业间沟通交流，良好的信息沟通可以向集群内其他企业证明自己是具有可靠性和可信赖的，有利于自身企业品牌形象的树立，同时企业也可以通过信息共享充分了解对方的经营理念及企业文化，判断对方的合作意图和能力能否与本企业的发展需求相匹配。信息沟通可以加强双方的双边联系，从而可以更好地达到一致的期望。Anderson 和 Narus（1990）通过研究美国 213 家供应商和 249 家分销商之间的对应关系发现沟通和合作能够影响双方的信任关系；Morgan 和 Hunt（1994）在研究美国汽车轮胎零售商之间的信任关系时发现，沟通和共同价值观是影响信任关系的关键因素；Doney 和 Cannon（1997）认为组织规模、顾客定制意愿及信息分享均能在一定程度上影响买卖双方的信任关系；产业集群中地理接近性对企业信任关系的形成具有重要作用，相互信任和层级同等重要，空间的邻近更容易使企业产生信任，从而提高集群中企业的信心、抗风险能力及企业间合作（Saxenian，1995）。基于以上理论，我们提出以下假设：

$H_{7-2}$：结构嵌入对集群企业间信任水平有显著性影响。

3. 位置嵌入与信任水平之间的关系

相对于关注邻近企业关系的结构嵌入，位置嵌入是指集群企业在更大的集群整体网络中的拓扑位置对其信任的影响和作用，是从集群总体层面来观察企业信任的产生和维系。这就会涉及集群正式和非正式制度问题，由此可能对应集群的各种网络类型。产业集群在发展过程中逐步形成了具有特色的区域文化和制度规范。基于这种正式或非正式的制度，集群中企业一般能够形成共同的认知模式和行为方式，从而推动企业之间的合作，促进整个集群企业之间信任关系的形成。Aryee 等（2002）认为制度的惩戒或预防功能可以从一定程度上降低社会交往中的复杂性，从而有利于信任的形成。Hardin（1996）提出制度可以提高对方企业的可信任度。集群的制度环境主要包括政府法律、法规及其监督、行业政策等，它具有双重角色：一是作为整个集群系统的一部分，制约着集群自组织过程；二是制度可以被人为设计成不同的形式，这些形式可以服务于整个集群。正式的社会制度、规范以及非个人形式的制度，如行业协会、社区、俱乐部的规章制度可以有效地促进企业与企业之间信任关系的形成。

$H_{7-3}$：位置嵌入对集群企业间信任水平有显著性影响。

在集群中各种网络关系相互叠加，如朋友关系也可能在邻近设厂，因此从理论上讲，关系嵌入、结构嵌入与位置嵌入之间往往会存在一定程度交叉和重叠，由此我们认为它们之间也存在一定的相关性，可以提出以下假设：

$H_{7-4}$：关系嵌入与结构嵌入之间存在相关性。

$H_{7-5}$：结构嵌入与位置嵌入之间存在相关性。

$H_{7-6}$：位置嵌入与关系嵌入之间存在相关性。

本书将从网络嵌入的视角研究集群企业间信任的影响因素。依据 Gulati 和 Gargiulo（1999）的研究成果，本书将网络嵌入划分为关系嵌入、结构嵌入及位置嵌入三个维度。根据以上理论假设，我们可以得到如图 7-1 所示的理论模型。

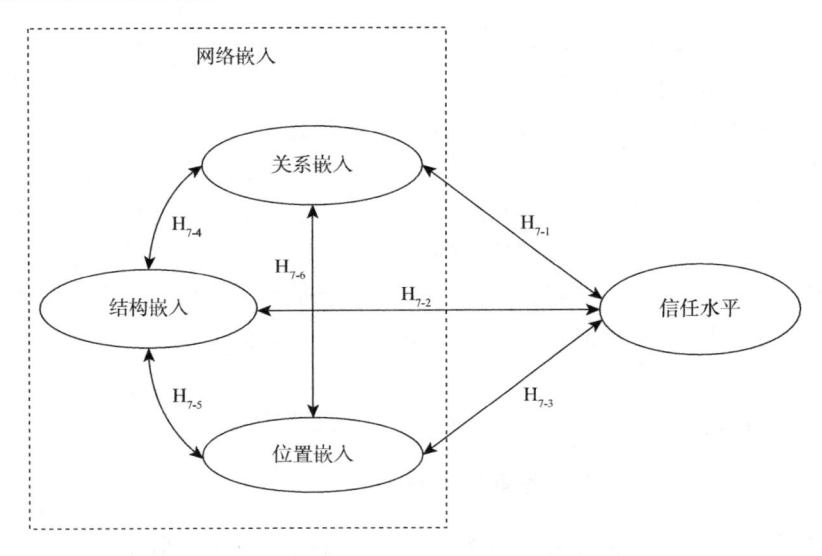

图 7-1　集群信任水平影响因素的总体理论模型

产业集群作为集中于某一区域的专业化网络，可以通过网络嵌入的方式充分利用互补资源，赢得范围经济优势，从而获得持续发展的动力。集群中的企业在网络中的关系嵌入、结构嵌入及位置嵌入对集群企业间的信任水平会带来不同程度的影响。信任是网络嵌入关系的重要特征，发挥着社会控制和降低风险的作用，同时也是维系集群企业间长远关系的基础。本书主要探讨网络嵌入中关系嵌入、结构嵌入及位置嵌入对集群企业间信任水平的影响程度。根据前面分析，图 7-1 给出了总体理论模型。其中的双向箭头表示变量之间存在相互影响。关系嵌入、结构嵌入、位置嵌入都不能够直接测度，因此需要设计一系列显性指标对三个潜变量进行测度。值得注意的是，图 7-1 的模型中增加了三个嵌入之间的关系，但这不是我们研究的重点。本书主要是探讨不同的网络嵌入对集群企业间信任水平的影响程度，并由此研究如何通过网络治理的方式来提高集群整体的信任水平。

### 7.3.2　研究设计

改革开放以来，随着经济水平不断提高，物质生活不断丰富，市场需求不断扩大，燃气具产品开始逐步进入我国，成为每家每户的必需品，燃气具产业市场也得到了快速的成长与发展，其产量一直处于高速增长水平。中国产业研究报告网的数据显示，国内燃气热水器的产量从 2005 年的 689.3 万台增长到 2014 年的 1 476.7 万台；同时，家用燃气灶具的产量也翻了一番，从 2004 年的 1 420 万台增长至 2014 年的 3 557.9 万台。图 7-2 和图 7-3 分别给出了我国家用燃气灶具 2004~2014 年和家用燃气热水器 2005~2014 年的产量。可以发现，伴随着我国房地产的爆发式增长，家用燃气灶具呈现出比较平稳的增长态势，相比之下，家用燃气热水器却出现一些波动，说明燃气热水器行业的竞争更加激烈，国外许多产品的进入给我国热水器企业带来了新的挑战，特别是高端市场上表现得更加明显。

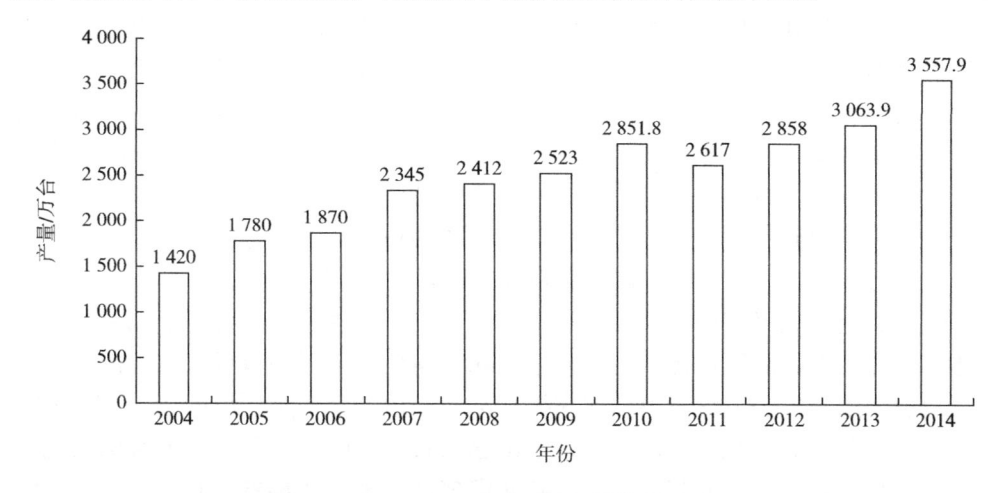

图 7-2　2004~2014 年中国家用燃气灶具产量

资料来源：中国城市燃气协会. 中国燃气行业年鉴（2015）[M]. 北京：中国建筑工业出版社，2016

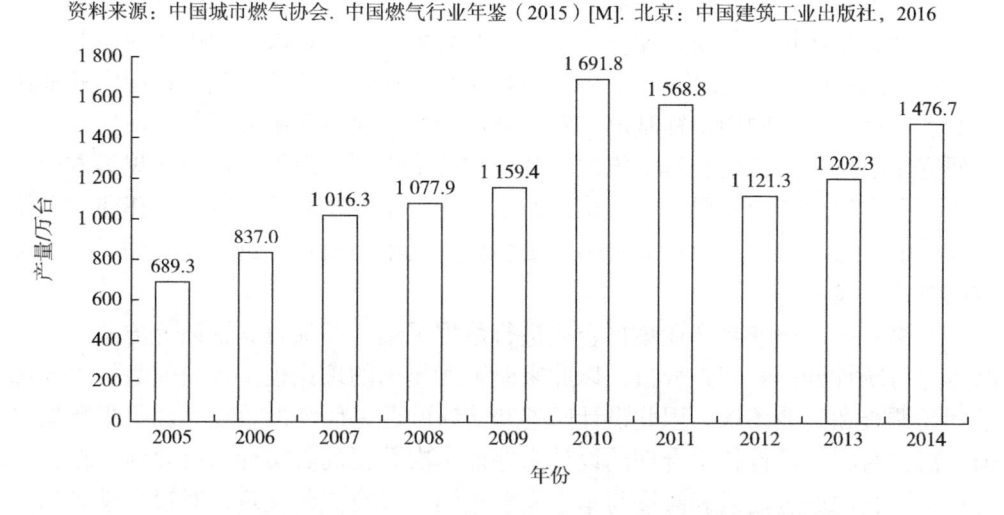

图 7-3　2005~2014 年中国家用燃气热水器产量

资料来源：中国城市燃气协会. 中国燃气行业年鉴（2015）[M]. 北京：中国建筑工业出版社，2016

虽然 2008 年全球金融危机对我国经济发展方式和经济结构调整有一定的影响，国家经济发展速度放缓，很多产业集群处于下滑趋势，尤其是我国的制造业产业集群，但是国内的燃气具市场依然保持着一定比率的增长（图 7-2），随着世界经济逐步复苏，国家对经济结构进行调整，提出"拉动内需，促进消费"的战略，经济发展逐步提升，因此国内燃气具行业依然呈现良好的发展态势。

从各地区产量统计来看，燃气具产品主要集中在广东、浙江、湖南、湖北等地区，其中广东、浙江两省相比于其他地区优势明显。本书选择中山燃气具产业集群作为研究样本，其原因在于中山作为国内燃气具行业重要的集群，其燃气具产业从20世纪80年代末开始一直保持着较快速度的发展。截至2014年，取得生产许可证的燃气热水器企业约为280家，主要分布在东南沿海及江河沿岸等经济发达、交通便利的地区，其中广东省拥有的企业数量最多，该省产量和产值也占到全国80%以上，全国家用燃气热水器生产企业中，大中型企业约占10%，小型企业数量最多，约占90%，且多数集中在广东省中山市和佛山市。中山的燃气具产业在国内占据着举足轻重的地位，具有明显的集群竞争优势，并且产业配套完善，逐步形成了专业化分工、产业化协作生产模式。

燃气具企业选择在中山聚集形成集群，主要是因为中山具有以下几个方面的优势：首先，中山的区位优势明显，它是珠三角地区重要的节点城市，位于"大珠三角经济圈"中心，随着港珠澳大桥和深中通道及珠三角区域的建立，中山将成为珠江口西岸的区域中心；其次，中山燃气具产业配套完善，上下游供应链齐全，燃气具产品生产企业与专业的电器元件配件设施企业集聚于此，使企业可以共享资源和信息，方便企业获取互补性资源，降低了集群企业生产成本和市场风险，推动了企业技术创新，使其具有一定的竞争优势；再次，中山产业集群作为中国主要的家电制造商之一，众多的知名品牌企业聚集于此，包括在国内外都比较知名的企业，如中山市祥基电器有限公司、华帝股份有限公司等；最后，不同的研究中心、政府机构和其他组织，分别在技术创新、政策、法律法规等方面大力支持了本地的产业发展，中山市政府不仅给予企业税收优惠政策，还建立了快速高效的注册绿色通道，从而吸引了更多企业到中山投资，进一步促进了产业集群的整体发展。

本书对中山燃气具产业集群企业进行数据采集，并通过实证研究方法对相关数据进行统计分析和回归分析，以此来验证所提出的理论模型。研究数据主要源于问卷调查和实地访谈，因此设计问卷和访谈问题是研究的重点。在收集数据之前，需要对问卷进行科学合理的设计来保证本次数据的真实性与有效性。在设计过程中，我们通过搜索和阅读与本书概念相同或者类似的文章，对过去学者和专家测量方式加以引用和模仿，根据自己理解在原有基础上进行修改和调整，以增强本问卷整体信度和效度。

本次调查问卷主要分为两部分，包括企业的基本信息以及各个变量的测量。为保证问卷调查的信度与稳定性，运用利克特量表来测度各潜变量，分为7个等级描述其主观感受评价测量情况，其中1表示非常不同意，4表示既不同意也不反对，7表示非常同意。通过实地调研，可以了解集群企业相互信任现状和建立信任关系的方式等。问卷调查主要包括四个方面：本企业基本情况，包括企业成立时间、注册资金、总人数等相关情况；产业集群中企业与企业之间的信任现状及信任程度；目前本企业主要通过哪些方式建立与集群中其他企业之间的信任关系；被调查者认为网络嵌入对于构建信任的重要性如何。

访谈研究是对问卷调查研究的辅助研究方式。本书对中山燃气具产业集群中的企业人员进行实地访谈，通过面对面交流，收集第一手资料，从定性化角度来了解整个燃气具产业集群行业的信任现状以及存在的问题，从而对问卷结果进行了补充和完善，主要包含以下八个问题：

（1）集群企业间信任总体现状如何？
（2）集群企业通过哪种方式建立与其他企业的信任？
（3）您认为产业集群是否为相互信任提供了一个良好的环境和途径？
（4）企业选择合作伙伴的标准是什么？哪些因素影响对另一方企业的信任？
（5）集群企业或者政府如何维持企业与企业间信任？
（6）哪些因素促进了企业间的信任？
（7）在危机情景中，本企业是否可以找到可以信任的、可以依赖的企业？
（8）其他企业处于不景气状况下本企业是否会主动给予帮助？

本书主要是通过实地调研的方式采集数据，为了保证数据的有效性和可靠性，我们走访了中山市燃气具产业集群的部分企业，告知此次研究的目的并诚恳地希望能得到配合，就集群企业中信任的现状和信任的影响因素等问题与企业管理者或负责人、当地政府工作人员及行业协会的人员进行了深入的沟通和交流。交流过程中，直接与企业负责人面对面，就企业与企业之间的信任问题进行了解和讨论，并现场发放问卷，邀请他们填写问卷；与政府工作人员接洽过程中，通过与他们的交谈了解整个中山市燃气具产业集群企业间的发展现状与未来发展目标，并在他们的协助下发放和收集部分问卷；与行业协会交流过程中，我们注重行业协会在企业与企业之间交流的桥梁作用，重点是行业协会将为实现集群企业之间更好的合作采取哪些方面的措施。

问卷设计过程中，为了加强企业中的负责人及管理者对此次问卷的理解以便收集到更为有效的数据，尽量采取简单的表达方式，来降低问卷调查的难度和提高问卷可行性。本书主要是以三种方式进行问卷发放和回收：①我们直接走访企业，与企业负责人进行面对面的沟通交流，并邀请他们现场填写问卷，并回收问卷；②在中山市政府工作人员的协助下，找到企业负责人，请他们现场填写问卷；③通过电子邮件的方式发放和回收问卷。本次调查时间为2015年11月，共发放了300份问卷，回收完整问卷数量为231份，去掉无效问卷（如信息缺失或者信息异常），总计回收214份问卷。问卷调查的发放和回收情况如表7-6所示。

表 7-6　问卷取样基本情况

| 问卷发放和回收方式 | 发放的份数/份 | 问卷回收数量/份 | 回收率 | 有效问卷份数/份 | 有效回收比例 |
| --- | --- | --- | --- | --- | --- |
| 企业走访 | 30 | 29 | 96.7% | 28 | 93.3% |
| 电子邮件 | 180 | 124 | 68.9% | 120 | 66.7% |
| 现场填写 | 90 | 78 | 86.7% | 66 | 73.3% |
| 合计 | 300 | 231 | 77% | 214 | 71.3% |

### 7.3.3 变量测度

1. 因变量

本书的因变量为集群企业间信任水平。Zaheer 等（1998）主要是通过信守承诺、不利用机会主义获利及公平公正这三个方面测度信任程度；Yli-Renko 等（2001）则认为可以从不利用对方、不提出有损对方利益的要求等方面进行测度；McEvily 和 Marcus（2005）提出可以从以下三个维度测量信任水平：平等协商、无误导行为及信守承诺；Srećković 和 Windsperger（2013）从不同维度对信任水平进行测度，包括本企业与集群合作企业有着明显的信任关系，本企业与集群合作企业之间具有开放和诚信的氛围，集群企业间信息交换程度高，与集群中合作者具有较好的合作基础，企业之间可以通过口头协议达成合作，企业对集群内获得的信息具有较高的信任度。本书借鉴了 Srećković 和 Windsperger（2013）的观点，并结合其他学者的研究，主要从以下几个方面衡量产业集群中企业间的信任水平：①本企业与集群内的合作企业有着良好的信任关系；②本企业与集群其他企业之间具有开放和诚信的氛围；③本企业很愿意与集群内企业协商讨论以达到更好的合作效果；④集群企业目前整体的信任状况良好。

2. 自变量

本书对自变量的测度主要从三个方面进行考察，包括关系嵌入、结构嵌入、位置嵌入。其中关系嵌入可以从社会关系进行测度，此处的社会关系主要是指企业主个人的私人关系；结构嵌入是指企业临近的网络关系，可以从集群产业链上下游业务往来、企业之间信息沟通有效性、企业间地理位置的邻近、企业各种小团体之间的联系这四个方面进行测度；位置嵌入强调的是企业在集群整体网络中所处的位置以及对其他企业的控制及影响力，因此可以从集群中各类行业协会的活动、集群网络中获取资源的便利性、产业集群中行业政策、法律法规这几个方面进行度量。

3. 控制变量

本书的控制变量包括两个方面：企业年龄（age）和企业规模（size）。产业集群中各企业的交易条件和交易环境是不同的，并且公司自身具备的特征也不相同，这些因素可能会对企业的信任水平产生一定程度的影响。从前面对信任的影响因素的文献综述中可以发现，企业能力是影响企业间信任非常重要的因素，而企业能力主要体现为在某一特定领域具有一定影响的技术、规模及品质，因此企业规模与企业年龄对企业间的信任构建是有一定影响的。

本书选取两个控制变量：企业年龄和企业规模，选用企业总人数衡量其规模，以总人数的自然对数作为规模的最终表示，具体形式为：公司规模=ln（总人数）；而企业年龄是指企业成立至今的年数。企业年龄和企业规模作为研究集群企业间信任的控制变量，对企业行为和决策具有重要影响（Nadler et al., 1989），并且这种影响程度值得深入研究，但这并不是本书的研究重点。本书选择企业员工数度量企业规模。在样本数据中，选择了企业员工数大于 100 的企业；用企业成立到 2015 年的时间（以年计算）度量企业年龄，选择年龄大于五年的企业。表 7-7 总结了主要变量定义及测量方法。

**表 7-7　主要变量定义及测量方法**

| 变量类别 | 变量维度 | 测量描述 | 参考文献 |
| --- | --- | --- | --- |
| 因变量 | 信任水平 | T1：本企业与集群内合作企业有着良好的信任关系<br>T2：本企业与集群其他企业之间具有开放和诚信的氛围<br>T3：本企业愿意与集群内企业协商讨论以达到更好的合作效果<br>T4：集群企业间目前的信任状况 | Srećković 和 Windsperger（2013） |
| 自变量 | 关系嵌入 | R11：亲戚/血缘关系<br>R12：同学、老师和同乡关系<br>R13：其他朋友关系 | Gulati 和 Singh（1998）；Gulati 和 Gargiulo（1999） |
| | 结构嵌入 | S11：集群产业链上下游业务往来<br>S12：企业之间信息沟通有效性<br>S13：企业间地理位置的邻近<br>S14：企业、各种小团体之间的联系 | |
| | 位置嵌入 | P11：集群行业协会的活动<br>P12：企业在集群网络中所处的特殊地位<br>P13：政府的牵线搭桥<br>P14：网络和传统媒体对企业的相关报道 | |
| 控制变量 | 企业年龄 | age：连续变量，等于 2015-成立年份 | Nadler 等（1989） |
| | 企业规模 | size：连续变量，企业员工数 | |

资料来源：Gulati R, Gargiulo M. Where do interorganizational networks come from? [J]. American Journal of Sociology, 1999, 104（5）: 1439-1493; Nahapiet J, Ghoshal S. Chapter 6- social capital, intellectual capital, and the organizational advantage[J]. Knowledge & Social Capital, 2000, 23（2）: 119-157; Srećković M, Windsperger J. The impact of trust on the choice of knowledge transfer mechanisms in clusters[J]. Social Science Electronic Publishing, 2013, 16（3）: 73-85; Nadler D A, Tushman M L, Nadler D A. Strategic linking: designing formal coordination mechanisms[J]. Readings in the Management of Innovation, 1988, 8（3）: 469-486

### 7.3.4 信度和效度分析

对调查问卷的结果展开统计分析之前，需要对问卷进行信度分析，以保证信度在可接受范围之内，保证问卷统计结果的价值。为了提高本次问卷的信度水平，我们在正式调研之前先进行了预调研，调研对象为电子科技大学中山学院的 MBA（master of business administration，工商管理硕士）学员，因为大部分 MBA 学员都是中山当地企业的管理者，对当地的企业和文化非常了解，也对当地企业间的信任水平有比较直观的感性认识，并且他们非常愿意支持我们的研究工作。此次总共发放问卷 30 份，有效回收问卷 24 份，回收率为 80%。本书结合本次小样本调研结果对问卷调查表的结构和形式进行了适当的修改和调整，以此来提高本次问卷的信度和效度。一般来说，Cronbach's α 系数是衡量信度的指标之一，值越大表示信度越高。信度系数在 0.9 以上表明信度非常好；在 0.8~0.9，则说明可以接受；在 0.7~0.8，则说明该量表依然有价值但需要进行重大修改；在 0.7 以下则说明应该放弃。

如表 7-8 所示，信任水平、关系嵌入、结构嵌入、位置嵌入的 Cronbach's α 系数均大于 0.8，说明本次问卷内部一致性和稳定性是可接受的。在进行因子分析之前，需要对样本数据进行效度分析，以检验数据是否适合进行因子分析，一般是进行 KMO 测度和 Bartlett 球形检验。如表 7-9 所示，本次样本的 KMO 取值均在 0.7 以上，表明可以做因子分析。Bartlett 球形检验用于检验数据是否服从多元正态分布。Sig.值为 0，小于显著水平 0.05，表示变量之间存在相关关系，可以进一步进行统计分析。

表 7-8　各个变量的 Cronbach's α 系数

| 变量 | 信任水平 | 关系嵌入 | 结构嵌入 | 位置嵌入 |
| --- | --- | --- | --- | --- |
| Cronbach's α | 0.839 | 0.877 | 0.907 | 0.844 |

表 7-9　各变量效度检验结果

| 潜变量 | KMO 值 | Bartlett 球形检验 | 因子载荷 | 累计方差解释率 | 显著性水平 |
| --- | --- | --- | --- | --- | --- |
| 信任水平 | 0.716 | 231.795 | 0.827 | 58.033% | 0 |
|  |  |  | 0.687 |  |  |
|  |  |  | 0.733 |  |  |
|  |  |  | 0.870 |  |  |
| 关系嵌入 | 0.713 | 221.738 | 0.853 | 73.254% | 0 |
|  |  |  | 0.840 |  |  |
|  |  |  | 0.874 |  |  |

续表

| 潜变量 | KMO 值 | Bartlett 球形检验 | 因子载荷 | 累计方差解释率 | 显著性水平 |
|---|---|---|---|---|---|
| 结构嵌入 | 0.852 | 583.645 | 0.911 | 79.464% | 0 |
|  |  |  | 0.879 |  |  |
|  |  |  | 0.876 |  |  |
|  |  |  | 0.899 |  |  |
| 位置嵌入 | 0.761 | 184.344 | 0.782 | 57.027% | 0 |
|  |  |  | 0.773 |  |  |
|  |  |  | 0.691 |  |  |
|  |  |  | 0.771 |  |  |

## 7.4 实 证 结 果

### 7.4.1 样本统计分析

（1）样本企业年龄分布。本次研究收集样本中，企业年龄具有多元化特征，既有处于发展期的企业，也有处于成长期、成熟期的企业。总体来说，这 214 家样本企业大部分处于成长期和发展期（表 7-10），其中成立时间在 5~10 年的企业为 57 家，占样本总量的 26.6%；在 11~15 年的企业为 98 家，占样本总量的 45.8%；在 16~20 年的企业为 51 家，占样本总量的 23.8%；8 家企业成立了 20 年及以上，占总量的 3.7%。

表 7-10 企业成立的时间

| 企业成立的时间 | 频数/个 | 百分比 | 累计百分比 |
|---|---|---|---|
| 5~10 年 | 57 | 26.6% | 26.6% |
| 11~15 年 | 98 | 45.8% | 72.4% |
| 16~20 年 | 51 | 23.8% | 96.2% |
| 20 年及以上 | 8 | 3.7% | 99.9% |
| 总计 | 214 | 99.9% |  |

（2）样本企业规模分布。样本的企业规模是用员工总人数来表示的（表 7-11）。在回收的 214 份有效问卷中，员工人数低于 100 人的企业有 7 家，占样本总量的 3.3%；员工总人数为 100~500 人的企业为 125 家，占 58.4%，也就是说，中型企业的数量超过样本总量的一半；员工人数在 500~1 000 人的企业为 39 家，占样本

总量的18.2%;员工人数超过1 000人(含)的企业为43家,占样本总数的20.1%。

表 7-11　员工总人数(企业规模)

| 人数 | 频数/个 | 百分比 | 累计百分比 |
| --- | --- | --- | --- |
| 100人以下 | 7 | 3.3% | 3.3% |
| 100~500人 | 125 | 58.4% | 61.7% |
| 500~1 000人 | 39 | 18.2% | 79.9% |
| 1 000人及以上 | 43 | 20.1% | 100% |
| 总计 | 214 | 100% | |

(3)样本企业产品分布。从燃气具行业中生产类型来看,包括燃气具产品及配件(表7-12)。其中,从事燃气具产品生产的企业总共有119家,超过总体样本一半,占比55.6%;其次是配件企业,占总体的44.4%。

表 7-12　产品分布

| 燃气具部件 | 频数/个 | 百分比 | 累计百分比 |
| --- | --- | --- | --- |
| 燃气具产品 | 119 | 55.6% | 55.6% |
| 燃气具配件 | 95 | 44.4% | 100% |
| 总计 | 214 | 100% | |

### 7.4.2　验证性因子分析

网络嵌入作为外在潜变量,主要是从关系嵌入、结构嵌入、位置嵌入这三个维度进行观测,而关系嵌入、结构嵌入、位置嵌入作为潜在变量是无法直接被测量或者观察得到的,需要由问卷调查所测得的数据资料来反映该变量的特质;信任水平作为内在潜变量,主要是用企业之间的信任关系(T1)、开放和诚信的氛围(T2)、协商讨论(T3)、集群信任情况(T4)等观测变量进行测度。本小节将运用AMOS 16.0统计软件进行验证性因子分析,检验观察变量是否能够合理地测度潜变量。

1. 自变量验证性因子分析

通过以下几个关键指标对测量模型适配统计量的拟合指标进行分析,如表7-13所示,$\chi^2$/df 为1.894,小于评价标准3;GFI、CFI分别为0.973、0.937,即适配度指数、比较适配指数均大于0.9,可以接受;RMR为0.022,小于0.05;AGFI为0.899,大于标准值0.8;NFI为0.945,大于标准值0.9,可以接受。由此可知,自变量的整体拟合度较好。对自变量进行验证性因子分析,得到了如图7-4、表7-14

所示的模型参数值。

表 7-13 验证性因子分析拟合指标

| 模型拟合指数 | $\chi^2/df$ | GFI | CFI | RMR | NFI | AGFI |
|---|---|---|---|---|---|---|
| 自变量分析结果 | 1.894 | 0.973 | 0.937 | 0.022 | 0.945 | 0.899 |
| 拟合标准 | <3 | >0.9 | >0.9 | <0.05 | >0.9 | >0.8 |

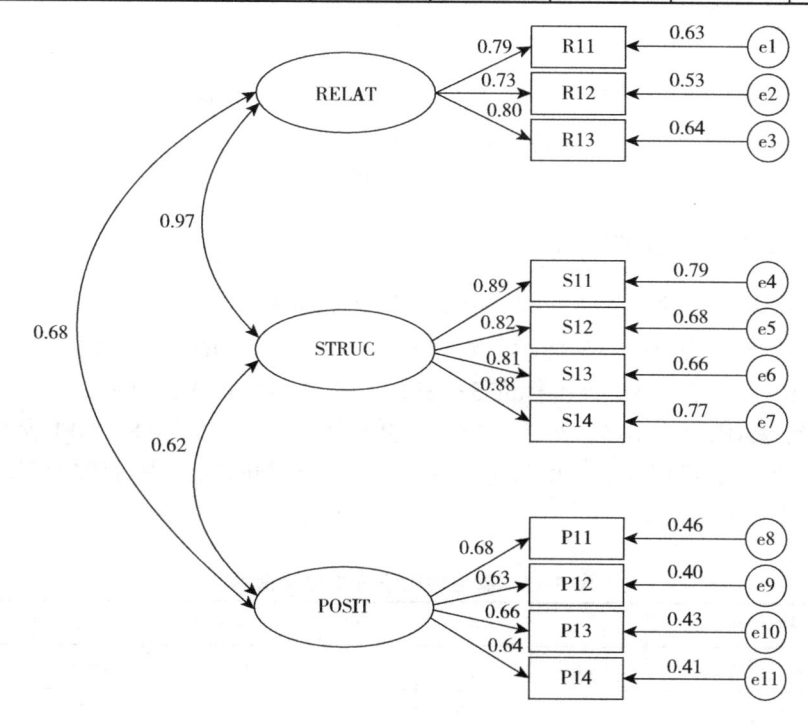

图 7-4 自变量验证性因子分析

表 7-14 自变量验证性因子分析模型参数估计结果

| 测量模型的回归路径 | | | Standardized Regression Weights | ESTIMATE | S.E. | C.R. | $P$ |
|---|---|---|---|---|---|---|---|
| R11 | ← | RELAT | 0.793 | 0.495 | 0.037 | 13.469 | *** |
| R12 | ← | RELAT | 0.730 | 0.666 | 0.055 | 12.003 | *** |
| R13 | ← | RELAT | 0.799 | 1.006 | 0.074 | 13.626 | *** |
| S11 | ← | STRUC | 0.889 | 0.782 | 0.048 | 16.373 | *** |
| S12 | ← | STRUC | 0.824 | 0.848 | 0.059 | 14.479 | *** |
| S13 | ← | STRUC | 0.815 | 0.652 | 0.046 | 14.240 | *** |
| S14 | ← | STRUC | 0.878 | 1.004 | 0.063 | 16.041 | *** |

续表

| 测量模型的回归路径 | | | Standardized Regression Weights | ESTIMATE | S.E. | C.R. | P |
|---|---|---|---|---|---|---|---|
| P11 | ← | POSIT | 0.677 | 0.699 | 0.071 | 9.849 | *** |
| P12 | ← | POSIT | 0.630 | 0.611 | 0.068 | 9.041 | *** |
| P13 | ← | POSIT | 0.659 | 0.749 | 0.079 | 9.534 | *** |
| P14 | ← | POSIT | 0.641 | 0.651 | 0.070 | 9.235 | *** |

***P 在 0.001 水平（双侧）上显著相关

如表 7-14 所示，各变量的标准化回归系数在 0.630~0.889，并且 C.R.大于 1.96，P 值达到了显著性水平，说明各个题项的因子负荷量（factor loading）均符合要求，表明观察变量对潜在变量的解释程度比较合理。

2. 因变量验证性因子分析

通过对因变量进行验证性因子分析，得到了如表 7-15、表 7-16 和图 7-5 所示的模型参数结果。如表 7-15 所示，对测量模型适配统计量的拟合指标进行分析，其中 $\chi^2/df$ 为 1.945，小于评价标准 3；GFI、CFI 分别为 0.991、0.992，均大于 0.9，可以接受；RMR 为 0.015，小于 0.05；AGFI 为 0.955，大于 0.8；NFI 为 0.983，大于标准值 0.9，可以接受。由拟合指标的统计量与判断标准进行比较可知，因变量的整体拟合度比较好。

表 7-15 验证性因子分析拟合指标

| 模型拟合指数 | $\chi^2/df$ | GFI | CFI | RMSEA | NFI | AGFI |
|---|---|---|---|---|---|---|
| 因变量分析结果 | 1.945 | 0.991 | 0.992 | 0.022 | 0.983 | 0.955 |
| 拟合标准 | <3 | >0.9 | >0.9 | <0.1 | >0.9 | >0.9 |

表 7-16 因变量验证性因子分析系数结果

| 测量模型的回归路径 | | | Standardized Regression Weights | ESTIMATE | S.E. | C.R. | P |
|---|---|---|---|---|---|---|---|
| T1 | ← | TRUST | 0.763 | 0.623 | 0.054 | 11.444 | *** |
| T2 | ← | TRUST | 0.429 | 0.366 | 0.061 | 6.003 | *** |
| T3 | ← | TRUST | 0.585 | 0.519 | 0.061 | 8.537 | *** |
| T4 | ← | TRUST | 0.866 | 0.607 | 0.046 | 13.163 | *** |

***P 在 0.001 水平上显著相关

从表 7-16 和图 7-5 可以发现，各变量的标准化回归系数在 0.429~0.866，均达到了显著性水平，但是 T2、T3 这两个观察指标对因变量的预测系数分别为 0.366 和 0.519，表明这两个观察指标与其他指标的适配性相对较差，所以本书决定删除

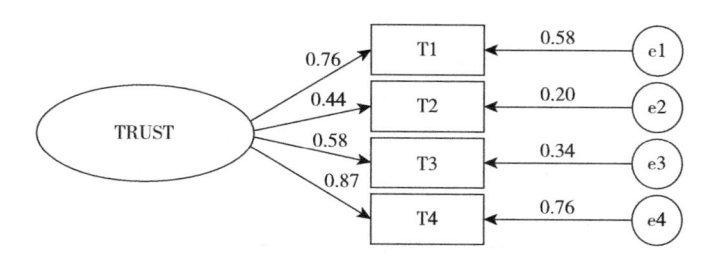

第 7 章 集群企业间信任问题的网络治理

```
         0.76    ┌────┐   0.58   ┌──┐
        ┌──────→│ T1 │←────────│e1│
┌─────┐ │ 0.44  ├────┤   0.20   ├──┤
│TRUST│─┼──────→│ T2 │←────────│e2│
└─────┘ │ 0.58  ├────┤   0.34   ├──┤
        ├──────→│ T3 │←────────│e3│
        │ 0.87  ├────┤   0.76   ├──┤
        └──────→│ T4 │←────────│e4│
                └────┘          └──┘
```

图 7-5 因变量验证性因子分析

T2、T3 这两个指标，保留 T1（本企业与集群内合作企业有着良好的信任关系）和 T4（集群企业间目前的信任状况）作为信任水平的测度指标。

### 7.4.3 结构模型检验

#### 1. 变量的描述性统计结果

表 7-17 显示了变量的描述性统计。利用结构方程模型进行分析时，要求样本数据呈正态分布状态，但是本次的样本数据中，变量的偏度有的向左偏（偏度统计量小于 0），有的向右偏（偏度统计量大于 0），变量的峰度有的趋于平顶分布（峰度统计量小于 0），有的趋于尖顶分布（峰度统计量大于 0），不符合正态分布。对于不符合正态分布的数据，Hu 等（1992）认为极大似然法（maximum likelihood）可以增强其稳健性（robustness），可以运用极大似然法对整体模型进行参数估计。

表 7-17 变量的描述性统计

| 变量 | 测量题项 | min | max | Ave. | S.D. | 偏度 统计量 | 偏度 标准差 | 峰度 统计量 | 峰度 标准差 |
|---|---|---|---|---|---|---|---|---|---|
| 信任水平 | T1 | 3 | 7 | 5.19 | 0.818 | −0.306 | 0.166 | −0.559 | 0.331 |
| | T2 | 2 | 6 | 3.64 | 0.859 | 0.140 | 0.162 | −0.367 | 0.280 |
| | T3 | 3 | 6 | 4.77 | 0.889 | −0.252 | 0.151 | −0.681 | 0.342 |
| | T4 | 3 | 5 | 4.00 | 0.702 | −0.006 | 0.098 | −0.956 | 0.298 |
| 关系嵌入 | R11 | 2 | 7 | 3.09 | 0.625 | 0.400 | 0.123 | 1.556 | 0.267 |
| | R12 | 3 | 7 | 4.83 | 0.914 | −0.069 | 0.141 | −0.454 | 0.301 |
| | R13 | 1 | 7 | 4.21 | 1.261 | −0.040 | 0.083 | −0.572 | 0.324 |
| 结构嵌入 | S11 | 3 | 7 | 4.50 | 0.881 | 0.139 | 0.113 | −0.501 | 0.279 |
| | S12 | 3 | 7 | 4.65 | 1.032 | 0.253 | 0.145 | −0.652 | 0.253 |
| | S13 | 3 | 7 | 5.12 | 0.802 | 0.053 | 0.093 | −0.597 | 0.271 |
| | S14 | 2 | 7 | 4.71 | 1.146 | −0.028 | 0.132 | −0.607 | 0.322 |

续表

| 变量 | 测量题项 | min | max | Ave. | S.D. | 偏度 统计量 | 偏度 标准差 | 峰度 统计量 | 峰度 标准差 |
|---|---|---|---|---|---|---|---|---|---|
| 位置嵌入 | P11 | 2 | 7 | 5.38 | 1.035 | −0.785 | 0.145 | 0.641 | 0.291 |
| | P12 | 3 | 7 | 5.19 | 0.972 | −0.176 | 0.176 | −0.516 | 0.274 |
| | P13 | 2 | 7 | 4.96 | 1.140 | −0.340 | 0.152 | −0.110 | 0.318 |
| | P14 | 2 | 7 | 5.29 | 1.017 | −0.455 | 0.161 | −0.005 | 0.178 |

从表 7-17 可以看出，在因变量信任水平的测度中，对于"本企业与集群内合作企业有着良好的信任关系"的回答很分散，从 2 到 7，说明集群企业间合作的信任程度参差不齐。相比而言，对"集群企业间目前的信任状况"的回答比较集中，分布在 3~5 分，均值为 4，说明总体而言，企业对集群内部的信任水平感觉一般，并没有比较正面的评价。

在关系嵌入的测度中，对于"亲戚和血缘关系"的回答很分散，从 2 到 6，说明目前集群内部信任的产生不完全依靠传统的血缘关系，甚至相对于同学、老师和其他朋友等关系，血缘关系在信任方面也没有表现出任何优势，其平均分是最低的，不仅低于同学、老师关系（血缘关系平均分 3.09，同学、老师和同乡关系平均分 4.83），还低于其他朋友关系（平均分 4.21），虽然其他朋友关系的信任程度是非常分散的，从 1 到 7，但平均分却高于 4，说明目前集群中企业认为血缘关系对信任的影响力在降低。

在结构嵌入的测度中，地理位置的邻近对信任的建立表现出了突出的作用，其平均值在 4 个题项中是最高的，达到 5.12，其次是集群内部各种小团体之间的信任程度，关于集群上下游企业之间的信任和信息沟通有效性的回答比较接近，但都表现出对信任正面的影响，其均值都大于 4，其中集群产业链上下游往来的测度均值为 4.50，而集群企业间信息沟通有效性的均值为 4.65。这也说明结构性嵌入对集群信任的影响总体是正面的。

在位置嵌入的测度中，普遍都呈现出比较高的结果。其中集群行业协会活动、企业在集群网络中所处的特殊地位、网络和传统媒体对企业的相关报道 3 个题项的回答平均分都超过 5，分别为 5.38、5.19 和 5.29。说明集群行业协会的活动的确有助于企业间建立信任，包括外部媒体的监督和集群拓扑结构都对集群企业间信任的建立发挥着很重要的促进作用。

以上根据表 7-17 的结果，我们仅通过描述性统计指标对集群信任的影响因素进行了初步的分析，可以发现，关系嵌入、结构嵌入和位置嵌入都对集群企业间信任有影响，但问题的关键是这些影响是否显著。例如，虽然位置嵌入对集群信任有很好的正面作用，但目前集群的信任水平是否与位置嵌入存在显著的相关性，还需要进一步运用结构方程模型来检验。随后我们将进一步进行变量的相关性分析，以确定目前集群信任水平的影响因素。

2. 变量的相关性分析

本书主要从关系嵌入、结构嵌入、位置嵌入这三个维度研究产业集群企业的信任水平，根据相关性分析结果验证各个因素之间是否存在相关关系，探究关系的方向以及关系的紧密度。在进行验证性因素分析时发现，R11、R12、R13 均能有效地测度关系嵌入，S11、S12、S13 均能有效地测度结构嵌入，P11、P12、P13 均能有效地测度位置嵌入，T1、T4 能有效地测度信任水平。接下来本小节将运用 SPSS 20.0 对自变量网络嵌入与因变量信任水平以及控制变量的相关关系进行双变量相关性分析，根据表 7-18 的相关系数矩阵来分析它们之间的相关关系。

**表 7-18　信任水平与影响因素之间的相关关系**

| 网络嵌入测度变量 | | 测度项 | T1 | T4 |
|---|---|---|---|---|
| 关系嵌入 | R11 | Pearson 相关系数 | 0.727** | 0.537** |
| | | 显著性概率 | 0 | 0 |
| | | 样本容量 | 214 | 214 |
| | R12 | Pearson 相关性 | 0.627** | 0.594** |
| | | 显著性（双侧） | 0 | 0 |
| | | 样本容量 | 214 | 214 |
| | R13 | Pearson 相关系数 | 0.724** | 0.609** |
| | | 显著性概率 | 0 | 0 |
| | | 样本容量 | 214 | 214 |
| 结构嵌入 | S11 | Pearson 相关系数 | 0.755** | 0.642** |
| | | 显著性概率 | 0 | 0 |
| | | 样本容量 | 214 | 214 |
| | S12 | Pearson 相关系数 | 0.716** | 0.676** |
| | | 显著性概率 | 0 | 0 |
| | | 样本容量 | 214 | 214 |
| | S13 | Pearson 相关系数 | 0.759** | 0.536** |
| | | 显著性概率 | 0 | 0 |
| | | 样本容量 | 214 | 214 |
| | S14 | Pearson 相关系数 | 0.750** | 0.694** |
| | | 显著性概率 | 0 | 0 |
| | | 样本容量 | 214 | 214 |

续表

| 网络嵌入测度变量 | | 测度项 | T1 | T4 |
|---|---|---|---|---|
| 位置嵌入 | P11 | Pearson 相关系数 | 0.792** | 0.708** |
| | | 显著性概率 | 0 | 0 |
| | | 样本容量 | 214 | 214 |
| | P12 | Pearson 相关系数 | 0.762** | 0.708** |
| | | 显著性概率 | 0 | 0 |
| | | 样本容量 | 214 | 214 |
| | P13 | Pearson 相关系数 | 0.787** | 0.619** |
| | | 显著性概率 | 0 | 0 |
| | | 样本容量 | 214 | 214 |
| | P14 | Pearson 相关系数 | 0.785** | 0.659** |
| | | 显著性概率 | 0 | 0 |
| | | 样本容量 | 214 | 214 |
| 控制变量 | AGE | Pearson 相关系数 | 0.839** | 0.558** |
| | | 显著性概率 | 0 | 0 |
| | | 样本容量 | 214 | 214 |
| | NUMBER | Pearson 相关系数 | 0.558** | 0.410** |
| | | 显著性概率 | 0 | 0 |
| | | 样本容量 | 214 | 214 |

**在 $P<0.01$ 水平（双侧）上显著相关

从关系嵌入角度来看，自变量 R11 即通过亲戚/血缘关系建立信任与因变量 T1、T4 信任水平呈显著的正相关关系，相关系数分别为 0.727（$P<0.01$）、0.537（$P<0.01$）；自变量 R12 即通过同学、老师和同乡关系建立信任与因变量 T1、T4 信任程度呈现显著的正相关关系，相关系数分别为 0.627（$P<0.01$）、0.594（$P<0.01$），表明通过同学、老师和同乡关系建立信任对企业与集群内合作企业有着良好的信任关系具有显著的正向影响；自变量 R13 即通过其他朋友关系建立信任与因变量 T1、T4 信任水平呈现显著的正相关关系，相关系数分别为 0.724（$P<0.01$）和 0.609（$P<0.01$）。经过以上的相关性分析可知，亲戚/血缘关系、同学/老师和同乡关系以及其他朋友关系对于构建良好的信任关系具有显著的正向影响。

从结构嵌入角度来看，自变量 S11 即集群产业链上下游业务往来与因变量 T1、T4 信任水平呈现显著的正相关关系，相关系数分别为 0.755（$P<0.01$）、0.642（$P<0.01$），表明集群产业链上下游业务往来能有效促进企业与集群内合作企业保持良好的信任关系，即各种小团体之间的联系越紧密，集群企业间信任程度

越高。

从位置嵌入角度来看,自变量 P11 即集群行业协会的活动(如燃气具行业协会、学术讨论会、访问交流)与因变量 T1、T4 信任程度呈现显著的正相关关系,相关系数分别为 0.792（$P<0.01$）、0.708（$P<0.01$），表明集群行业协会的活动对于构建集群内企业之间的信任关系具有一定的重要性,信息源的便利性影响集群企业间信任关系,两者之间呈现出正相关关系,即集群网络中获取资源越便利,集群企业间信任程度越高。自变量 P14 即网络和传统媒体对企业的相关报道与因变量 T1、T4 信任程度呈现显著的正相关关系,相关系数分别为 0.785（$P<0.01$）、0.659（$P<0.01$），表明网络和传统媒体对企业的相关报道能有效促进企业按照相关规定与其他企业进行交易合作,因此政府、行业协会制定相关行业政策、法律法规以及网络和传统媒体的监督有利于整个集群行业形成规范的市场,从而促成集群中企业之间开放和诚信的氛围,构建良好的信任关系。

从控制变量和因变量的相关关系来看,企业年龄与信任水平 T1、T4 具有显著的正相关关系,相关系数分别为 0.839（$P<0.01$）、0.558（$P<0.01$）;企业规模 NUMBER 与信任水平 T1、T4 依然具有显著的正相关关系,相关系数分别为 0.558（$P<0.01$）、0.410（$P<0.01$）。也就是说,随着企业成立年限的增长和企业规模的扩大,企业在与其他企业合作或交易过程中会更加注重提升自身企业的声誉,与其他企业构建良好的信任关系,这样做有利于企业的成长与发展。

3. 整体模型参数估计

我们对因变量关系嵌入(记为 RELAT)、结构嵌入(记为 STRUC)、位置嵌入(记为 POSIT)及自变量信任水平(记为 TRUST)测量模型分别进行了验证性因子分析,删除了影响模型拟合优度的个别观测变量,保留了能够衡量潜变量的观察变量,根据式（7-1）所示的结构方程矩阵(其中,$R$ 为关系嵌入 RELAT,$S$ 为结构嵌入 STRUC,$P$ 为位置嵌入 POSIT),运用 AMOS GRAPHICS 进行迭代运算,对理论假设进行整体性分析。

$$\text{TRUST} = [\alpha, \beta, \gamma] \begin{bmatrix} R \\ S \\ P \end{bmatrix} + \delta \qquad (7\text{-}1)$$

对测量模型适配统计量的拟合指标进行分析(表 7-19),其中,$\chi^2/df$ 为 4.221,一般要求是 1~3,但是侯杰泰等（2004）认为 $\chi^2/df$ 在 2~5 仍是可以接受的;GFI、CFI 分别为 0.864、0.886,均小于标准值 0.9,但大于可接受值 0.8;RMR 为 0.045,小于 0.05;AGFI 为 0.803,大于 0.8;NFI 为 0.907,大于标准值 0.9,可以接受。将拟合指标的统计量与判断标准进行比较可知,所提出的模型与实际情况基本相拟合。

表 7-19　模型整体验证性因子分析拟合指标

| 模型拟合指数 | $\chi^2/df$ | GFI | CFI | AGFI | NFI | IFI |
|---|---|---|---|---|---|---|
| 结构方程模型分析结果 | 4.221 | 0.864 | 0.886 | 0.803 | 0.907 | 0.817 |
| 拟合标准 | <5 | >0.9 | >0.9 | >0.8 | >0.9 | >0.9 |

从结构方程模型运算出的变量间路径系数（表 7-20）可知，除了位置嵌入与信任水平路径（TRUST←POSIT）的 $P$ 值为 0.502 未达到显著性水平之外，结构模型路径系数基本符合相应的 C.R.，大于参考值 1.96。

表 7-20　结构方程的路径系数与假设检验

| 结构方程路径 | | | Standardized Regression Weights | ESTIMATE | S.E. | C.R. | $P$ | 检验结果 |
|---|---|---|---|---|---|---|---|---|
| TRUST | ← | RELAT | 0.558 | 0.542 | 0.201 | 2.693 | *** | 支持 |
| TRUST | ← | STRUC | 0.416 | 0.404 | 0.173 | 2.339 | *** | 支持 |
| TRUST | ← | POSIT | 0.045 | 0.044 | 0.065 | 0.671 | 0.502 | 不支持 |
| R11 | ← | RELAT | 0.922 | 1.000 | | | | 支持 |
| R12 | ← | RELAT | 0.843 | 0.957 | 0.048 | 20.000 | *** | 支持 |
| R13 | ← | RELAT | 0.880 | 1.415 | 0.062 | 22.741 | *** | 支持 |
| S14 | ← | STRUC | 0.851 | 1.000 | | | | 支持 |
| S13 | ← | STRUC | 0.883 | 0.847 | 0.038 | 22.334 | *** | 支持 |
| S12 | ← | STRUC | 0.884 | 1.094 | 0.049 | 22.473 | *** | 支持 |
| S11 | ← | STRUC | 0.927 | 1.002 | 0.038 | 26.514 | *** | 支持 |
| P14 | ← | POSIT | 0.803 | 1.000 | | | | 支持 |
| P13 | ← | POSIT | 0.728 | 0.934 | 0.073 | 12.871 | *** | 支持 |
| P12 | ← | POSIT | 0.728 | 0.796 | 0.062 | 12.855 | *** | 支持 |
| P11 | ← | POSIT | 0.758 | 0.894 | 0.065 | 13.769 | *** | 支持 |
| T1 | ← | TRUST | 0.923 | 1.000 | | | | 支持 |
| T4 | ← | TRUST | 0.834 | 0.732 | 0.040 | 18.370 | *** | 支持 |

\*\*\*$P$ 在 0.001 水平（双侧）上显著相关

集群企业的关系嵌入对企业之间的信任程度的直接影响如表 7-20 和图 7-6 所示，由输出的回归系数结果可以看到，因变量信任水平与自变量关系嵌入（TRUST←RELAT）的标准化估计值为 0.558，C.R. 为 2.693，其 $P$ 值达到了显著性水平，表明关系嵌入对企业的信任水平产生影响，因此可以认为 $H_{7\text{-}1}$ 得到支持，即关系嵌入对集群企业间信任的信任水平有显著性影响。

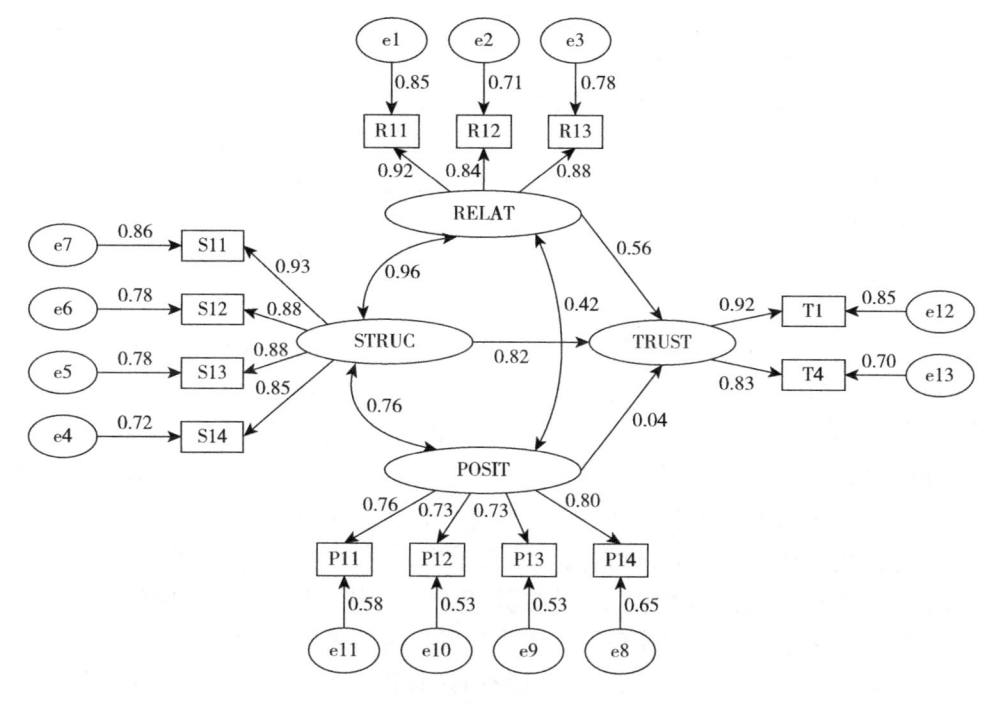

图 7-6 整体模型的参数估计

关于集群企业结构嵌入对企业之间的信任水平的直接影响，由输出的回归系数结果（表 7-20 和图 7-6）可以看出，因变量信任水平与自变量结构嵌入（TRUST←STRUC）的标准化估计值为 0.416，C.R.为 2.339，并且其 $P$ 值达到了显著性水平，表明结构嵌入对企业的信任水平产生影响，因此可以支持 $H_{7\text{-}2}$，即结构嵌入对集群企业间信任的信任水平有显著性影响。

关于集群企业的位置嵌入对企业之间的信任水平的直接影响，由输出的回归系数结果（表 7-20 和图 7-6）可以看到，因变量信任水平与自变量位置嵌入（TRUST←POSIT）的标准化估计值为 0.045，C.R.为 0.671，其 $P$ 值并没有达到显著性水平，因此 $H_{7\text{-}3}$ 在本次模型分析中没有获得支持，即位置嵌入对集群企业间信任的信任水平有显著性影响的假设没有得到实证数据的支持。

### 7.4.4 实证结果分析

本书通过问卷调查，对目前中山燃气具产业集群企业间信任现状及信任程度进行数据取样，从企业与集群内合作企业有着良好的信任关系（T1）、企业与集群其他企业之间具有开放和诚信的氛围（T2）、本企业很愿意与集群内企业协商讨论以达到更好的合作效果（T3）、集群企业间目前的信任状况（T4）四个方面来测量样本企业对于集群企业的信任程度的主观感受。根据 7.4.3 小节对本次的数据进行的描述性统计分析，T1 的平均值为 5.19，T2 的平均值为 3.64，T3 的平均值为 4.77，T4 的平均值为 4.00，从整体上来看，目前中山燃气具产业集群企业间信任水平程度一般，并没有达到一个相当理想的效果，整个产业集群中开放和诚信的氛围程度较低，企业与企业之间并不倾向于通过协商讨论来达到更好的合作效果，还有较大的改善空间。与此同时，可以观察到集群企业间的信任水平与企业本身的规模和企业年龄具有较大的相关度，也就是说，企业规模越大，企业的信誉越好，企业与其他企业之间的信任水平越高；同样，企业年龄越大，企业积累的经验和人气越高，口碑越好，企业与其他企业之间的信任水平越高。

除了问卷调查获得的样本数据之外，本书还采用了访谈研究的方法进行辅助研究，从定性化角度来了解整个燃气具产业集群行业的信任现状以及存在的问题。在对某燃气具配件企业管理人员进行采访时了解到，产业集群中大多数企业是沿着亲缘、地缘和朋友关系与其他企业进行业务往来，也就是说，在同等条件下，一般企业会优先选择与熟人进行合作，主要原因是这些企业认为对熟人知根知底，可以达到一个较好的合作效果。由此也验证了关系嵌入对集群企业间信任的影响程度，这说明关系在中国的业务往来中往往发挥着重要的作用。

在对某知名的灶厨具企业总经理进行访谈时我们了解到，目前中山燃气具行业整体的信任状况并不乐观，主要存在产品同质化、低质化、创新水平比较低等问题，另外，有些企业窃取其他企业的技术成果，以较低的成本制造出山寨产品，严重扰乱市场秩序，甚至竞相降低产品价格，打压竞争对手，抢占市场份额，降低市场价值，这种行为不仅损害了与集群其他企业之间的合作关系，导致信任水平降低，还降低了消费者对中山燃气具产业集群生产的产品的信任度，影响了产业集群企业之间的合作以及集群的长远发展，导致产业集群这样一个区域化的网络环境并没有为企业相互信任提供一个良好的环境和途径。

为了改变这种现状，需要企业本身、行业协会及政府等组织做好沟通交流工作，呼吁企业以正常规范的流程进行生产研发。与此同时，还要与集群其他企业之间形成良好的信任关系，以高质量的产品和服务面向客户和消费者，履行好企业自身的社会责任。集群企业之间形成良好的信任关系不仅仅有利于集群企业之间形成较好的合作，更有利于相互之间提供更好的服务和产品，而反过来这些优良的产品和服务又可以促进企业之间形成较高程度的信任水平，由此达到优良产品和高程度信任水平的良性循环。

实证研究表明，集群企业的关系嵌入与企业间信任水平具有显著的正相关关系。从相关性角度来看，企业通常会采用亲戚/血缘关系、同学/老师/同乡关系以及其他朋友关系等方式建立与集群其他企业之间良好的信任关系，并营造出开放和诚信的氛围，从整体模型的参数估计来看，关系嵌入对企业的信任程度产生一定程度的影响。不论是相关性还是回归系数，都可以反映出人际关系在中国市场经济环境下往往发挥着重要作用。虽然企业认为与集群内企业协商讨论达到更好的合作效果对于促进集群企业间的信任状况具有重要作用，但现实情况中集群企业在进行交易合作时并未经常进行协商讨论，由此我们提出企业与其他企业在进行交易合作时，应该经常进行协商讨论，相互理解、相互支持，以促进企业之间的信任关系。

结构嵌入对于促进集群企业间信任的信任水平具有重要意义。从相关性角度来看，集群产业链上下游业务往来，企业之间信息沟通有效性，企业间地理位置的邻近以及企业、各种小团体之间的联系与集群企业间良好的信任关系具有显著的正相关关系。从回归结果来看，集群企业间良好的信任关系受上下游业务往来、信息沟通有效性等方面的影响比较多。除此之外，地理上的集中为企业之间的信息传递和流动创造了便利的条件，而集群作为一个空间和地理上的聚集体，也在发挥其优势，企业间地理位置的邻近有利于企业与集群其他企业建立良好的信任关系。企业、各种小团体之间的频繁活动，包括同乡会、业余活动等均可以增加企业与企业之间的接触，促进企业与企业之间的交流，从而推动企业与企业之间的业务发展，因此企业、各种小团体之间的联系也在不同程度上促进着集群企业间形成良好的信任关系。

虽然在描述性统计分析中，位置嵌入对集群企业间信任的建立有着重要的作用，但进一步实证结果却表明位置嵌入与集群当前的信任水平并没有显著关系。从理论上讲，集群行业协会可以整合集群资源为集群内部企业服务，维护集群集体利益网络，形成社会管理和社会服务的合力，以此加强集群内部的信任程度。另外，集群行业协会应建立健全的监督机制，有效防范搭便车问题。企业在集群网络中所处的位置与资源分布密切相关，当企业处于集群网络中特殊位置时，企业获得有用信息的反馈以及其他资源的便利性大大增强，企业能够快速成长，也更容易建立与其他企业的信任关系；政府的牵线搭桥在建立集群企业间良好的信任过程中也发挥着重要的作用，政府可以对集群企业信用进行监督，建立有效的信用等级来规范市场秩序；传统媒体对企业的相关报道能够提升该企业在整个产业集群中的知名度，深化企业之间的口碑效应，鼓励企业以优质的信用水平面向客户；以网络和传统媒体的监督力度作为着力点，从网络的角度突出正面的环境机制，对集群内的企业形成激励作用及监督机制，约束企业的不诚信行为，提高违约成本，能够更好地促进企业之间信任关系和集群开放、诚信氛围的形成。因此集群行业协会的活动、企业在集群网络中所处的特殊地位、政府的牵线搭桥、网络和传统媒体对企业的相关报道与集群企业间信任机制建立存在明显的相关性。这也为我们集群信任的网络治理提供了方向和目标。

## 7.5 集群企业间信任的网络治理

### 7.5.1 实证研究对网络治理的启示

产业集群作为集中于某一区域的专业化网络，可以通过网络嵌入的方式充分利用互补资源，赢得范围经济优势，从而获得持续发展的动力。企业通过不同类型网络嵌入来获取其成长和发展所需的资金、信息、技术等各项战略资源，产业集群的网络嵌入在关系嵌入、结构嵌入及位置嵌入三个层面对集群企业间的信任构建会带来不同程度的影响。因此从网络嵌入的研究视角能更好地认识社会网络中企业的行为。在文献综述基础上，结合网络嵌入理论，我们从关系嵌入、结构嵌入及位置嵌入构建企业间信任的影响因素理论模型，根据问卷调查和实地访谈所获得的样本数据，从定量和定性角度了解目前中山燃气具产业集群企业间信任的现状以及企业间网络嵌入水平，对产业集群企业间信任的影响因素进行实证方面的描述性统计分析及回归分析，从企业、行业协会及政府等角度实施对策以提高集群企业间的信任程度，营造出开放和诚信的氛围。总体来说，以上实证研究对集群信任网络治理的启示主要包括：

（1）目前样本集群企业间的信任水平并不理想，整个产业集群环境的开放和诚信的氛围程度较低，还有较大的提升空间，企业在运作过程中面临的不仅仅是信任水平普遍较低这样的困境，还有山寨产品扰乱市场秩序、价格战抢占市场份额等问题，企业迫切希望可以构建良好的信任关系和形成诚信氛围。

（2）通过相关分析和结构方程模型分析得出，网络嵌入与集群企业间信任水平具有一定程度的相关关系，特别是关系嵌入和结构嵌入与集群目前的信任水平之间存在显著的相关性。因此可以进一步通过强化结构嵌入的作用，促进集群企业间形成良好的信任关系，如上下游业务往来、信息沟通有效性、地理位置的邻近。

（3）最重要的是，实证结果发现位置嵌入对集群企业间信任水平不具有显著性影响。这说明从集群整体网络角度，集群内部企业的信用水平并不高。然而，根据复杂适应性系统的特点，信用体系的构建是一个涉及集群整体的问题，从相关性角度来看，集群行业协会的活动、企业在集群网络中所处的特殊地位、政府的牵线搭桥以及网络和传统媒体对企业的相关报道与集群企业间良好的信任关系应该具有显著性正相关关系。

这说明集群系统内一些重要的参与者并没有很好地发挥其应有的作用，从而导致了集群内部的信用度不高的问题。因此集群信任的网络治理可以从如何提高位置嵌入对信任水平的角度进行考虑，包括如何加强行业协会、政府及独立媒体的作用，改善目前集群信用程度不高的现状。

## 7.5.2 网络治理的第三方评价模式

通过前面实证研究结果和启示，我们得出可以从位置嵌入出发来进行网络治理。而位置嵌入主要是针对集群整体网络而言，包括政府、行业协会和企业。这就说明在网络治理中应该从集群整体出发，通过优化集群整体网络来提高集群企业间信任水平。

从产业集群自身角度来看，它具有两个根本的特点：一是集群中存在大量各种类型的组织；二是这些组织之间存在复杂的关系。这些关系形成各种类型的网络，通过正式的、非正式的甚至是随机的接触和沟通，相互叠加和影响，在企业间、个人间建立起错综复杂的关系网，构成不同连接性质的网络，组成集群系统。网络治理则可以通过集群管理者主动地运用网络关系，利用、调整、强化或削弱现有集群各组织之间的联系，以实现其特定目的。

集群内的企业之间地域邻近，上、下游交易频繁，可以长期相处，类似于现实社会中的熟人关系。重复交易和面对面交流有利于保持信息的真实性和及时性，因此空间的邻近性有利于产生信任，提高集群内企业的信心、抗风险能力，促进企业与企业之间的合作。从这个角度来看，集群一方面有利于降低集群企业之间的交易成本，另一方面能够促使企业更为注重交易过程当中的诚信与品质。基于这一点，企业会想办法提高自身信用水平，这也有利于双方信任水平的提高。而市场上企业之间的交易呈现出偶然性或者一次性特点，注重交易过程当中的短期获利。按照博弈论的观点，只进行一次交易，一方或者双方很可能为了自身的利益不惜牺牲他人的利益，从而破坏这种诚信的交易行为；但是如果买卖双方重复交易，考虑到自身的声誉，欺骗行为可能不会发生。本书从网络治理的角度提出要构建良好的网络环境，突出正面的网络环境机制及监督机制，促进集群企业间信任关系的形成和发展，约束企业的不诚信行为，提高违约成本，从而更好地促进企业之间信任关系的形成。

产业集群中也存在信息不对称、不确定性、交易的复杂性以及资产专用性的交易风险，因此需要集群建立明确的保障治理机制。基于网络嵌入视角，可以了解到网络嵌入可作为一种战略性资源，集群内的企业可以通过网络间的结构和关系获得企业本身所需要的知识和信息，从而更好地适应环境，还可能有机会和能力去重新塑造环境以达成其自身的目标。那些拥有足够的内部资源或冗余资源的产业集群可以通过网络治理的方式有效促成企业之间利用互补性资源，消化内部资源，避免资源浪费，这个过程可以有效地提升管理人员或参与者协调互动水平，实现知识与信息共享，降低信息的不对称性，增加信息的透明度以及信息的完备性，促进集群企业间信任水平的提高。

结合以上的分析，集群信任问题的网络治理目的是优化集群整体网络结构，促使集群内不同的企业之间的信用信息能够在一定范围成为一种公共资源，从而一方面约束企业的不诚信行为，另一方面促使集群内企业不断提高诚信水平。最终消费者也可以通过平台来了解企业，从而为购买决策提供参考。基于这样的考虑，本书提出了集群信任问题网络治理的第三方信用评价模式，如图 7-7 所示。

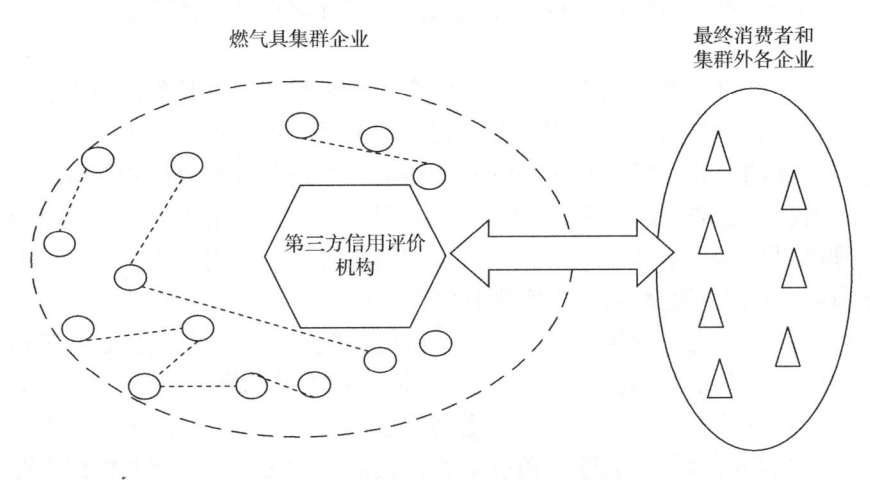

图 7-7　集群信任问题网络治理的第三方信用评价模式

可以看出，这种模式是基于集群整体的网络结构而言的，通过改变集群整体的网络拓扑结构来实现集群信任的网络治理。特别是对于集群内企业间缺乏信任这一问题，需要一个独立有权威的机构来对每个企业的信用水平进行全面综合的评价，这个机构将通过改变集群内部信息网络来解决信息非对称性问题。图 7-7 中的第三方信用评价机构将在集群中形成一个星形网络，成为集群企业信用信息的收集、处理、评价和发布中心。

从理论上分析，信任问题产生的重要原因是信息的不对称。实证结果表明集群现有的网络并不能解决集群信任水平不高的问题，因此可以考虑通过构建一个新的网络来加强信息的收集和处理。因为从复杂系统角度，任何企业嵌入特定网络中后，在享受到一定利益的同时也会受到该网络的制约，而企业嵌入的网络越多，其不良行为所付出的代价就越高。因此，我们在此提出构建第三方信用评价机构的网络治理模式。

为了进一步提升集群企业的信用水平，促进集群社会资本和公共资源的有效利用，本书提出构建第三方集群信用评价机构。该信用机构的建立主要是为了形成一个独立而相对客观的信用评价体系，营造一个更加公开和公正的信息交流渠道，从而促进企业在经营活动中以诚信为本。虽然信用机构是在集群内部，但其实平台也会承载最终消费者对集群企业的反馈和意见。因此这种信用平台作为一个桥梁，可以连接集群企业和消费者。

### 7.5.3 第三方信用评价机构的构建和评价标准

对于集群信用第三方评价机构的建立，建立的形式及信用评价标准是其中最为关键的两个问题。本书提出，为保证独立性和公平性，信用评价应该由一个第三方组织机构来负责，该机构是一个独立的组织，与集群网络成员没有任何产权关系，负责制定信用评价指标体系和评价过程的具体实施。第三方评价机构主要负责发现和收集各类与信用相关的信息，并通过比较科学的测评方式来获得测评和处理所需要的各类数据。该机构的一个重要的责任就是搭建起集群与顾客之间的无障碍沟通桥梁，不断采集用户或关联企业的反馈意见以及相应企业的应对措施，为集群诚信水平的提高营造良好的条件。该组织可以是行业协会的一部分，也可以完全独立运作，但需接受行业协会和政府的监督，最重要的是该机构不能以营利为目的，应该是一个非营利组织，从而避免趋利动因带来的不公正性。因此其内部管理和运作都是完全自主的，保证其责任落实和可追索性。

对于评价标准，需要做到公开透明，使集群企业都能够知道信用的指标体系和权重。当然这些测评方法也可以是动态的，根据集群行业特点和发展趋势进行实时的调整，并对集群企业公开。这些指标需要包含集群内部和外部，其中集群内部主要是企业之间的相互评价，如每年发生的各种法律纠纷情况；而集群外部的消费者评价和投诉情况，外部企业与集群内部企业之间的法律纠纷，特别是出现安全事故的产品的生产和处理情况，这些都需要逐步完善，最终形成比较权威客观的信用评价体系。

而任何企业或个人都可以通过付出一定的价格来获取相关的企业信用水平。例如，第三方信用测评机构可以在行业内部建立信用机制，对集群中的企业进行信用统计并评级，对于那些产品质量好、合格率高、没有不良记录的企业评定高级信用等级，与此同时，建立"黑名单"制度，对于那些产品质检不合格、信用等级低的企业，可以将其列入黑名单。第三方机构每年进行一次信用等级评定，并向各企业发布评定结果。这种测评机构有助于建设完善的企业诚信体系，通过企业的信用记录来完善企业的自律制度，并提升企业诚信的动力效应的影响力。

## 7.6 小　　结

本章主要对集群企业间信任水平及影响因素进行了实证研究。以中山燃气具产业集群为样本，从网络嵌入的角度，采用结构方程模型，通过问卷、访谈和二手数据，研究了产业集群内信任的影响因素。借鉴复杂网络的研究思路，本章从关系嵌入、结构嵌入及位置嵌入的维度对影响因素进行分类，并研究这些不同的网络嵌入方式对产业集群企业内的信任水平影响程度。实证结果表明，关系嵌入和结构嵌入对集群信任有显著的正相关作用,而位置嵌入对集群企业间信任的影响并不显著。该实证研究为后续集群信任的网络治理提供了思路和方向。

针对目前集群整体信任水平不高的现状,本章提出了提高集群企业间信任水平的第三方评价模式。该模式主要解决信用信息不对称问题。信用作为一种重要的社会资本,能够大大降低交易成本。但其维护和获取相关信息却非常困难,特别是在特定的文化氛围下。因此需要有一个比较权威的独立的第三方组织来建立信用评价体系,提供企业信用等级信息,同时作为一种监督机制来提高违约等非诚信行为的成本。本章提出第三方信用评价组织也可以是内嵌于集群的,基于不同的治理目标和治理过程,该评价组织的结果可以对社会半开放甚至全开放。

信任对于产业集群的兴起、发展以及形成独特的竞争优势发挥着至关重要的作用,我国产业集群组织内信任水平还需要进一步提升。本章所提出的第三方信用评价模式实质上是从网络治理角度来探讨如何提高集群整体的信用水平。从另一个角度,集群各主体应该以积极的态度来面对存在的问题,这种态度本身就是网络治理所需要的,因为网络治理更多的是依靠参与者的自律、素质和理性程度。这里,我们从集群的不同层面分别进行说明。

(1)从企业层面:从以上的实证研究发现,社会关系能够影响集群企业间信任关系。企业在构建与其他企业之间的信任关系时,应该充分利用亲戚/血缘关系、同学/老师和同乡关系以及其他朋友关系等社会关系。尤其是在构建信任关系的初期,面对双方信息不完全的情况,企业应该合理地利用这种天然的社会资源和社会关系。在社会网络比较发达的集群环境下,企业通过这种社会关系构建信任关系,获得的不仅仅是更多的信息、资源,更重要的是还获得了这种高品质的关系资本,形成了企业自身的竞争优势。随着双方信任水平的提升,企业也应该注重与其他企业之间有效的信息沟通,通过与其他企业的沟通,分享资源,增进彼此的了解,降低信息不对称性,在沟通理解的基础上达成共同的价值观。相关性分析表明,与上下游企业之间频繁往来能有效地促进集群企业间形成良好的信任关系。上下游之间的业务往来能有效地促进企业与企业之间的合作,保持其长期的合作意愿,形成稳固的供应链系统,从而提高交易速度,加快商品和资金的流转。当双方都获益时,这种信任关系的维持和稳固就更加容易。对于有长期合作关系的企业,给予其更加灵活的支持和必要的援助是很有必要的,特别是在这些企业遭遇困难的时候,如果发挥雪中送炭的作用,就有可能得到涌泉相报的结果,这样不仅可以帮助企业解决目前的难题,还能在集群范围内营造出开放和诚信的氛围。诚信环境的建立需要集群每个企业的参与,集群整体的品牌和声誉是需要花费相当的时间和成本来培育的,良好的声誉对于集群每个企业的发展都是至关重要的。信任的建立可能是长期积累的结果,但失信却只需要一夜的时间或者集群中的一个企业的过失,正如我们在前面所提到的丰田"刹车门"、大众"排放门"、国产婴幼儿奶粉事件。因此单个企业需要对此形成深刻的认识,从而在日常经营活动中尽量做到诚信经营,实现个人与集群的利益的双赢。除此之外,企业也应该更加注重长期可持续发展,对最终用户更高程度地负责,包括提高产品和服务的质量和安全性等,真正将用户放在上帝的位置,对于可能出现的危险给出充分而醒目的提示和警示,采用积极和宽容的姿态对待顾客提出的各种问题和不良反馈,迅速给出回应,主动解决问题,健全危机处理机制,提高应对危机的能力。同样,企业还要以正确的态度对待第三方测评机构给出的信用分数或等级,努力改进产品和服务,改进与其他企业之间的合作方式,从而不断提高企业的信用水平。

（2）从集群整体和行业层面：行业协会是介于政府、企业之间,消费者和经营管理者之间的民间组织,是促进政府和企业联结和沟通的有效渠道,可以化解协会成员间的分歧和矛盾,平衡协会成员间的利益关系。行业协会的高效运作和管理有利于形成自觉和稳定的行业秩序,建立产业集群可靠性信任机制,营造开放、诚信的集群氛围。行业协会可以充分发挥自己的平台作用,统计和分析本行业的基本情况并发布结果,帮助协会成员及时获悉该行业的相关资讯,掌握有关该行业的相关政策及动态,促进集群内部信息和资源共享,形成良好的诚信氛围。同时,行业协会应该经常举办各类活动,如培训服务与咨询服务、展览、学术讨论会、访问交流等,充分实现牵线搭桥的功能。各会员参与研讨交流为企业之间的沟通创造了便利性,也提升了自己单位的技能与管理水平,这样不仅扩大了协会成员之间的关系网络,也为企业与企业之间构建良好的信任关系创造了机会。此外,行业协会应该配合政府,履行相应的法律法规,充分利用传统媒体及网络的溢出效应,监督企业违法行为,帮助企业构建良好的品牌形象,以此来提高客户的品牌忠诚度,鼓励企业保持较高的信用等级,营造诚信的氛围,最终构建规范和公平的市场。集群行业协会可以考虑组建一个信用的评级机构,该评级机构定期或不定期对集群内企业进行信用打分,并先在集群内部进行公开和使用,该机构还可以根据客户的反馈,以及企业之间的相互打分来确定集群各企业的信用水平。这样可以通过集群内部的网络治理方式来提高企业之间的诚信水平。

（3）政府层面：产业集群的发展离不开当地政府的大力支持,政府必须转变职能,由以往的管理型政府转为服务型政府,明确管制和服务的内容,强化公共服务,规范市场秩序,营造良好环境,为实现集群企业间构建良好的信任关系并形成长期和稳固的合作关系服务,以谋求产业集群的可持续发展。首先,从社会整体范围宣扬和大力提倡诚信行为,政府、企业、传媒、NGO及个人消费者都应该被纳入信用体系,从而在市场环境和社会诚信文化建设方面起到积极的作用;

其次，加强对行业协会以及第三方信用评级机构的监督，大力提高这些信用数据的直接来源组织自身的信用水平，从而为诚信文化的建立提供必要的保障；最后，政府要对集群企业的信用进行宏观监督和控制，制定相关的法律法规政策，对于严重违反诚信原则的企业行为加大查处力度，维护企业之间的信任关系，为企业营造出开放和诚信的市场环境及公平的竞争环境。

# 参 考 文 献

蔡宁，吴结兵. 2002. 企业集群的竞争优势：资源的结构性整合[J]. 中国工业经济，（7）：45-50.
蔡宁，徐梦周. 2008. 产业集群网络失灵及其政策启示[J]. 重庆大学学报（社会科学版），14（5）：23-27.
蔡宁，杨闩柱，吴结兵. 2003. 企业集群风险的研究：一个基于网络的视角[J]. 中国工业经济，（4）：59-64.
陈国权. 2008. 复杂变化环境下人的学习能力：概念、模型、测量及影响[J]. 中国管理科学，16（1）：147-157.
陈森发. 2005. 复杂系统建模理论与方法[M]. 南京：东南大学出版社.
成都市统计局. 2013. 成都统计年鉴 2013[M]. 北京：中国统计出版社.
池仁勇. 2005. 区域中小企业创新网络形成、结构属性与功能提升：浙江省实证考察[J]. 管理世界，（10）：102-112.
池仁勇，戴丽华. 2012. 企业独占性与其市场议价能力间关系的实证研究——以浙江省工业企业为例[J]. 技术经济，31（4）：1-4.
樊建锋，田志龙. 2010. 中国企业公益行为特征研究——基于中国家电企业的案例研究[J]. 工业工程与管理，15（2）：75-80.
范黎波. 2012. 中国制造的发展路径与战略选择[M]. 北京：中国社会科学出版社.
盖文启，王缉慈. 1999. 论区域的技术创新型模式及其创新网络——以北京中关村地区为例[J]. 北京大学学报（哲学社会科学版），36（5）：29-36.
高勇强，陈亚静，张云均. 2012. "红领巾"还是"绿领巾"：民营企业慈善捐赠动机研究[J]. 管理世界，（8）：106-114.
葛萍萍. 2009. 集群企业合作创新的风险及信任机制研究[D]. 浙江师范大学硕士学位论文.
国家统计局. 2015. 中国高技术产业统计年鉴[M]. 北京：中国统计出版社.
哈肯 H. 2010. 信息与自组织：复杂系统的宏观方法[M]. 第 2 版. 郭治安译. 成都：四川教育出版社.
韩炜，杨俊，张玉利. 2014. 创业网络混合治理机制选择的案例研究[J]. 管理世界，（2）：118-135.
何大韧，刘宗华，汪秉宏. 2009. 复杂系统与复杂网络[M]. 北京：高等教育出版社.
何铮. 2013. 实体集群与虚拟集群：聚合模式及其可持续性[M]. 成都：电子科技大学出版社.
何铮，谭劲松. 2005. 复杂理论在集群领域的研究——基于东莞 PC 集群的初步探讨[J]. 管理世界，（12）：108-136.
何铮，张晓军. 2008. 复杂理论在管理领域的应用研究[M]. 成都：电子科技大学出版社.
侯杰泰，温忠麟，成子娟. 2004. 结构方程模型及其应用[M]. 北京：经济科学出版社.
胡浩. 2003. 基于改善竞争环境的跨国公司慈善行为研究[J]. 管理评论，15（10）：15-18.
胡琴芳，张广玲，江诗松，等. 2016. 基于连带责任的供应商集群内机会主义行为治理研究——

一种网络治理模式[J]. 南开管理评论, 19（1）：97-107.
胡振华, 孟卫华. 2007. 产业结构变动对中部地区经济增长的贡献[J]. 统计与决策, (18)：78-80.
胡振华, 杨琼. 2015. 中国高新技术产业创新效率研究. 科学管理研究, （2）：32-35.
黄速建, 王钦, 沈志渔. 2010. 中国产业集群创新发展报告[M]. 北京：经济管理出版社.
黄孝武. 2002. 企业间信任问题理论述评[J]. 经济学动态, (10)：59-64.
李菁华, 李雪. 2008. 论高技术产业集群的网络治理机制[J]. 科学管理研究, 26（3）：32-35.
李兰冰. 2007. 物流产业集群的信任机制研究与政策启示[J]. 商业经济与管理, (10)：16-22.
李乃文. 2008. 产业集群发展内源动力机制分析[J]. 辽宁工程技术大学学报（社会科学版）, 10（4）：348-350.
李昊, 曹宏铎. 2010. 集群演化网络模型与仿真研究[J]. 管理学报, 7（3）：453-461.
李维安, 周建. 2005. 网络治理：内涵、结构、机制与价值创造[J]. 天津社会科学, （5）：59-63.
李维安, 林润辉, 范建红. 2014. 网络治理研究前沿与述评[J]. 南开管理评论, 17（5）：42-53.
李星, 范如国. 2011. 产业集群中信任机制的动态分析[J]. 管理学报, 8（4）：587-594.
林震岩. 2007. 多变量分析SPSS的操作与应用[M]. 北京：北京大学出版社.
令狐选霞, 徐德民, 张宇文. 2001. 一种新的改进遗传算法——混合式遗传算法[J]. 系统工程与电子技术, 23（7）：95-97.
刘波, 王少军, 王华光. 2011. 地方政府网络治理稳定性影响因素研究[J]. 公共管理学报, 8（1）：26-34.
刘琨瑛, 丘海雄, 张宇翔. 2013a. 产业集群内企业间信任机制的转变：从关系型信任到制度型信任——来自珠江三角洲产业集群的经验[J]. 产经评论, 4（5）：28-34.
刘琨瑛, 丘海雄, 张宇翔. 2013b. 产业集群企业间信任机制和企业绩效关系研究——以珠江三角洲两个产业集群为例[J]. 经济问题探索, (12)：72-81.
罗慧, 万迪昉, 赵海峰. 2004. 网络环境下组织学习测度的实证研究[J]. 系统工程理论与实践, 24（7）：46-52.
罗家德. 2005. 社会网分析讲义[M]. 北京：社会科学文献出版社.
马捷, 锁利铭. 2010. 区域水资源共享冲突的网络治理模式创新[J]. 公共管理学报, 7（2）：107-114.
毛凯军, 田敏, 许庆瑞. 2004. 基于复杂系统理论的企业集群进化动力研究[J]. 科研管理, 25（4）：110-115.
孟华兴, 赵瑞君. 2007. 产业集群中的信任问题研究[J]. 北京工商大学学报（社会科学版）, 22（4）：108-111.
孟韬. 2006. 网络治理与集群治理[J]. 产业经济评论（山东）, 5（1）：80-90.
孟韬. 2007. 产业集群的网络结构——基于柳市电器集群的实证分析[J]. 经济管理, 29（3）：6-11.
孟韬. 2011. 嵌入视角下的大学网络治理机制解析[J]. 教育研究, (A04)：80-84.
彭正银. 2002. 网络治理理论探析[J]. 中国软科学, （3）：50-54.
彭正银. 2009. 企业网络组织的异变与治理模式的适应性研究[M]. 北京：经济科学出版社.
钱锡红, 杨永福, 徐万里. 2009. 网络位置、吸收能力与集群企业创新[J]. 经济管理, （7）：21-27.
青木昌彦. 2001. 比较制度分析[M]. 周黎安译. 上海：上海远东出版社.
仇保兴. 1999. 小企业集群研究[M]. 上海：复旦大学出版社.
石忆邵. 2001. 企业群落理论及其在中国的实践[J]. 同济大学学报（社会科学版）, 12（4）：41-46.
史忠植. 2000. 智能主体及应用[M]. 北京：科学出版社.

眭文娟. 2015. 转型期私营企业慈善捐赠的驱动机制及绩效机理研究[D]. 电子科技大学博士学位论文.
孙国强, 孟宝路. 2015. 基于结构方程的网络治理机制研究——以山西集群网络为例[J]. 高等财经教育研究, 18（1）: 48-58.
孙国强, 孟宝路, 王莉. 2014. 山西集群网络治理机制现状判断与对策建议[J]. 科学决策, （5）: 1-16.
谭劲松, 何铮. 2009. 集群自组织的复杂网络仿真研究[J]. 管理科学学报, 12（4）: 1-14.
汤长安. 2008. 产业集群网络化不同阶段特征及对扩散过程的影响[J]. 湖南商学院学报, 15（2）: 17-19.
田家欣, 贾生华. 2008. 网络视角下的集群企业能力构建与升级战略: 理论分析与实证研究[M]. 杭州: 浙江大学出版社.
汪小帆, 李翔, 陈关荣. 2006. 复杂网络理论及其应用[M]. 北京: 清华大学出版社.
王晨, 王新红. 2011. 高新技术企业R&D投入与盈利能力的相关性研究[J]. 技术与创新管理, 32（1）: 51-53.
王国红, 邢蕊, 林影. 2011. 基于社会网络嵌入性视角的产业集成创新风险研究[J]. 科技进步与对策, 28（2）: 60-63.
王缉慈. 2001. 创新的空间[M]. 北京: 北京大学出版社.
王缉慈. 2006. 解开集群概念的困惑——谈谈我国区域的集群发展问题[J]. 经济经纬, （2）: 65-68.
王琴. 2012. 网络治理的权力基础: 一个跨案例研究[J]. 南开管理评论, 15（3）: 91-100.
王小平, 曹立明. 2002. 遗传算法——理论、应用与软件实现[M]. 西安: 西安交通大学出版社.
王正中. 2003. 基于演化的复杂系统建模与仿真研究[J]. 系统仿真学报, 15（7）: 905-909.
魏守华, 吴贵生, 吕新雷. 2010. 区域创新能力的影响因素——兼评我国创新能力的地区差距[J]. 中国软科学, （9）: 76-85.
吴贵生, 刘洪伟, 王彦. 2007. 学习成本与技术学习的路径选择——基于中国光纤光缆产业技术学习的经济学考察[J]. 科学学研究, 25（4）: 718-723.
吴晓波, 耿帅. 2003. 区域集群自稔性风险成因分析[J]. 经济地理, 23（6）: 726-730.
谢和平, 薛秀谦. 1998. 分形应用中的数学基础和方法[M]. 北京: 科学出版社.
谢洪明, 刘少川. 2007. 产业集群、网络关系与企业竞争力的关系研究[J]. 管理工程学报, 21（2）: 15-18.
谢永平, 党兴华, 张浩淼. 2012. 核心企业与创新网络治理[J]. 经济管理, 34（3）: 60-67.
徐涛, 张昭华. 2008. 高技术产业集群的信任与声誉机制研究[J]. 当代经济管理, 30（8）: 42-46.
许庆瑞, 朱凌, 王方瑞. 2006. 从研发—营销的整合到技术创新—市场创新的协同[J]. 科研管理, 27（2）: 22-30.
姚引良, 刘波, 王少军, 等. 2010a. 地方政府网络治理多主体合作效果影响因素研究[J]. 中国软科学, （1）: 138-149.
姚引良, 刘波, 汪应洛. 2010b. 网络治理理论在地方政府公共管理实践中的运用及其对行政体制改革的启示[J]. 人文杂志, （1）: 76-85.
姚引良, 刘波, 郭雪松, 等. 2012. 地方政府网络治理形成与运行机制博弈仿真分析[J]. 中国软科学, （10）: 159-168.
易开刚. 2007. 企业社会责任管理新理念: 从社会责任到社会资本[J]. 经济理论与经济管理, （11）: 71-75.

易明. 2010. 产业集群治理结构与网络权力关系配置[J]. 宏观经济研究，（3）：42-47.
喻金田，吴倩. 2010. 武汉市自主创新政策实施效果评价[J]. 科技创业月刊，12：122-124.
曾忠禄. 1998. 公司联盟中的信任问题[J]. 经济问题探索，（8）：37-39.
张会清，王剑. 2011. 企业规模、市场能力与FDI地区聚集——来自企业层面的证据[J]. 管理世界，（1）：82-91.
张纪会，徐心和. 1999. 一种新的进化算法——蚁群算法[J]. 系统工程理论与实践，19（3）：84-87，109.
张杰，刘东. 2006. 我国地方产业集群升级困境的一个制度解析——基于社会资本的逻辑视角[J]. 东南学术，（3）：98-104.
张晓军，李仕明，何铮. 2009. 基于复杂网络的创新扩散特征[J]. 系统管理学报，18（2）：186-192.
张缨. 2004. 信任、契约及其规制[M]. 北京：经济管理出版社.
赵明，汪秉宏，蒋品群，等. 2005. 复杂网络上动力系统同步的研究进展[J]. 物理学进展，25（3）：273-295.
钟宏武. 2007. 慈善捐赠与企业绩效[M]. 北京：经济管理出版社.
庄镇泉，王熙法，王东生. 1994. 神经网络与神经计算机[M]. 北京：科学出版社.
Abrahamson E, Fombrum C. 1994. Macrocultures: determinants and consequences[J]. Academy of Management Review, 19: 728-755.
Ackah O, He Z, Zhou S S. 2016. Network governance of communication channels between university-industry cooperation[C]//Qi E. Proceedings of the 6th International Asia Conference on Industrial Engineering and Management Innovation. Paris: Atlantis Press: 787-794.
Adler P S, Kwon S W. 2002. Social capital: prospects for a new concept[J]. Academy of Management Review, 27: 17-40.
Aggarwal N, Walden E A. 2009. Intellectual Property Bundle (IPB) theory: managing transaction costs in technology development through network governance[J]. Decision Support Systems, 48: 23-32.
Alvarez S A, Barney J B, Bosse D A. 2003. Trust and its alternative[J]. Human Resource Management, 42 (4): 393-404.
Amin A, Thrift N. 1995. Institutional issues for the European regions: from markets and plans to socioeconomics and powers of association[J]. Economy and Society, 24 (1): 41-66.
Anderson J C, Narus J A. 1990. A model of distributor firm and manufacturer firm working partnerships[J]. Journal of Marketing, 54 (1): 42-58.
Anderson J C, Narus J A, Wouter V R. 2006. Customer value propositions in business markets[J]. Harvard Business Review, 84 (3): 90-99.
Andersson U, Forsgren M, Holm U. 2002. The strategic impact of external networks: subsidiary performance and competence development in the multinational corporation[J]. Strategic Management Journal, 23 (11): 979-996.
Anselt C, Sondorp E, Stevens R H. 2012. The promise and challenge of global network governance: the global outbreak alert and response network[J]. Global Governance, 18: 317-337.
Argyris C, Schon D A. 1978. Organizational Learning: A Theory of Action Perspective[M]. Boston: Addison-Wesley.
Arrow K. 1974. The Limits of Organization[M]. New York: W. W. Norton and Company.

Arthur W B. 1990. Positive feedbacks in the economy[J]. Scientific American, 262（2）: 92-114.

Arthur M B, Defillippi R J, Lindsay V J. 2001. Careers, communities, and industry evolution: links to complexity theory[J]. International Journal of Innovation Management, 5（2）: 239-255.

Aryee S, Budhwar P S, Chen Z X. 2002. Trust as a mediator of the relationship between organizational justice and work outcomes: test of a social exchange model[J]. Journal of Organizational Behavior, 23（3）: 267-285.

Astley W G, van de Ven A H. 1983. Central perspective and debates in organization theory[J]. Administrative Science Quarterly, 28（2）: 245-273.

Axelrod R, Cohen M D. 1999. Harnessing Complexity[M]. New York: The Free Press.

Bacattini G. 1978. The development of light industry in Tuscany: an interpretation[J]. Economic Notes, 2（3）: 107-123.

Baker W E, Sinkula J M. 1999. The synergistic effect of market orientation and learning orientation on organizational performance[J]. Journal of the Academy of Marketing Science, 27（4）: 411-427.

Banks M, Lovatt A, O'Connor J. 2000. Risk and trust in the cultural industries[J]. Geoforum, 31（4）: 453-464.

Baptista R. 1998. Clusters, innovation, and growth: a survey of the literature[C]//Swann P G M, Prevezer M, Stout D. The Dynamics of Industrial Clustering International Comparisons in Computing and Biotechnology. Oxford: Oxford University Press: 13-51.

Baptista R, Swann P. 1998. Do firms in clusters innovate more?[J]. Research Policy, 27（5）: 525-540.

Barabási A L, Albert R. 1999. Emergence of scaling in random networks[J]. Science, 286: 509-512.

Barney J B, Hansen M H. 1994. Trustworthiness as a source of competitive advantage[J]. Strategic Management Journal, 15（S1）: 175-190.

Beinhocker E D. 2006. The Origin of Wealth: Evolution, Complexity and the Radical Remarking of Economics[M]. London: Random House.

Bell S, Hindmoor A. 2017. Rethinking governance: the centrality of the state in modern society[J]. Australian Journal of Politicalence, 69（1）: 1-234.

Belussi F, Sammarra A, Sedita S R. 2010. Learning at the boundaries in an open regional innovation system: a focus on firms' innovation strategies in the Emilia Romagna life science industry[J]. Research Policy, 39（6）: 710-721.

Beugelsdijk S, Schaik T V. 2005. Social capital and growth in European regions: an empirical test[J]. European Journal of Political Economy, 21（2）: 301-324.

Blackmore J. 2011. Bureaucratic, corporate/market and network governance: shifting spaces for gender equity in education[J]. Gender, Work and Organization, 18（5）: 443-466.

Boatsman J R, Gupta S. 1996. Taxes and corporate charity: empirical evidence from micro-level panel data[J]. National Tax Journal, 49（2）: 193-213.

Bodin O, Crona B I. 2009. The role of social networks in natural resource governance: what relational patterns make a difference[J]. Global Environmental Change, 19: 366-374.

Boguna M, Pastor-Satorras R. 2002. Epidemic spreading in correlated complex networks[J]. Physical Review E, Statistical, Nonlinear, and Soft Matter Physics, 66: 047104.

Boudreau K, Lakhani K. 2009. How to manage outside innovation: competitive markets or collaborative communities[J]. MIT Sloan Management Review, 50（4）: 69-75.

Boutilier R G. 2007. Social capital in firm-stakeholder networks: a corporate role in community development[J]. Journal of Corporate Citizenship, 26: 121-134.

Brown W O, Helland E, Smith J K. 2006. Corporate philanthropic practices[J]. Journal of Corporate Finance, 12（5）: 855-877.

Bunnell T G, Coe N M. 2001. Spaces and scales of innovation[J]. Progress in Human Geography, 25（4）: 569-589.

Burke L, Logsdon J M. 1996. How corporate social responsibility pays off[J]. Long Range Planning, 29（4）: 495-502.

Burt R S. 1995. Structural Holes: The Social Structure of Competition[M]. Cambridge: Harvard University Press.

Burt R S. 2000. The network structure of social capital[J]. Research Organizational Behavior, 22: 345-423.

Burt R S. 2004. Structural holes and good ideas[J]. American Journal of Sociology, 110(2): 349-399.

Burt R S, Schøtt T. 1985. Relation contents in multiple networks[J]. Social Science Research, 14(4): 287-308.

Buvik A. 2002. Hybrid governance and governance performance in industrial purchasing relationships[J]. Scandinavian Journal of Management, 18（4）: 567-587.

Calton J M, Lad L J. 1995. Social contracting as a trust-building process of network governance[J]. Business Ethics Quarterly, 5（2）: 271-295.

Capello R. 1998. Spatial transfer of knowledge in hi-tech milieux: learning versus collective learning progresses[J]. Regional Studies, 33（4）: 352-365.

Caprara G V, Barbaranelli C, Zimbardo P G. 2010. Personality profiles and political parties[J]. Political Psychology, 20（1）: 175-197.

Carbonara N, Giannoccaro I, McKelvey B. 2010. Making geographical clusters more successful: complexity-based policies[J]. Emergence: Complexity and Organization, 12（3）: 21-45.

Carley K. 1991. A theory of group stability[J]. American Sociological Review, 56: 331-354.

Carley K. 1992. Organizational learning and personnel turnover[J]. Organization Science, 3（1）: 20-46.

Carlsson B. 2007. The role of public policy in emerging clusters[J]. Cluster Genesis, 4: 264-336.

Carroll A B. 1979. A three-dimensional conceptual model of corporate performance[J]. Academy of Management Review, 4（4）: 487-505.

Carroll A B. 1991. The pyramid of corporate social responsibility: toward the moral management of organizational stakeholders[J]. Business Horizons, 34（4）: 39-48.

Chang C M, Hsu M H, Yen C. 2012. Factors affecting knowledge management success: the fit perspective[J]. Journal of Knowledge Management, 16（6）: 847-861.

Chen M. 2002. Industrial district and social capital in Taiwan's economic development: an economic sociological study on Taiwan's bicycle industry[D]. PhD. Dissertation of the Yale University.

Chesbrough H W, Crowther A K. 2006. Beyond high-tech: early adopters of open innovation in other industries[J]. R&D Management, 36（3）: 229-236.

Chiles T H, Meyer A D, Hench T J. 2004. Organizational emergence: the origin and transformation of Branson, Missouri's Musical Theaters[J]. Organization Science, 15（5）: 499-519.

Clarkson M B E. 1991. Defining, evaluating, and managing corporate social performance: the stakeholder management model[C]//Lee E P. Research in Corporate Social Performance and Policy. London: JAI Press: 35-56.

Clifton N, Keast R, Pickernell D, et al. 2010. Network structure, knowledge governance, and firm performance: evidence from innovation networks and SMEs in the UK[J]. Growth and Change, 41（3）: 337-373.

Cloodt M, Hagedoorn J, Roijakkers N. 2006. Trends and patterns in interfirm R&D networks in the global computer industry: an analysis of major developments, 1970-1999[J]. Business History Review, 80（4）: 725-746.

Coase R H. 1937. The nature of the firm[J]. Economica, 4: 386-405.

Coe N M, Dicken P, Hess M. 2008. Global production networks: realizing the potential[J]. Journal of Economic Geography, 8（3）: 271-295.

Cohen W M, Levinthal D A. 1990. Absorptive capacity: a new perspective on learning and innovation[J]. Administrative Science Quarterly, 35: 128-152.

Coleman J S. 1988. Social capital in the creation of human capital[J]. American Journal of Sociology, 94: S95-S120.

Collins R. 2008. Hierarchy to homeostasis? Hierarchy, markets and networks in UK media and communications governance[J]. Media, Culture & Society, 30（3）: 295-317.

Cooke P, Uranga G M, Etxebarria G. 1997. Regional innovation systems: institutional and organisational dimensions[J]. Research Policy, 26（4）: 475-491.

Crespin-Mazet F, Goglio-Primard K, Scheid F. 2013. Open innovation processes within clusters-the role of tertiusiugens[J]. Management Decision, 51（8）: 1701-1715.

Danson M, Whittam G. 1999. Clustering, innovations and trust: the essentials of a clustering strategy for scotland[C]. Proceedings of ERSA Conference Papers, European Regional Science Association, Paris: 34-38.

Davis J H, Schoorman F D, Mayer R C, et al. 2000. The trusted general manager and unit performance: empirical evidence of a competitive advantage[J]. Strategic Management Journal, 21: 563-576.

Davis J P, Eisenhardt K M, Bingham C B. 2007. Developing theory through simulation method[J]. Academy of Management Review, 32（2）: 480-499.

Decker O S. 2004. Corporate social responsibility and structural change in financial services[J]. Managerial Auditing Journal, 19（6）: 712-728.

Demil B, Lecocq X. 2006. Neither market nor hierarchy nor network: the emergence of bazaar governance[J]. Organization Studies, 27（10）: 1447-1466.

Dodgson M. 1993. Organizational learning: a review of some literature[J]. Organization Studies, 13（1）: 25-34.

Donaldson T, Dunfee T W. 1994. Toward a unified conception of business ethics: integrative social contract theory[J]. Academy of Management Review, 19（2）: 252-284.

Doney P M, Cannon J P. 1997. An examination of the nature of trust in buyer-seller relationships[J].

The Journal of Marketing, 61 (2): 35-51.

Dyer J H, Singh H. 1998. The relational view: cooperative strategy and sources of interorganizational competitive advantage[J]. Academy of Management Review, 23 (4): 660-679.

Echols A, Tsai W. 2005. Niche and performance: the moderating role of network embeddedness[J]. Strategic Management Journal, 26 (3): 219-238.

Eisenhardt K M, Tabrizi B N. 1995. Accelerating adaptive processes: product innovation in the global computer industry[J]. Administrative Science Quarterly, 40 (1): 84-110.

Eisenhardt K M, Brown S L. 1998. Competing on the Edge: Strategy as Structured Chaos[M]. Boston: Harvard Business Review Press.

Enkel E, Gassmann O, Chesbrough H. 2009. Open R&D and open innovation: exploring the phenomenon[J]. R&D Management, 39 (4): 311-316.

Eraydm A, Köroglu B A, Öztürk H E, et al. 2008. Network governance for competitiveness: the role of policy networks in the economic performance of settlements in the Izmir region[J]. Urban Studies, 45 (11): 2291-2321.

Erdös P, Rényi A. 1960. On the evolution of random graphs[J]. Publication of the Mathematical Institute of the Hungarian Academy Ofences, 5: 17-60.

Fama E F, Jenson M C. 1983. Separation of ownership and control[J]. Journal of Law and Economics, 26: 301-325.

Fawcett P, Daugbjerg C. 2012. Explaining governance outcomes: epistemology, network governance and policy network analysis[J]. Political Studies Review, 10: 195-207.

Feldman M P, Florida R. 1994. The geographic sources of innovation: technological infrastructure and product innovation in the United States[J]. Annals of the Association of American Geographers, 84 (2): 210-229.

Fernández-Feijóo B S. 2007. Crisis and corporate social responsibility: threat or opportunity? [J]. International Journal of Economic Sciences and Applied Research, 2 (1): 36-50.

Ferrary M, Granovetter M. 2009. The role of venture capital firms in Silicon Valleys complex innovation network[J]. Economy and Society, 38 (2): 326-359.

Fichter K. 2009. Innovation communities: the role of networks of promotors in open innovation[J]. R&D Management, 39 (4): 357-371.

Fichter K, Beucker S. 2012. Innovation Communities: Teamworking of Key Persons as a Success Factor in Radical Innovation[M]. Berlin: Springer.

Flyer F, Shaver J M. 2003. Location choices under agglomeration externalities and strategic interaction[J]. Advances in Strategic Management, 20 (1): 193-213.

Fornell C, Larcker D F. 1981. Structural equation models with unobservable variables and measurement error: algebra and statistics[J]. Journal of Marketing Research, 18 (3): 382-388.

Foster P, Borgatti S P, Jones C. 2011. Gatekeeper search and selection strategies: relational and network governance in a cultural market[J]. Poetics, 39 (4): 247-265.

Freeman R E. 1984. Strategic Management: A Stakeholder Approach[M]. Boston: Pitman.

Friedman M. 2007. The social responsibility of business is to increase its profits[C]//Zimmerli W C, Holzinger M, Richter K. Corporate Ethics and Corporate Governance. Berlin: Springer: 173-178.

Fuchs E R. 2010. Rethinking the role of the state in technology development: DARPA and the case for embedded network governance[J]. Research Policy, 39（9）: 1133-1147.

Fujita M, Smith T E. 1990. Additive-interaction models of spatial agglomeration[J]. Journal of Regional Science, 30（1）: 51-74.

Gassmann O. 2006. Opening up the innovation process: towards an agenda[J]. R&D Management, 36（3）: 223-228.

Gertler M S, Wolfe D A. 2004. Local social knowledge management: community actors, institutions and multilevel governance in regional foresight exercises[J]. Futures, 36（1）: 45-65.

Ghauri P, Gronhaug K. 2002. Research Methods in Business Studies: A Practical Guide[M]. 2nd ed. New York: Pearson Education Limited.

Giddens A. 1994. Risk, trust, reflexivity[C]//Beck U, Giddens A, Lash S. Reflexive Modernization. Cambridge: Polity Press: 184-197.

Glückler J. 2007. Economic geography and the evolution of networks[J]. Evolutionary Economic Geography, 7（7）: 619-634.

Godfrey P G. 2005. The relationship between corporate philanthropy and shareholder wealth: a risk management perspective[J]. Academy of Management Review, 30（4）: 777-798.

Goodwin M, Grix J. 2011. Bring structures back in: the governance narrative, the decentred approach and asymmetrical network governance in the education and sport policy communities[J]. Public Administration, 89（2）: 537-556.

Gordon I R, McCann P. 2000. Industrial clusters: complexes, agglomeration and/or social networks? [J]. Urban Studies, 37（3）: 513-532.

Grabher G. 1993. The Embended Firm: On the Socioeconomics of Industrial Networks[M]. New York: Routledge.

Granovetter M. 1983. The strength of eeak ties: a network theory revisited[J]. Sociological Theory, 1（1）: 201-233.

Granovetter M. 1985. Economic action and social structure: the problem of embeddedness[J]. American Journal of Sociology, 91（3）: 481-510.

Granovetter M. 1992. Economic institutions as social constructions: aframework for analysis[J]. Acta Sociologica, 35（35）: 3-11.

Granovetter M. 2005. The impact of social structure on economic outcomes[J]. Journal of Economic Perspectives, 19: 33-50.

Greenhalgh C, Mavrotas G, Wilson R. 2006. Intellectual property, technological advantage and trade performance of UK manufacturing industries[J]. Applied Economics, 28（5）: 509-519.

Gulati R, Singh H. 1998. The architecture of cooperation: managing coordination costs and appropriation concerns in strategic alliances[J]. Administrative Science Quarterly, 43（4）: 781-814.

Gulati R, Gargiulo M. 1999. Where do interorganizational networks come from? [J]. American Journal of Sociology, 104（5）: 1439-1493.

Gulati R, Westphal J D. 1999. Cooperative or controlling? The effects of CEO-Board relations and the content of interlocks on the formation of joint ventures[J]. Administrative Science Quarterly, 44（3）: 473-506.

Gulati R, Nohria N, Zaheer A. 2000. Guest editors' introduction to the special issue: strategic

networks[J]. Strategic Management Journal, 21（3）: 199-201.
Gunasekara C. 2008. Network governance amidst local economic crisis[J]. Australian Journal of Political Science, 43（2）: 207-223.
Hage P, Harary F. 1991. Exchange in Oceania: A Graph Theoretic Analysis[M]. Oxford: Oxford University Press.
Häikio L. 2007. Expertise, representation and the common good: grounds for legitimacy in the urban governance network[J]. Urban Studies, 44（11）: 2147-2162.
Hakansson H. 1987. Industrial Technological Development: A Network Approach[M]. London: Croom Helm.
Haken H. 1987. Advanced Synergetics[M]. 2nd ed. New York: Springer.
Hamel G, Prahalad C K. 1994. Competing for the Future[M]. Boston: Harvard Business School Press.
Hannan M T, Freeman J H. 1977. The population ecology of organizations[J]. American Journal of Sociology, 82: 929-964.
Hardin R. 1996. Trustworthiness[J]. Ethics, 107（1）: 26-42.
Haythornthwaite C. 1998. Social network analysis: an approach and technique for the study of information exchange[J]. LISR, 18: 323-342.
He Z, Rayman-Bacchus L. 2010. Cluster network and innovation under transitional economies: an empirical study of the Shaxi garment cluster[J]. Chinese Management Studies, 4（4）: 360-384.
He Z, Rayman-Bacchus L, Wu Y M. 2011. Self-organization of industrial clustering in a transition economy: a proposed framework and case study evidence from China[J]. Research Policy, 40: 1280-1294.
Heimeriks K H, Duysters G. 2007. Alliance capability as a mediator between experience and alliance performance: an empirical investigation into the alliance capability development process[J]. Journal of Management Studies, 44（1）: 25-49.
Henderson R, Cockburn I. 1994. Measuring competence? Exploring firm effects in pharmaceutical research[J]. Strategic Management Journal, 15（S1）: 63-84.
Hendriks C M. 2008. On inclusion and network governance: the democratic disconnect of Dutch energy transitions[J]. Public Administration, 86（4）: 1009-1031.
Hoepner A G F, Yu P S, Ferguson J. 2008. Corporate social responsibility across industries: when can who do well by doing good？[J]. Social Science Electronic Publishing, 12: 34-40.
Hoepner A G F, Yu P S, Ferguson J, 2010. Corporate Social Responsibility across Industries: When can who do well by doing good？[EB/OL]. SSRN Working Paper, University of St. An-drews, Principles for Responsible Investments, University of Strathclyde.
Holland J H. 1975. Adaptive in Natural and Artificial System[M]. Ann Arbor: University of Michigan Press.
Holland J H. 1998. Emergence: From Chaos to Order[M]. New York: Addison Wesley.
Homik F M, Stinchcombe M, White H. 1989. Multilayer feedforward network universal approximator[J]. Neural Network, 2（2）: 259-366.
Hu L T, Bentler P M, Kano Y. 1992. Can test statistics in covariance structure analysis be trusted？[J]. Psychological Bulletin, 112（2）: 351.
Huff A S. 1982. Industry influences on strategy reformulation[J]. Strategic Management Journal, 3:

119-131.

Hughes A, Wrigley N, Buttle M. 2008. Global production networks, ethical campaigning, and the embeddedness of responsible governance[J]. Journal of Economic Geography, 8 (3): 345-367.

Hult G T M, Ferrell O C. 1997. Global organizational learning capacity in purchasing: construct and measurement[J]. Journal of Business Research, 40: 97-111.

Huniche M, Pedersen E R. 2006. Corporate Citizenship in Developing Countries: New Partnership Perspectives[M]. Copenhagen: Copenhagen Business School Press.

Jamali D, Hallal M, Abdallah H. 2010. Corporate governance and corporate social responsibility: evidence from the healthcare sector[J]. Corporate Governance, 10 (5): 590-602.

Jeffares S, Skelcher C. 2011. Democratic subjectivities in network governance: a Q methodology study of English and Dutch public managers[J]. Public Administration, 89 (4): 1253-1273.

Jenkins H. 2009. A business opportunity model of corporate social responsibility for small and medium sized enterprises[J]. Business Ethics: A European Review, 18 (1): 21-36.

Jerez-Gómez P, Céspedes-Lorente J, Valle-Cabrera R. 2005. Organizational learning capability: a proposal of measurement[J]. Journal of Business Research, 58 (2): 715-725.

Jho W. 2007. Liberalization as a development strategy: network governance in the Korean mobile telecom market[J]. Governance, 20 (4): 633-654.

Jones C, Hesterly W S, Borgatti S P. 1997. A general theory of network governance: exchange conditions and social mechanisms[J]. Academy of Management Review, 22 (4): 911-945.

Jones P, Comfort D, Hillier D. 2006. Reporting and reflecting on corporate social responsibility in the hospitality industry: a case study of pub operators in the UK[J]. International Journal of Contemporary Hospitality Management, 18 (4): 329-340.

Jordan A, Schout A. 2006. The Coordination of the European Union: Exploring the Capacities of Network Governance[M]. Oxford: Oxford University Press.

Juhola S, Westerhoff L. 2011. Challenges of adaptation to climate change across multiple scales: a case study of network governance in two European countries[J]. Environmental Science & Policy, 14 (3): 239-247.

Kauffman S A. 1993. The Origins of Order: Self-Organization and Selection in Evolution[M]. New York: Oxford University Press.

Keupp M M, Gassmann O. 2009. Determinants and archetype users of open innovation[J]. R&D Management, 39 (4): 331-341.

Khan J. 2013. What role for network governance in urban low carbon transitions? [J]. Journal of Cleaner Production, 50: 133-139.

Kim M. 2002. Planning for the next ICT cluster? Seoul's digital media city project[C]. Proceedings of IEEE International Symposium on Technology and Society: 347-352.

Kjaer A M. 2004. Governance[M]. Cambridge: Polity.

Krackhardt D, Porter L W. 1986. The snowball effect: turnover embedded in communication networks[J]. Journal of Applied Psychology, 71 (1): 50.

Kramer R M. 1999. Trust and distrust in organizations: emerging perspectives, enduring questions[J]. Annual Review of Psychology, 50 (1): 569-598.

Krugman P. 1991. Increasing returns and economic geography[J]. Journal of Political Economy, 99 (3):

483-499.

Krugman P. 1996. The Self Organizing Economy[M]. New York: Wiley-Blackwell.

Kuroiwa I, Heng T M. 2008. Production Networks and Industrial Clusters: Integrating Economies in Southeast Asia[M]. Singapore: Institute of Southeast Asian Studies.

Lazer D, Friedman A. 2007. The network structure of exploration and exploitation[J]. Administrative Science Quarterly, 52（4）: 667-694.

Lewicki R J, Bunker B B. 1995. Trust in relationships: a model of development and decline[C]// Bunker B B, Rubin J Z. Conflict, Cooperation, and Justice: Essays Inspired by the Work of Morton Deutsch. San Francisco: Jossey-Bass: 133-173.

Lewin A Y, Volberda H W. 1999. Prolegomena on coevolution: a framework for research on strategy and new organizational forms[J]. Organization Science, 10（5）: 519-534.

Lewis J M. 2011. The future of network governance research: strength in diversity and synthesis[J]. Public Administration, 89（4）: 1221-1234.

Lewis J M, Baeza J I, Alexander D. 2008. Partnerships in primary care in Australia: network structure, dynamics and sustainability[J]. Social Science & Medicine, 67: 280-291.

Li X, Chen G. 2003. A local-world evolving network model[J]. Physica A: Statistical Mechanics and Its Applications, 328（1）: 274-286.

Liao S. 2010. An optimal homotopy-analysis approach for strongly nonlinear differential equations[J]. Communications in Nonlinear Science and Numerical Simulation, 15（8）: 2003-2016.

Lichtenthaler U. 2009. Outbound open innovation and its effect on firm performance: examining environmental influences[J]. R&D Management, 39（4）: 317-330.

Lin H M, Huang H C, Lin C P, et al. 2012. How to manage strategic alliances in OEM-based industrial clusters: network embeddedness and formal governance mechanisms[J]. Industrial Marketing Management, 41（3）: 449-459.

Lindsay V J. 2005. The development of international industry clusters: a complexity theory approach[J]. Journal of International Entrepreneurship, 3: 71-97.

Lloria M B, Moreno-Luzon M D. 2014. Organizational learning: proposal of an integrative scale and research instrument[J]. Journal of Business Research, 67: 692-697.

Logsdon J M, Reiner M, Burke L. 1990. Corporate philanthropy: strategic responses to the firm's stakeholders[J]. Nonprofit and Voluntary Sector Quarterly, 19（2）: 93-109.

Lucia L D. 2010. External governance and the EU policy for sustainable biofuels, the case of Mozambique[J]. Energy Policy, 38（11）: 7395-7403.

Lynall M D, Golden B R, Hillman A J. 2003. Board composition from adolescence to maturity: a multitheoretic view[J]. Academy of Management Review, 28: 416-431.

Mally D C, Agarwal J. 2010. Ethical climate in government and nonprofit sectors: public policy implications for service delivery[J]. Journal of Business Ethics, 94（1）: 3-21.

Markusen A. 1996. Sticky places in slippery space: a typology of industrial districts[J]. Economic Geography, 72: 293-313.

Marshall A. 1890. Principles of Economics[M]. London: Macmillan.

Martin R, Sunley P. 2007. Complexity thinking and evolutionary economic geography[J]. Journal of Economic Geography, 7: 573-601.

Matten D, Moon J. 2008. Implicit and explicit CSR: a conceptual framework for a comparative understanding of corporate social responsibility[J]. Academy of Management Review, 33 (2): 404-424.

Mayer R C, Davis J H, Schoorman F D. 1995. An integrative model of organizational trust[J]. Academy of Management Review, 20 (3): 709-734.

McAllister D J. 1995. Affect-and cognition-based trust as foundations for interpersonal cooperation in organizations[J]. Academy of Management Journal, 38 (1): 24-59.

McEvily B, Zaheer A. 1999. Bridging ties: a source of firm heterogeneity in competitive capabilities[J]. Strategic Management Journal, 20 (12): 1133-1156.

McEvily B, Marcus A. 2005. Embedded ties and the acquisition of competitive capabilities[J]. Strategic Management Journal, 26 (11): 1033-1055.

McEvily B, Perrone V, Zaheer A. 2003. Trust as an organizing principle[J]. Organization Science, 14 (1): 91-103.

McKelvey B. 1997. Quasi-natural organization science[J]. Organization Science, 8 (4): 352-380.

McKelvey B. 1998. Thwarting faddism at the edge of chaos: on the epistemology of complexity research[C]. Workshop on Complexity and Organization, Brussels: 8-9.

McKnight D H, Cummings L L, Chervany N L. 1998. Initial trust formation in new organizational relationships[J]. Academy of Management Review, 23 (3): 473-490.

McWilliams A, Siegel D. 2001. Corporate social responsibility: a theory of the firm perspective[J]. Academy of Management Review, 26 (1): 117-127.

Mitchell R K, Agle B R, Wood D J. 1997. Towards a theory of stakeholder identification and salience: defining the principles of who and what really counts[J]. Academy of Management Review, 22 (4): 853-886.

Moon J, Shen X. 2010. CSR in China research: salience, focus and nature[J]. Journal of Business Ethics, 94 (4): 613-629.

Morbey G K. 1989. R&D expenditures and profit growth[J]. Research-Technology Management, 32 (3): 20-23.

Morçöl G, Wolf J F. 2010. Understanding business improvement districts: a new governance framework[J]. Public Administration Review, 70 (6): 906-913.

Morgan R M, Hunt S D. 1994. The commitment-trust theory of relationship marketing[J]. The Journal of Marketing, 58 (3): 20-38.

Morrison F. 1991. The Art of Modeling Dynamic Systems: Forecasting for Chaos, Randomness, and Determinism[M]. New York: John Wiley & Sons.

Moynihan D P. 2009. The network governance of crisis response: case studies of incident command systems[J]. Journal of Public Administration Research and Theory, 19: 895-915.

Mytelka L, Farinelli F. 2000. Local clusters, innovation systems and sustained competitiveness[J]. UNU/INTECH Discussion Papers, 4: 561-562.

Nadler D A, Tushman M L, Nadler D A. 1989. Strategic linking: designing formal coordination mechanisms[J]. Readings in the Management of Innovation, 2: 35-41.

Nahapiet J, Ghoshal S. 2000. Chapter 6-social capital, intellectual capital, and the organizational advantage[J]. Knowledge & Social Capital, 23 (2): 119-157.

Nelson R. 1993. National Innovation Systems: A Comparative Analysis[M]. Oxford: Oxford University Press.

Newman J. 2005. Enter the transformational leader: network governance and the micro-politics of modernization[J]. Sociology, 39 (4): 717-734.

Nonaka I, Takeeuchi H. 1995. The Knowledge-Creating Company: How Japanese Companies Create the Dynamics of Innovation[M]. New York: Oxford University Press.

Nooteboom B. 1996. Trust, opportunism and governance: a process and control model[J]. Organization Studies, 17 (6): 985-1010.

Nunnally J C. 1978. Psychometric Theory[M]. 2nd ed. New York: McGraw-Hill.

O'Shaughnessy K C, Gedajlovic E, Reinmoeller P. 2007. The influence of firm, industry and network on the corporate social performance of Japanese firms[J]. Asia Pacific Journal of Management, 24: 283-303.

Oosterveer P. 2009. Urban environmental services and the state in East Africa: between neo-developmental and network governance approaches[J]. Geoforum, 40: 1061-1068.

Pastor-Satorras R, Vespignani A. 2001. Epidemic dynamics and endemic states in complex networks[J]. Physical Review E, Statistical, Nonlinear, and Soft Matter Physics, 63: 066117.

Polanyi K. 1944. The Great Transformation: The Political and Economic Origins of Our Time[M]. Boston: Beacon Press.

Poppo L, Zenger T. 2010. Do formal contracts and relational governance function as substitutes or complements? [J]. Strategic Management Journal, 23 (8): 707-725.

Porac J, Tomas H. 1994. Cognitive categorization and subjective rivalry among retailers in a small city[J]. Journal of Applied Psychology, 79 (1): 54-66.

Porter M E. 1990. The Competitive Advantage of Nations[M]. New York: Free Press.

Porter M E. 1998. Clusters and the new economics of competition[J]. Harvard Business Review, 76(6): 77-90.

Porter M E, Kramer M R. 2002. The Competitive Advantage of Corporate Philanthropy[J]. Harvard Business Review, 80 (12): 56-69.

Pouder R, St John C H. 1996. Hot spots and blind spots: geographical clusters of firms and innovation[J]. Academy of Management Review, 21 (4): 1192-1225.

Powell W W. 1990. Neither market nor hierarchy: network forms of organization[J]. Research in Organizational Behavior, 12: 295-336.

Powell W W, Koput K W, Smith-Doerr L. 1996. Interorganizational collaboration and locus of innovation: networks of learning in biotechnology[J]. Administrative Science Quarterly, 41: 116-145.

Prieto-Carron M, Lund-Thomsen P, Chan A, et al. 2006. Critical perspectives on CSR and international development: what we know, what we don't know, and what we need to know[J]. International Affairs, 82 (5): 977-987.

Prigogine I. 1969. Quantum theory of dissipative processes and non-equilibrium thermodynamics[C]. Proceedings of the International Conference on Statistical Mechanics, Koyto: 11-15.

Prigogine I, Stengers I. 1984. Order Out of Chaos: Man's New Dialogue with Nature[M]. New York: Bantam.

Putnam R D, Leonardi R, Nanetti R Y. 1995. Making democracy work: civic traditions in modern Italy[J]. Journal of Interdisciplinary History, 26（2）: 306.

Pyke F, Sengenberger W. 1992. Industrial districts and local economic regeneration[J]. Industrial & Labor Relations Review, 46（4）: 110-117.

Quayle M. 2003. A study of supply chain management practice in UK industrial SMEs[J]. Supply Chain Management: An International Journal, 8（1）: 79-86.

Rist S, Chidambaranathan M, Escobar C, et al. 2007. Moving from sustainable management to sustainable governance of natural resources: the role of social learning processes in rural India, Bolivia and Mali[J]. Journal of Rural Studies, 23: 23-37.

Robins G, Bates L, Pattison P. 2011. Network governance and environmental management: conflict and cooperation[J]. Public Administration, 89（4）: 1293-1313.

Roelofs J. 2009. Networks and democracy: it ain't necessarily so[J]. American Behavioral Scientist, 52（7）: 990-1005.

Rohlfing E A, Cox D M, Kaldor A. 1984. Production and characterization of supersonic carbon cluster beams[J]. The Journal of Chemical Physics, 81（7）: 3322-3330.

Rousseau D M, Sitkin S B, Burt R S, et al. 1998. Not so different after all: a cross-discipline view of trust[J]. Academy of Management Review, 23（3）: 393-404.

Rullani E. 2002. The industrial cluster as a complex adaptive system[C]//Curzio A Q, Fortis M. Complexity and Industrial Cluster: Dynamics and Models in Theory and Practice. New York: Physica-Verlag: 57-89.

Rumelhart D E, Hinton G E, Williams R J. 1986. Learning internal representation by back-propagation of errors[J]. Nature, 323（323）: 533-536.

Sabel C F. 1993. Studied trust: building new forms of cooperation in a volatile economy[J]. Human Relations, 46（9）: 1133-1170.

Sako M. 1992. Price, Quality and Trust: Inter-Firm Relations in Britain and Japan[M]. Cambridge: Cambridge University Press.

Salamon L M. 2002. The Tools of Government: A Guide to the New Governance[M]. Oxford: Oxford University Press.

Santos-Vijande M L, López-Sánchez J A, Trespalacios J A. 2012. How organizational learning affect a firm's flexibility, competitive strategy, and performance[J]. Journal of Business Research, 65: 1079-1089.

Saxenian A L. 1995. Regional advantage: culture and competition in Silicon Valley and Route 128[J]. Research Technology Management, 38（1）: 61-62.

Schmitz H. 1995. Collective efficiency: growth path for small-scale industry[J]. The Journal of Development Studies, 31（4）: 529-566.

Schmitz H. 1999. From ascribed to earned trust in exporting clusters[J]. Journal of International Economics, 48（1）: 139-150.

Schmookler J. 1966. Invention and Economic Growth[M]. Cambridge: Harvard University Press.

Sen S. 2011. Corporate social responsibility in small and medium enterprises: application of stakeholder theory and social capital theory[D]. PhD. of the Southern Cross University, Lismore.

Sheth H, Babiak K M. 2010. Beyond the game: perceptions and practices of corporate social

responsibility in the professional sport industry[J]. Journal of Business Ethics, 91: 433-450.
Smith C. 1994. The new corporate philanthropy[J]. Harvard Business Review, 72: 105-116.
Song M, Droge C, Hanvanich S. 2005. Marketing and technology resource complementarity: an analysis of their interaction effect in two environmental contexts[J]. Strategic Management Journal, 26 (3): 259-276.
Sorenson O. 2003. Social networks and industrial geography [J]. Journal of Evolutionary Economics, 13 (5): 513-527.
Srećković M, Windsperger J. 2013. The Impact of Trust on the Choice of Knowledge Transfer Mechanisms in Clusters Network Governance[M]. New York: Springer Berlin Heidelberg.
Stacy R D. 1995. The science of complexity: an alternative perspective for strategic change process[J]. Strategic Management Journal, 16 (6): 477-495.
Stein C, Ernstson H, Barron J. 2011. A social network approach to analyzing water governance: the case of the Mkindo Catchment, Tanzania[J]. Physics and Chemistry of the Earth, 36: 1085-1092.
Steiner M. 1998. Cluster and Regional Specialisation[M]. London: Pion Limited.
Stendardi E J. 1992. Corporate philanthropy: the redefinition of enlightened self-interest[J]. The Social Science Journal, 29 (1): 21-30.
Suškevičsa M, Tillemannb K, Külvik M. 2013. Assessing the relevance of stakeholder analysis for national ecological network governance: the case of the green network in Estonia[J]. Journal for Nature Conservation, 21: 206-213.
Tallman S, Jenkins M, Henry N, et al. 2004. Knowledge, cluster, and competitive advantage[J]. Academy of Management Review, 29 (2): 258-271.
Tan J. 2006. Industry clustering, innovation, and technology transfer: evidence from Beijing Zhongguancun Science Park[J]. Journal of Business Venturing, 21 (6): 827-850.
Templeton G F, Lewis E R, Snyder C A. 2002. Development of a measure for the organizational learning construct[J]. Journal of Management Information Systems, 19 (2): 175-218.
Thietart R A, Forgues B. 1995. Chaos theory and organization[J]. Organization Science, 6(1): 19-31.
Tippins M J, Sohi R S. 2003. IT competency and firm performance: is organizational learning a missing link? [J]. Strategic Management Journal, 24 (8): 745-761.
Tsai K H, Wang J C. 2004. R&D productivity and the spillover effects of high-tech industry on the traditional manufacturing sector: the case of Taiwan[J]. World Economy, 27 (10): 1555-1570.
Turnbull S. 2007. Analysing network governance of public assets[J]. Corporate Governance: An International Review, 15 (6): 1079-1089.
Tushman M L, Anderson P. 1986. Technological discontinuities and organizational environments[J]. Administrative Science Quarterly, 31 (3): 439-465.
Ullmann A A. 1985. Data in search of a theory: a critical examination of the relationships among social performance, social disclosure, and economic performance of US firms[J]. Academy of Management Review, 10 (3): 540-557.
Utterback R L. 1999. Utterback marketing services[C]. Proceedings of Agricultural Outlook Forum, United States Department of Agriculture, New York: 35-40.
Uzzi B. 1996. The sources and consequences of embeddedness for the economic performance of

organizations: the network effect[J]. American Sociological Review, 61 (4): 674-698.

Uzzi B. 1997. Social structure and competition in interfirm networks: the paradox of embeddedness[J]. Administration Science Quarterly, 42 (1): 35-67.

Verona G. 1999. A resource-based view of product development[J]. Academy of Management Review, 24 (1): 132-142.

Verwaal E, Hesselmans M. 2004. Drivers of supply network governance: an explorative study of the dutch chemical industry[J]. European Management Journal, 22 (4): 442-451.

Volberda H W. 1998. Building the Flexible Firm: How to Remain Competitive[M]. Oxford: Oxford University Press.

Wachhaus T A, Harrisburg P S. 2012. Anarchy as a model for network governance[J]. Public Administration Review, 72 (1): 33-42.

Waldrop M. 1993. Complexity: The Emerging Science at the Edge of Order and Chaos[M]. London: Viking.

Wang C L. 2007. Guanxi vs. relationship marketing: exploring underlying differences[J]. Industrial Marketing Management, 36: 81-86.

Wasserman S, Faust K. 1994. Social Network Analysis: Methods and Application[M]. New York: Cambridge University Press.

Watts D J, Strogatz S H. 1998. Collective dynamics of "small-world" network[J]. Nature, 393: 440-442.

Weber A. 1929. Theory of the Location of Industries[M]. Chicago: University of Chicago Press.

Weisband E. 2009. The virtues of virtue social capital, network governance, and corporate social responsibility[J]. American Behavioral Scientist, 52 (6): 905-918.

Weiss K, Hamann M, Kinney M, et al. 2012. Knowledge exchange and policy influence in a marine resource governance network[J]. Global Environmental Change, 22: 178-188.

Wellman B, Chen W, Dong W. 2002. Networking Guanxi[C]//Gold T, Guthrie D, Wank D. Social Connections in China: Institutions, Culture and the Changing Nature of Guanxi. Cambridge: Cambridge University Press: 222-241.

West J, Bogers M. 2014. Leveraging external sources of innovation: a review of research on open innovation[J]. Journal of Product Innovation Management, 31 (4): 814-831.

Williams K, Durrance J C. 2008. Social networks and social capital: rethinking theory in community informatics[J]. The Journal of Community Informatics, 4 (3): 1-31.

Williamson O E. 1965. The economics of discretionary behavior: managerial objectives in a theory of the firm[J]. Economica, 32 (128): 473-474.

Winkler I. 2006. Network governance between individual and collective goals: qualitative evidence from six networks[J]. Journal of Leadership and Organizational Studies, 12 (3): 119-134.

Wood D J, Cochran P L. 1992. Business and society in transition[J]. Business & Society, 31 (1): 1-7.

Yamawaki H. 2002. The evolution and structure of industrial clusters in Japan[J]. Small Business Economic, 18: 121-140.

Yang Z, Wang C L. 2011. Guanxi as a governance mechanism in business markets: its characteristics, relevant theories, and future research directions[J]. Industrial Marketing Management, 40:

492-495.

Ye J, Kankanhalli A. 2013. Exploring innovation through open networks: a review and initial research questions[J]. IIMB Management Review, 25（2）: 69-82.

Yen D A, Barnes B R, Wang C L. 2011. The measurement of guanxi: introducing the GRX scale[J]. Industrial Marketing Management, 40: 97-108.

Yli-Renko H, Autio E, Sapienza H J. 2001. Social capital, knowledge acquisition, and knowledge exploitation in young technology-based firms[J]. Strategic Management Journal, 22（6~7）: 587-613.

Yoon W, Hyun E. 2010. Economic, social and institutional conditions of network governance: network governance in East Asia[J]. Management Decision, 48（8）: 1212-1229.

Zaheer A, McEvily B, Perrone V. 1998. Does trust matter? Exploring the effects of inter organizational and interpersonal trust on performance[J]. Organization Science, 9（2）: 141-159.

Zhang X, He Z, Rayman-Bacchus L. 2016. Random birth-and-death networks[J]. Journal of Statistical Physics, 162（4）: 842-854.

Zucker L G. 1986. Production of trust: institutional sources of economic structure, 1840-1920[J]. Research in Organizational Behavior, 8: 53-111.

Zukin S, DiMaggio P J. 1990. Structure of Capital[M]. Cambridge: Cambridge University Press.

# 结 束 语

本书对集群创新、企业社会责任及信任水平进行了相应的实证研究，并在此基础上，提出了集群网络治理的具体模式，相对于大量对集群传统的行政治理和市场治理的研究成果，对集群网络治理的目的、价值、方式、机理、风险等问题的研究才刚刚起步。作为探索性研究成果，本书从集群复杂适应性系统角度，对可能用于集群网络治理的复杂理论方法和模型进行了筛选和介绍，进而比较了集群网络治理、行政治理和市场治理的不同之处，然后分析了集群网络治理的特点和适用范围，并结合复杂理论中的混沌理论，对集群网络的不同状态进行了分析，提出了对集群网络治理具体的技术路径和分析思路。后续的部分主要针对三个典型集群（高新技术集群、高耗能集群、传统制造业集群）存在的问题分三个专题展开，包括集群创新专题、企业社会责任专题和信任机制专题。本书核心是从复杂理论视角研究集群的网络治理问题，鉴于复杂理论源自自然科学领域，是对复杂系统的研究理论和方法，如何借鉴就成为需要深入研究的前沿和交叉问题。

产业集群演变有其内在的规律，集群能否可持续发展特别是能否适应外部环境的变化主要依赖集群各主体之间、集群与外部环境之间的共同演进过程。目前对集群网络治理的研究才刚刚起步，本书尝试借鉴自然科学领域复杂理论的相关思路和方法来研究集群网络治理，其主要目的包括分析复杂理论中理论和方法哪些可以用于集群网络治理，研究集群网络治理的技术路径和分析思路，探讨如何针对特定集群的具体问题进行网络治理等。本书有助于集群从过分依赖政府政策的行政治理中寻找新的集群治理途径和方法，通过集群网络治理来提升集群整体应对环境冲击的能力和持续创新能力。作为一个前沿和交叉领域，未来的研究可以沿着以下几个方向展开：

（1）运用网络动力学方法来动态分析集群网络治理的不同状态。集群网络治理存在各种不同的条件和制约因素，这些条件和因素的变化将直接影响甚至决定网络治理的绩效，因此未来需要对网络治理模型的动态博弈和演进过程进行研究。

（2）现有的研究仅仅是运用了复杂理论中极少的方法和模型，未来的研究可以考虑将更多的复杂理论研究方法引入集群网络治理，包括本书所提到的一些复杂理论模型，以及遗传算法、蚁群算法等，这些都可能成为未来研究的方向。

（3）本书所提出的网络治理模式仅仅是网络治理的开始，还有很多问题包括网络维系、网络修复等都需要我们进一步深入研究。

（4）由于研究时间期限以及收集数据过程存在相当的难度，本书主要对成都软件产业集群、夹江陶瓷产业集群和中山燃气具产业集群进行实证研究，并没有对其他集群进行全面的实证研究，在今后的研究中可以尝试进一步扩大样本选取领域或者增加样本的总量，以保证结果的普遍性和代表性。